本专著由2023年度教育部人文社会科学研究规划基金项目《大数据驱动区域公共服务一体化的实现机制及路径研究》（项目号：23YJA630043）资助出版

九州文库

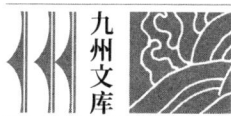

大数据驱动的区域基本公共服务均等化与一体化研究

李茂松 著

九州出版社
JIUZHOUPRESS

图书在版编目（CIP）数据

大数据驱动的区域基本公共服务均等化与一体化研究／
李茂松著 . －－北京：九州出版社，2025. 2. －－ ISBN
978-7-5225-3667-5

Ⅰ. C916. 2-39

中国国家版本馆 CIP 数据核字第 2025FL1777 号

大数据驱动的区域基本公共服务均等化与一体化研究

作　　者	李茂松　著
责任编辑	沧　桑
出版发行	九州出版社
地　　址	北京市西城区阜外大街甲 35 号（100037）
发行电话	（010）68992190/3/5/6
网　　址	www. jiuzhoupress. com
印　　刷	唐山才智印刷有限公司
开　　本	710 毫米×1000 毫米　16 开
印　　张	19
字　　数	311 千字
版　　次	2025 年 2 月第 1 版
印　　次	2025 年 2 月第 1 次印刷
书　　号	ISBN 978-7-5225-3667-5
定　　价	98. 00 元

前　言

党的二十大报告指出，高质量发展是全面建设社会主义现代化国家的首要任务，而加快构建高质量发展的动力系统是新形势下促进区域协调发展的新趋势。《中华人民共和国国民经济和社会发展第十四个五年规划和 2035 年远景目标纲要》提出加快数字化发展、构建区域新发展格局与全面深化改革的要求。一体化与高质量已成为区域协调发展战略的核心，旨在不断缩小区域发展差距，调整区域布局与区际关系以畅通资源流动渠道，使之更高效地服务于新格局建设①。据统计资料显示，截至 2023 年 12 月，我国网民规模达 10.92 亿，互联网普及率达 77.5%，近 12 亿用户接入互联网。全球最为庞大的、生机勃勃的数字社会已形成。2023 年底，以实现"政务服务跨地区、跨部门、跨层级协同共享"的全国一体化政务服务平台全面建成，实名用户人数已超 10.0 亿。一直以来，市场、政府与制度构成了一体化与高质量发展的重要驱动力量②。伴随智慧城市建设向纵深方向推进，数字化成为区域经济社会发展的创新驱动力，重塑城市治理模式与公共服务供给方式，成为面向未来塑造城市核心竞争力的"看不见之手"③。

区域公共服务一体化作为一体化战略的重要部分，其重心是"加快公共

① 刘志彪，凌永辉．结构转换、全要素生产率与高质量发展［J］．管理世界，2020，36（7）：15-29．
② 陈建军．长三角区域经济一体化的历史进程与动力结构［J］．学术月刊，2008（8）：79-85．另：宁越敏．长江三角洲市场机制和全域一体化建设［J］．上海交通大学学报（哲学社会科学版），2020，28（1）：53-57，74．
③ AGARWAL P K. Public Administration Challenges in the World of AI and Bots［J］. Public Administration Review, 2018, 78（6）：917-921.

服务便利共享"①。但行政边界形成的分割现象是阻碍公共服务一体化的最大障碍，而打破行政壁垒、府际利益冲突和行政分割，其关键在于"破除制约要素合理流动的堵点，打破行政固化边界，矫正资源要素失衡错配"②。当前以大数据驱动的区域数据连接为实现公共服务一体化和便利共享提供重要契机。习近平总书记明确指出"运用信息化手段建设便捷高效的公共服务平台，方便全国范围内人员流动"③。2022 年 6 月国务院正式发布《关于加强数字政府建设的指导意见》，提出"构建协同高效的政府数字化履职能力体系"，全面提升公共服务数字化、智能化水平，打造泛在可及的服务体系和拓展公平普惠的民生服务。在这一背景下全面深入探讨数字化与公共服务一体化成为时代发展的重要命题。

通过查找已有文献可以看出，学术界从哲学、经济学、管理学、财政学等多个学科理论视角对基本公共服务均等化问题展开了广泛深入的研究，取得了丰硕成果，但对公共服务一体化发展研究较少，现有文献多局限于对城乡之间公共服务一体化的考察，而对跨省际的区域公共服务一体化探讨尚未全面展开。虽然现有文献研究为区域公共服务一体化建设提供了一些方案，但并未从区域一体化这一战略高度整体进程下考虑区域公共服务一体化的特有问题，也鲜有大数据技术嵌入而深入阐述区域公共服务一体化的全面研究。本研究将聚焦于中国跨省际的区域公共服务一体化研究，从区域一体化整体性进程探究区域公共服务一体化的现状、困境，寻求运用大数据技术解决区域公共服务一体化特有的问题，全面升入探讨大数据驱动区域公共服务一体化建设的理论构建、能力分析、运行机制及发展路径及对策。

本书以大数据、大平台为视角，坚持"以人民为中心"和"均等、协调、一体"为价值导向，以长三角为首的区域基本公共服务均等化与一体化为研究对象，通过理论分析和现实论证，查阅大量参考文献和长三角一体化发展有关数据，充分论证大数据与区域基本公共服务均等化与一体化之间的逻辑关系，以及大数据驱动区域基本公共服务均等化与一体化的理论框架构建、

① 张晓杰. 长三角基本公共服务一体化：逻辑、目标与推进路径［J］. 经济体制改革，2021（1）：57-62.
② 张晓杰. 数字化驱动公共服务一体化：内在逻辑与运行机制［J］. 当代经济管理，2023，45（3）：68-75.
③ 习近平. 推动形成优势互补高质量发展的区域经济布局［J］. 奋斗，2019（24）：4-8.

能力分析、运行机制及推行路径。为推进大数据驱动区域进本公共服务均等化与一体化提供总体思路与路径实现精准靶向。

核心概念的厘清是开展研究的前提和基础，理论依据和现实价值是立论的重要根据。本书首先在阐释公共服务和基本公共服务，均等化、区域基本公共服务均等化与一体化、大数据驱动基本公共服务等概念的基础上，阐明了大数据为区域基本公共服务均等化与一体化注入了新的活力，为民众带来了更加高效、便捷、公平的服务体验，为政府治理能力和治理水平的现代化提供了有力便捷的治理工具与手段。

大数据驱动区域基本公共服务均等化与一体化的目的旨在疏通资源要素合理流动堵点，打破行政固化边界，矫正资源要素失衡错配，提升基本公共服务质量、数量，为共同富裕的顺利推进奠定坚实基础，而实现共同富裕要缩小区域差距、消解区际壁垒为出发点，本书的第三章就重点探讨区域基本公共服务均等化与共同富裕、区域基本公共服务一体化与共同富裕的内在逻辑关系和影响机理，进一步阐明面向"共同富裕取得更为实质性进展"这一目标，高质量推进区域基本公共服务均等化与一体化的关键所在。深入研究影响高质量发展区域基本公共服务均等化与一体化的驱动机制与行动逻辑。

解决现实问题、破解制约因素、寻找求解路径是论题研究的原动力。本书第四到第八章详细回应了这些问题：针对目前如何快速提升区域基本公共服务均等化与一体化质量，助力区域经济一体化高质量发展，大数据技术的出现提供了新的可能和手段。通过深入剖析大数据技术在推动区域基本公共服务均等化与一体化中的学理逻辑、驱动逻辑、价值逻辑和实践逻辑，深刻揭示大数据与区域基本公共服务均等化与一体化之间的内在逻辑耦合。再结合现实情况与区域基本公共服务均等化与一体化的实际要义，从大数据驱动区域基本公共服务均等化与一体化的终极目标——提高居民幸福指数到统一网络平台的技术基础、加强区域政府之间联动的政策工具和提供多元供给的主体协同，来构建完善大数据驱动区域基本公共服务均等化与一体化理论构架。在构建理论框架指引下，从"动机—能力"出发，分析基本公共服务提供多元主体的意愿与条件。旨在表达，区域基本公共服务均等化与一体化的实施需要从动机和能力两方面发力。为了保障大数据驱动基本公共服务均等化与一体化理论框架构建的顺利实现，提出以数据聚合为中心的触发机制、以链接与互通为中心的联结机制、以开放与互动为中心的联动机制以及以流动与共享为中心的协作机制。这些机制共同构成了大数据驱动下的区域基本公共服务均等化与一体化的运行体系，为实现这一目标提供有力支持。按照内在逻辑结构，从大数据驱动的目标、政府顶层设计、区域自主协作到统一网络平台与重视数据资源治理等五个方面全面探讨大数据驱动区域基本公共服务均等化与一体化的实施路径与策略。

　　总之，区域发展在地理区位上紧密相连，在经济发展上彼此依赖，在人文精神上相互融合，决定了区域之间密切联系共同体，必须协同、均衡、一体化发展，而区域基本公共服务均等化与一体化发展是区域协同发展的前提和基础。本书通过论证大数据与区域基本公共服务均等化与一体化之间的内在逻辑耦合关系，提出构建了大数据驱动区域基本公共服务均等化与一体化的理论设想构架，根据理论构架，详细分析实现的动机与能力，在此基础上，建立驱动机制，提出路径创新与对策，旨在为推进区域基本公共服务均等化与一体化提供有效途径和发展模式，为中央和地方政府科学决策提供理论依据和实践参考。

目 录
CONTENTS

第一章

绪　论

第一节　研究的背景及意义

一、选题的背景

自改革开放以来，我国经济持续快速发展，社会进步日新月异，人民生活水平显著提高。随着物质生活条件的不断改善，人民群众对于精神文化生活和社会服务的需求也在日益增长。特别是进入社会主义新时代，我国社会主要矛盾已经转化为人民日益增长的美好生活需要和不平衡不充分发展之间的矛盾。这一主要矛盾在空间发展布局方面，具体表现为区域之间发展的不平衡、不充分。在社会民生建设领域，这种主要矛盾特别体现在民生发展还存在不少短板，人民群众在就业、教育、医疗、养老等多方面还面临诸多难题。如教育方面，随着教育普及率的提高和人民群众受教育程度的提升，人们对优质教育资源的需求越来越强烈。然而，教育资源分布极其不均，城乡之间、区域之间教育水平差异较大，这严重制约了教育的公平性与普及性。医疗方面，人民群众对优质医疗服务的需求也日益增长，而医疗资源分布不均、医疗服务整体水平不高等问题仍然突出。养老方面，随着我国人口老龄化趋势的加剧，养老服务需求不断增长。然而，当前养老服务体系尚不完善，养老服务供给不足、服务质量不高等问题一直长期存在。此外，由于区域经济发展之间的差异，地区、城乡之间收入分配差距依然较大，基本公共服务供给存在显著差异。"在某种意义上，区域之间与社会群体之间的差异在不断地种植社会矛盾的种子，相对剥夺感在某种程度上已经成为中国社会冲突的心理根源。"① 如果上述社会主要矛盾长期得不到有效解决，将会直接影响到人民群众基本生活的保障、社会资源的有效配置和经济的持续发展。同时，也会影响到党和政府在人民群众中的信任感与公信力。因此，在这一时代背景下，基本公共服务作为满足人民群众基本生活需求、保障社会公平正义的重要手段，自然受到社会各界的广泛关注和重视。

面对当前国内外复杂多变的发展环境，党和政府始终坚持"以人民为中心"的政治立场，矢志不渝地将带领人民群众创造幸福美好生活作为核心关键目标。高度重视民生问题，将增进民生福祉、让广大人民群众共享改革发展成果视为重要任务。这一战略思想历来在国家政策、方针与规划中都得到了充分体现。

早在国家"十一五"（2006—2010 年）规划发展纲要中，就提出了"基本公共服务均等化"的概念，这标志着我国开始关注并着手改善基本公共服务的供给与分配问题。随后多年来，相继出台多项推进基本公共服务均等化的方针、规划与政策。2006 年，党的十六届六中全会明确提出了构建社会主义和谐社会的重要议题，并将"基本公共服务体系更加完备"列为重要目标；2007 年党的十七大报告从缩小地区发展差距的视角出发，进一步阐释了基本公共服务均等化在促进社会公平与和谐发展中的关键作用；2012 年，党的十八大报告强调了政府在基本公共服务中的主导作用，提出构建覆盖城乡、可持续的公共服务体系，以切实维护广大人民的权益。进入新时代，基本公共服务的重要性得到进一步提升。2017 年，党的十九大报告明确指出，要"坚持以人民为中心的发展思想，不断促进人的全面发展、全体人民共同富裕"。在这一思想的指导下，基本公共服务不再仅仅是满足人民群众基本生活需求的手段，更是实现社会公平正义、促进人的全面发展的重要途径，同时，在2035 年基本实现社会主义现代化的宏伟目标体系中，明确提出了"城乡区域发展差距和居民生活水平差距显著缩小，基本公共服务均等化基本实现，全体人民共同富裕迈出坚实步伐"的具体目标。2019 年，党的十九届四中全会从国家治理的战略高度，强调健全"幼有所育、学有所教、劳有所得、病有所医、老有所养、住有所居、弱有所扶"的国家基本公共服务制度建设体系，注重加强普惠性、基础性、兜底性民生建设，保障群众基本生活。综上所述，

---

① 张贤明，等．基本公共服务均等化研究［M］．北京：经济科学出版社，2018：1.

基本公共服务建设问题已经不仅仅是党和政府一段时期内的政策目标,而是深化为党的执政理念和政府施政的重点工作内容之一。这一理念的提出和不断实践,体现了党和国家对人民生活的深切关怀与对社会公平正义的不懈追求。通过推进基本公共服务均等化,致力于保障和改善民生,确保每位公民都能享受到基本的教育、医疗、社保等基本民生公共服务,从而缩小地区间、城乡间的差距,促进社会和谐稳定与全体人民的共同富裕。这一举措对于提升国民整体福祉、增强国家凝聚力和可持续发展能力具有重要意义。

党的十八大以来,以习近平同志为核心的党中央不断鼓励京津冀、长三角、粤港澳大湾区等城市群地区的区域协调发展,在政策支持、财政投入、人才支撑等多个方面给予全面发力,并取得了非常瞩目的成绩。

特别是对于经济发展前沿的长三角,地理位置优越,各自比较优势突出,是我国经济发展最活跃、开放程度最高、创新能力最强、吸纳人口最多的地区之一,也是拉动我国经济发展的重要窗口。但由于区域之间自然禀赋、地理位置、制度环境、经济基础等多重复杂因素的素影响,长三角三省(浙江省、江苏省、安徽省)一市(上海市)的 41 个城市之间的经济发展水平、人均地区生产总值和财政收入不尽相同,差距悬殊。其在基础教育、医疗卫生、社会保障、公共卫生等基本公共服务方面的水平差异较大,矛盾突出。以习近平同志为核心的党中央高度重视长三角区域发展问题。2009 年,《长江三角洲地区合作与发展工作要点》发布,提出了加强基础设施互联互通、推动产业协同创新、深化公共服务共建共享等措施;2010 年 6 月,正式印发长三角区域规划。2012 年,《长江三角洲地区改革发展规划纲要》发布,明确了长三角地区的发展目标、战略定位和重点任务,进一步提出了加强基础设施互联互通、推动产业协同创新、深化公共服务共建共享等措施。2013 年,《国务院关于长江三角洲地区改革发展规划纲要的批复》发布,提出了加快基础设施互联互通、推进产业转型升级、加强生态环境保护、深化改革开放、提升公共服务水平等五大任务。2015 年,《长江三角洲城市群发展规划》发布,明确了长三角城市群的发展目标、战略定位和重点任务,再次提出了加强基础设施互联互通、推动产业协同创新、深化公共服务共建共享等措施。2016年,《国务院关于长江三角洲城市群发展规划的批复》发布,提出了加快基础设施互联互通、推进产业转型升级、加强生态环境保护、深化改革开放、提升公共服务水平等五大任务。2018 年 11 月,习近平总书记在首届中国国际进口博览会上宣布，支持长江三角洲区域一体化发展并上升为国家战略，着力落实新发展理念，构建现代化经济体系，推进更高起点的深化改革和更高层次的对外开放，同"一带一路"建设、京津冀协同发展、长江经济带发展、粤港澳大湾区建设相互配合，完善中国改革开放空间布局。随后《长三角地区一体化发展三年行动计划（2018—2020年）、（2021—2023年》）陆续发布，标志着长三角地区一体化发展成为区域发展的常态性工作。一体化的核心在于资源要素的自由流动与区域间的开放合作，以促进统一市场体系形成。而基本公共服务一体化作为一体化的基础制度与保障，其均等化与战略目标的推进路径成为亟待研究的重点课题。

随着长三角区域协同发展战略的全面深入实施，区域间协同发展亦不断增强，府际之间在教育、医疗、卫生、社会保障等基本公共服务方面形成了初步的合作机制。但区域间基本公共服务的共建共享如何能够快速实现，在互联网高度发达的今天，大数据的出现便架起了区域府际的桥梁。大数据处理和分析大量政务信息，快速准确地进行业务处理，通过数据共享，简化公共服务申办和审批流程，大大节省时间。在社会保障、救助及住房方面，准确判别弱势群体服务需求，确保资源精准分配。总之，大数据作为提升政府服务能力的重要手段，可以助推区域一体化的高质量发展，形成适应流动性需求的便利共享机制，提升整体竞争力。

多年来，基本公共服务均衡化与一体化发展是专家、学者一直探讨的重要议题。在新时期，区域基本公共服务一体化作为一体化战略的重要部分，其重心是"加快公共服务便利共享"①。但目前行政边界形成的分割现象是阻碍公共服务一体化的最大障碍，而打破行政壁垒、府际利益冲突和行政分割，其关键在于"破除制约要素合理流动的堵点，打破行政固化边界，矫正资源要素失衡错配"②。当前以数字化驱动区域数据连接、打造区际全新聚合效应，并进一步推动一体化深度改革，为实现公共服务一体化和便利共享提供重要契机。习近平总书记明确指出"运用信息化手段建设便捷高效的公共服务平台，方便全国范围内人员流动"。2022年6月国务院正式发布《关于加强数

---

① 张晓杰. 长三角基本公共服务一体化：逻辑、目标与推进路径［J］. 经济体制改革，2021（1）：56-62.

② 宁越敏. 长江三角洲市场机制和全域一体化建设［J］. 上海交通大学学报（哲学社会科学版），2020，28（1）：53-57，74.

字政府建设的指导意见》，提出"构建协同高效的政府数字化履职能力体系"，全面提升公共服务数字化、智能化水平，打造泛在可及的服务体系和拓展公平普惠的民生服务。在这一背景下深入探讨数字化与公共服务一体化成为时代发展的重要命题。

自党的十八大以来，我国在全面建成小康社会和实现中华民族伟大复兴的进程中，党和政府实施了一系列重大战略部署和惠民政策。这些政策旨在加强马克思主义执政党和服务型政府建设，推进基本公共服务均等化与一体化，以及着力保障和改善民生。这些政策和措施体现了"以人民为中心"的发展思想、社会主义公平正义观念和共享发展理念。同时，实施区域协调发展战略是全面建成小康社会进而实现全体人民共同富裕的内在要求。长三角区域一体化发展作为区域协调发展的重大国家战略之一，对于推进我国其他区域协调发展和加快基本公共服务均等化具有重大示范引领意义。基于这样的认识，本书主要以长三角城市群区域为研究对象，选题为"大数据驱动的区域基本公共服务均等化与一体化研究"，尝试从大数据的视角出发，探讨并寻求实现大数据驱动区域基本公共服务均等化与一体化发展的路径与策略。

二、选题的意义

（一）理论意义

从理论层面来看，大数据的应用与基本公共服务一体化之间存在着高度的内在耦合性，这种耦合性不仅体现在技术层面的融合，更在于对公共服务模式、管理机制乃至社会治理结构的深刻影响。具体来说，大数据凭借其强大的收集、储存与共享能力，以及分析与挖掘、监控与预测等处理机制，为区域公共服务一体化建设提供了前所未有的动力和支持。尤其在跨城际合作领域，大数据的应用打破了地理和行政壁垒，使不同城市间的公共服务资源得以高效整合和优化配置，从而实现了基本公共服务的无缝衔接和共享。例如，在疫情防控期间，大数据技术的运用成为疫情联防联控的重要支撑，它助力实现了跨城际区域医疗信息的实时共享、病例追踪、资源调配等，是跨城际区域医疗服务一体化的生动实践。

进一步来看，大数据的应用还极大地丰富了公共服务的供给内容，提供了服务的便捷性和可及性。例如，通过建立数字图书馆、数字博物馆等数字化平台，大数据使优质的文化教育资源能够跨越地域限制，让公众无论身处何地都能享受到同等质量的文化服务，有效促进了文化的普及与传承。这不仅增强了公共服务的包容性和普惠性，也促进了社会文化的整体繁荣。

长三角地区作为中国经济发展的龙头，其基本公共服务水平在全国范围内处于领先地位，但同时也面临着城市内部流动人口与户籍人口公共服务利用水平不均等的问题。自长三角区域一体化发展上升为国家战略以来，相关省市积极响应，推出了一系列创新举措，如"一网通办"政务服务平台，旨在打破信息孤岛，促进区域内公共服务的共享和均衡发展。据统计，长三角41个城市的基本公共服务水平平均值在过去十年间从0.190提升至0.275，这一显著增长不仅反映了区域一体化政策的积极成效，也彰显了大数据等技术在推动公共服务均等化与一体化方面的巨大潜力。

大数据在推动长三角区域基本公共服务均等化与一体化方面展现出了显著的作用。它不仅提高了政府服务的效率和质量，还通过数据分析和资源共享机制，促进了区域内部的均衡发展，缩小了不同城市和人群之间的服务差距。这一进程对于实现长三角区域内部的高质量发展和共同富裕目标具有重要的理论指导意义，同时也为全国其他地区推进公共服务均等化与一体化提供了可借鉴的经验和模式。未来，随着大数据技术的不断成熟和应用场景持续拓展，其在促进公共服务一体化、构建更加公平包容的社会体系中的作用将更加凸显。

（二）现实意义

运用大数据驱动区域基本公共服务均等化与一体化的研究，具有很好的现实价值。这一研究能够为解决长三角区域地区基本公共服务均等化与一体化面临的难题提供理论支持，并为中国其他区域在加快基本公共服务均等化与一体化发展进程中探索创新模式提供参考。

长三角地区41个城市中，在基本公共服务方面存在显著的不均衡，由于区域位置、自然条件、管理机制等的不同，区域内部的经济发展水平差异较大，公共服务水平和发展环境也存在较大悬殊。长三角相对弱势城市如：安徽的淮北、宿州，南京的宿迁、泰州，浙江的丽水、衢州对接区域内重点城市，如上海、南京、苏州、杭州的高新产业和科技成果方面遇到困难，甚至面临高端发展要素流失和与重点城市经济发展差距扩大的压力。长三角"三省一市"推进区域一体化，由于利益诉求不同，重大体制改革如基本公共服务尚未取得突破，跨区域政策协调、利益分享和市场一体化方面仍存在明显障碍。区域内多个城市在补齐基本公共服务短板的过程中，不仅面临政府公共财力不足和优质公共服务资源短缺的问题，还可能受到重点城市公共服务制度壁垒和机制障碍的挑战。要解决这些问题，不仅需要党和政府结合当代中国和长三角区域的实际情况，制定有效的发展战略、规划政策和改革方案，更要在大数据技术服务区域公共服务一体化发展方面建立合作机制及技术支持。

因此，本研究的目标是全面认识和分析长三角基本公共服务均等化与一体化的现状和大数据驱动基本公共一体化存在的问题，以及深入探讨制约因素，并提出促进和实现大数据驱动区域基本公共服务均等化与一体化的总体构架、运行机制、创新策略等。这将为制定相关规划政策和改革方案提供理论依据，并为区域发展提供可供借鉴的经验和模式。

第二节　相关研究综述

一、基本公共服务均等化

基本公共服务均等化是指政府在提供基本公共服务时，要保证所有公民享有平等的权利和机会，不因地域、性别、年龄、民族、宗教信仰等因素而受到歧视。这一概念强调的是公平性和普遍性，即所有公民都应享有同等的基本公共服务，无论他们身处何处，属于哪个群体。基本公共服务均等化是解决现实公平问题的重要途径，对于缩小区域、群体间收入差距具有重要的意义，受到国内外学者的普遍重视，研究视角主要是关注基本公共服务均等化如何实现。学者们主要运用实证方法从社会视角、经济视角等方面来分析基本公共服务水平的测度以及时空演变的格局。

（一）基本公共服务均等化制度保障研究

吉富星等的研究指出，财政分权制度和转移支付体系是影响基本公共服务均等化的主要因素。他们建议"构建一个既有效率又公平的转移支付体系，强化省级政府的责任，并重塑激励结构，以确保基本公共服务均等化的实现"①。为了实现这一目标，李军鹏则强调了"建立科学的转移支付制度是确保基本公共服务均等化得以实现的关键措施"②。张华等学者则从国际视角出发，借鉴国外成功经验，提出我国在实现基本公共服务均等化的进程中，应将民众需求作为工作的导向，加强政治的引领作用，优化市场机制，并采取"多元供给方式来满足不同群体的需求"③。从已有的这些研究可以表明，要实现基本公共服务均等化，就需要从财政制度、政府责任、激励机制、民众需求、政治引领、市场机制和供给方式等多个方面进行综合考虑和改革。通过这些措施的实施，可以逐步缩小区域间和群体间的服务差距，促进社会公平和经济发展。

（二）基本公共服务均等化实证及案例分析研究

关于基本公共服务均等化实证及案例的研究主要集中在关注均等化水平的区域差异与综合测度和影响因素两方面。

基本公共服务区域水平差异化方面，刘丹鹭通过计算某两省地级市的基本公共服务基尼系数来分析长三角地区城市间不均等现状及其原因④（基尼系数是衡量收入或财富分布公平程度的常用指标，这里被用来量化基本公共服务的分布不均）。程岚等人则运用对比法分析了我国东、中、西部地区的部分省级市基本公共服务均衡化水平，以揭示不同地区之间服务均等化的差异⑤。

基本公共服务综合测度和影响因素方面，熊兴等人构建了县域基本公共服务均等化指标体系，并通过 PVAR（Panel Vector Autoregression）模型实证分析基本公共服务如何推动经济水平的提高。这种模型能够捕捉到变量间的

① 吉富星，鲍曙光. 中国式财政分权、转移支付体系与基本公共服务均等化 [J]. 中国软科学，2019（12）：170-177.
② 李军鹏. 新时期推进基本公共服务均等化的思路与对策 [J]. 新视野，2019（6）：52-59，71.
③ 张华，张桂文. 城乡基本公共服务均等化的国际经验比较与启示 [J]. 当代经济研究，2018（3）：60-65.
④ 刘丹鹭. 长三角地区基本公共服务均等化的评估 [J]. 南通大学学报（社会科学版），2018，34（6）：35-42.
⑤ 程岚，文雨辰. 不同城镇化视角下基本公共服务均等化的测度和影响因素研究 [J]. 经济与管理评论，2018，34（6）：106-115.

动态互动关系，并分析其对经济发展的影响①。王宇昕等人则通过测算首位度数值发现我国各省首位城市的规模与省域基本公共服务水平呈现倒 U 形关系，即在一定范围内，首位城市规模的扩大可能有利于提升省域的基本公共服务水平，但超过某一临界点后，进一步扩大规模则会导致省域城市间基本公共服务不均等程度的加深②。

二、区域基本公共服务均等化与一体化

区域一体化是一个多维度、多层次的复杂过程，涉及经济、政治、社会等多个领域。国内外学者一致认为："其对经济增长的影响受到多种因素的影响，并且存在显著的异质性。"③ 国外对区域基本公共服务一体化的研究与城市群区域迅速崛起发展紧密相关，城市群的集聚和扩散效应使区域内发展高度一体化，这些研究为解决大城市拥挤和区域发展不平衡问题提供了理论基础。具体来说，形成了以下三种理论范式：（1）传统区域主义：这一理论范式强调了区域内各城市之间的合作与协调，以实现共同的发展目标。它主张通过政府间的合作来提供跨区域的公共服务，以此来促进整个区域的均衡发展，并强调政府在协调发展中的核心主导地位；（2）公共选择理论：该理论则对传统区域主义表示质疑，提出了一种以"市场为导向"的分权模式，将区域视为一个"公共市场"，并强调了分权与市场竞争在区域公共服务提供中的作用。该理论将经济学的分析方法应用于政治决策过程，特别是在区域服务供给方面，关注个体如何在区域合作的框架内做出选择④；（3）新区域主义：新区域主义理论提出了一种介于集权与分权之间的新型治理模式，是对传统区域主义的一种更新和发展，它更强调合作、网络和多层次治理结构在

---

① 熊兴，余兴厚，王宇昕. 基本公共服务与县域经济发展关系研究：来自三峡库区重庆段区县的例证 [J]. 西部论坛，2019（6）：72-73.

② 王宇昕，余兴厚，熊兴. 首位城市规模过大是否抑制了基本公共服务的均等化水平：基于全国省级面板数据的实证研究 [J]. 宁夏社会科学，2019（4）：92-100.

③ 张明，魏伟，陈骁. 五大增长极：双循环格局下的城市群与一体化 [M]. 北京：中国人民大学出版社，2021：3.

④ TIEBOUT C M. A Pure Theory of Local Expenditures [J]. Journal of Political Economy, 1956, 64（5）：416-424. 另：OSTROM E. Governing the Commons：The Evolution of Institutions for Collective Action [M]. Cambridge：Cambridge University Press, 1990：298.

实现区域公共服务一体化中的重要性①。新区域主义认为,区域一体化不仅仅是政府事务,更需要包括非政府组织、企业、私营部门及社会的共同参与。除了上述三种理论范式,还有如新制度经济学等其他理论也为区域合作提供了重要的分析框架。这些理论强调了制度安排在节约交易成本、提高合作效率方面的重要性。

在区域基本公共服务一体化的实践中,根据传统区域主义、公共选择理论和新区域主义这三种理论范式,专家、学者对应地提出了三种不同的供给模式。单中心供给模式:与传统区域主义相适应,强调中心政府在区域内提供统一的公共服务。这种模式下,中心政府负责协调和规划整个区域的公共服务供给,确保服务的均等化和标准化;多中心供给模式:与公共选择理论相适应,强调多个地方政府之间合作供给,以及政府与市场、社会的多元参与。在这种模式下,各个自治政府或组织在自己的管辖范围内提供服务,同时通过合作协议或市场竞争来协调和提供跨区域的服务。区域协作网络供给模式:与新区域主义相适应,强调跨边界、跨部门的协作网络,以实现区域内公共服务的一体化供给。在这种模式下,政府、市场、非政府组织社会等多元主体通过建立信任和开放的合作关系,共同参与公共服务的供给与管理。该模式越来越适应区域公共服务一体化现实需求而备受关注,形成一体化的区域协作供给网络,成为影响区域协调发展的关键影响因素。

长期以来国内学术界对城市群区域一体化特别是长三角、珠三角、京津冀一体化进行了全面而深入的研究。研究的重点不同于国外,主要侧重于实践层面的本土性探索。从实践来看,长三角区域经济一体化在交通、信息共享、资源整合等方面不断增强,但社会民生与基本公共服务一体化进程则相对缓慢②。

珠三角区域经济一体化在交通基础设施、产业协同发展、城市空间布方

---

① FEIOCK R C. The Institutional Collective Action Framework [J]. Policy Studies Journal, 2013, 41 (3): 397-425.

② 洪银兴,刘志彪,等.长江三角洲地区经济发展的模式和机制 [M].北京:清华大学出版社,2003:25.另:李雪松,张雨迪,孙博文.区域一体化促进了经济增长效率吗?——基于长江经济带的实证分析 [J].中国人口·资源与环境,2017,27 (1):10-19.另:卜茂亮,高彦彦,张三峰.市场一体化与经济增长:基于长三角的经验研究 [J].浙江社会科学,2010 (6):11-17,125.

面取得了较快的发展，但在基本公共服务领域方面还存在诸多短板①。京津冀各区域由于区位环境、经济基础等多方面的因素，其公共服务水平与长三角、珠三角地区相比有较大的差距②。

一体化的市场自发性受制于地方政府分割性治理。这种分割性治理与实现跨区域公共服务协同化的需求之间存在着不可调和的内在矛盾，基于本土实践，从1985年，"上海经济区"模式提出，探索以单一中心为引领创建区域经济联合体的可能性③，到2010年，国务院正式批准长三角一体化的多中心合作模式，打破地方行政条块分割，促进区域间协同合作④，再转向2018年跨区域一体化协调发展机制上升到国家战略⑤。目标始终是围绕寻找消除区域间行政壁垒和政府间利益冲突，以便形成一个能够适应一体化需求的公共服务体系。从理论上讲，区域基本公共服务一体化是指在特定的区域范围内，不同行政区划之间的公民能够享受到的基本公共服务是打破行政区划界限，逐渐实现基本公共服务的协调融合，真正做到流动畅通无阻、资源适时共享、

---

① 张衔春，陈梓烽，许顺才，等. 跨界公共合作视角下珠三角一体化战略实施评估及启示 [J]. 城市发展研究，2017，24（8）：100-107. 另：毛艳华，杨思维. 珠三角一体化的经济增长效应研究 [J]. 经济问题探索，2017（2）：68-75.

② 韩兆柱，于均环. 整体性治理视域下京津冀基本公共服务均等化研究 [J]. 学习论坛，2018，34（1）：61-62. 另：马慧强，王清，弓志刚. 京津冀基本公共服务均等化水平测度及时空格局演变 [J]. 干旱区资源与环境，2016，30（11）：64-69. 另：卢文超. 京津冀一体化进程中的基本公共服务标准化 [J]. 人民论坛·学术前沿，2017（17）：58-61. 另：郑林昌，刘晓. 京津冀地区公共服务投入产出效率评价 [J]. 商业经济研究，2016（21）：213-215. 另：李林君，王莉娜，王海南. 京津冀一体化进程中公共服务不平等累积性研究：1994—2015：基于增量供给与存量调整视角 [J]. 经济与管理研究，2018，39（10）：93-110.

③ 唐亚林，于迎. 主动对接式区域合作：长三角区域治理新模式的复合动力与机制创新 [J]. 理论探讨，2018（1）：28-35.

④ 臧乃康. 我国区域公共治理中政治协调的逻辑 [J]. 理论导刊，2010（5）：25-26. 另：俞立中，徐长乐，宁越敏，等. 后世博效应对长三角一体化发展区城联动研究 [J]. 科学发展，2011（5）：41-42. 另：赵峰，姜德波. 长三角区域合作机制的经验借鉴与进一步发展思路 [J]. 中国行政管理，2011（2）：81-84.

⑤ 汪建华，范璐璐，张书琬. 工业化模式与农民工问题的区域差异：基于珠三角与长三角地区的比较研究 [J]. 社会学研究，2018，33（4）：109-136，244. 另：鞠立新. 由国外经验看我国城市群一体化协调机制的创建：以长三角城市群跨区域一体化协调机制建设为视角 [J]. 经济研究参考，2010（52）：20-28. 另：刘志彪. 为高质量发展而竞争：地方政府竞争问题的新解析 [J]. 河海大学学报（哲学社会科学版），2018，20（2）：1-6，89.

制度无缝对接，差距逐步缩小①。

三、大数据驱动基本公共服务

我国是一个地域广阔、人口众多、区域发展极不平衡的国家，在推进基本公共服务均等化与一体化方面仍面临着诸多挑战。长期以来，为了保障人民的基本利益，提升居民的幸福感与归属感，党和国家进行了大量的人力、物力、财力的投入，但城乡之间、区域之间的基本公共服务差距仍然十分明显，优质基础公共服务资源主要集中在城市，尤其是经济发达的城市与省会城市，为了改善这一现状，必须结合时代发展，加大力度，进行供给侧改革，有效实施区域之间基本公共服务一体化的协调发展。2015年国务院印发的《促进大数据发展行动纲要》为区域各级政府和基层机构在公共服务领域方面提供了重要的指导方向。这一纲要强调了数据的核心作用，提出了"用数据说话、用数据决策、用数据管理、用数据创新"的管理机制②。《中华人民共和国国民经济和社会发展第十四个五年规划和2035年远景目标纲要》也提出加快数字化发展、构建区域新发展格局与全面深化改革的要求。据统计资料显示，截至2023年12月，我国网民规模达10.79亿，互联网普及率达76.4%，近11亿用户接入互联网，全球最为庞大的、生机勃勃的数字社会已形成。2021年底，以实现"政务服务跨地区、跨部门、跨层级协同共享"的全国一体化政务服务平台基本建成，实名用户人数现已超9.1亿。一直以来，市场、政府与制度构成了一体化与高质量发展的重要驱动力量。伴随智慧城市建设向纵深方向推进，数字化成为区域经济社会发展的创新驱动力，重塑城市治理模式与公共服务供给方式，成为面向未来塑造城市核心竞争力的"看不见之手"，也为区域高质量公共服务的均衡化一体化提供了新的发展动力。

（一）国内关于大数据驱动基本公共服务的研究

通过查阅文献，国内关于大数据驱动基本公共服务的研究主要集中在以

---

① 洪银兴，王振，曾刚，等．长三角一体化新趋势［J］．上海经济，2018（3）：122-148．另：周京奎，白极星．京津冀公共服务一体化机制设计框架［J］．河北学刊，2017，37（1）：130-135．

② 国务院关于印发促进大数据发展行动纲要的通知［EB/OL］．中国政府网，2015-09-05．

下几方面：

1. 大数据驱动公共服务创新的模式、体系和路径

基于 CNKI 数据库中 CSSCI 来源的文献，对"电子政务""公共服务"及"大数据"三个主题进行了搜索与分析，剔除一些关联性不大的文章，最后共搜到核心论文 508 篇。再深入查看前人研究成果，大数据驱动公共服务模式创新确实正在广泛发展，其中主要聚焦于如何运用大数据技术来驱动公共服务的模式、体系和路径的创新。

在模式创新方面，研究者们积极探索大数据如何改变传统的公共服务提供可行的路径与方法。一致认为，通过挖掘和分析大数据，政府可以更加精准地了解公众需求，实现个性化、智能化的服务提供；随着大数据技术的广泛运用，政府公共服务模式趋向集成化、标准化、精准化、便利化和协同化，"互联网+"的增量效应与"大数据 x"的乘数效应是创新公共服务的重要力量①；强调社会保障具有从职业连带到国民连带的"连接"属性，认为我国社会保障体系的发展与互联网的发展息息相关，移动互联网能够对社会保障体系进行升级增能，使其真正发挥出畅通信息、整合资源、贯通业务和便利群众的作用②。

在体系创新方面，大数据技术的应用有助于构建更加高效、透明的公共服务体系。通过数据共享和开放，政府可以打破信息孤岛，提升服务协同性。此外，大数据还能帮助政府优化服务流程，提升服务效率，降低服务成本。高小平认为大数据引领的科技革命蕴含着智能化行政改革方向，进一步说明了数据带来的数据民主、数据制衡和数据反腐对建设透明政府具有重要意义，指出大数据在国家治理能力的高端层面具有反恐和国家安全预警等价值，从而不断推进国家治理体系和治理能力的创新③。

在路径创新方面，研究者们关注如何将大数据技术与公共服务实践相结合，探索出符合我国国情的创新路径。这包括加强政策引导，推动大数据技

---

① 陈潭，邓伟. 迈向大数据时代的大都市治理研究［J］. 同济大学学报（社会科学版），2016，27（5）：68-75.

② 严新明，童星. 互联网对社会保障的贯通和提升研究［J］. 中国行政管理，2016（11）：46-50.

③ 高小平. 借助大数据科技力量寻求国家治理变革创新［J］. 中国行政管理，2015（10）：10-14.

术在公共服务领域的广泛应用；加强人才培养和技术研发，提升我国在大数据公共服务领域的创新能力；以及加强国际合作与交流，借鉴国际先进经验，推动我国公共服务模式的创新与发展。陈之常以北京市东城区为例，指出其在大数据应用于公共服务领域，有效实现了社会服务工作体系的创新，运用大数据建立统一平台，进行数据关联整合，通过大数据，进行精准识别公民需求，并同时动态更新，从而显著提升社区治理的整体水平与能力①。马亮通过对大数据的特性进行分析，结合实际调查与走访，认为政府在医疗卫生、社会保障、基本住房、养老就业等许多领域广泛利用大数据技术，并归纳出了前瞻思维与规划先行、强力推动与学习创新和数字安全与产业支撑等利用大数据的基本特征②。

综上所述，大数据驱动公共服务模式创新的研究正在不断深入，这不仅有助于提升政府治理能力和公共服务水平，也为我国公共服务事业的发展注入了新的活力。未来，随着大数据技术的进一步发展和应用，相信公共服务模式创新将取得更加显著的成果。

2. 大数据创新公共服务的核心要点

以"大数据""政府治理"等作为搜索关键词，此类文献虽然观点各不相同，但总体都指出，实现大数据驱动公共服务创新的关键是要构建统一的网络平台，实现地方政府的整体治理，并推动公共服务向贯通、横向协同和公私整合方向发展。实现大数据驱动公共服务创新应构建统一网络平台，推进各层级政府互联互通。张勇进和孟庆国详细解释了国家电子政务统一网络空间的概念，他们认为这个框架可以从行政层级、连接界面、部门关系和功能层次等多个维度来剖析。同时，他们提出，在构建国家电子政务统一网络空间时，应该遵循从业务关系分析到技术设计，再回归到网络空间构建的逻辑顺序③。宁家骏则倡导建立一个以人为本、便捷、公平、优质且高效的公共服务信息体系。他强调各部门间应实现互联互通、信息共享和业务协同。基于

---

① 陈之常. 应用大数据推进政府治理能力现代化：以北京市东城区为例 [J]. 中国行政管理，2015（2）：38-42.

② 马亮. 公共管理实验研究何以可能：一项方法学回顾 [J]. 甘肃行政学院学报，2015（4）：13-23，126.

③ 张勇进，孟庆国. 国家电子政务统一网络空间：内涵、框架及建构 [J]. 中国行政管理，2011（8）：27-32.

顶层设计理念，他还指出了"信息惠民"顶层设计应关注的核心问题及未来的主要目标①。唐任伍和赵国钦着重指出，面对日益多元化的公共需求，政府部门必须持续创新公共服务供给机制，以提升服务质量和响应速度。他们系统地概述了公共服务提供跨界合作的基石、结构逻辑和运作特性，并阐明跨界合作的协同、权力共享、动态传输及弹性责任等机制是其核心运作特征②。

为实现大数据驱动的公共服务创新，地方政府的整体治理成为关键。何哲等人提出，借助互联网技术突破传统的等级制结构，构建网络型政府架构，以提供全面整合的公共服务。他们特别指出，建设网络型政府的核心在于消除信息隔阂、优化业务协同流程，并建立网络化的决策体系③。同样地，霍小军构建了地方政府整体治理的框架模型，该模型涵盖了法制与数据的中心地位、政务服务领域的职能、政务管理领域的职能，以及标准化体系和要求。他们进一步论证了电子政务在塑造整体性政府中的重要作用④。

（二）国外关于大数据驱动公共服务的研究动态

本书采用 Web of Science 数据库的核心合集作为研究样本，针对包含"big data"与"public service"主题词的文献进行了系统性检索。经过严谨的筛选过程，最终获得了 535 篇与研究主题紧密相关的文献，检索时间截止日期为 2023 年 12 月 18 日。为了更深入的全面分析文献，运用 cite space 工具对收集到的文献进行了关键词共现分析，对构建的共现矩阵进行可视化处理，生成关键词共现图谱。分析结果显示，"大数据""大数据分析""服务供给""云计算""社交媒体""智慧城市"等关键词构成了该研究领域的关键节点。这些关键节点不仅揭示了当前研究的热点和趋势，也为后续研究提供了重要的参考和启示。而国外学者在这些关键节点的基础上，进一步对"开放数据"和"合作治理"等细分议题进行了深入探究，为相关领域的研究贡献了宝贵的学术资源。

① 宁家骏 . 新形势下推进大数据应用的若干思考［J］. 电子商务，2016（8）：76-79.
② 唐任伍，赵国钦 . 公共服务跨界合作：碎片化服务的整合［J］. 中国行政管理，2012（8）：17-21.
③ 何哲 . 以"互联网+政府服务"实质推动简政放权［J］. 中国行政管理，2016（11）：145.
④ 霍小军，朱琳，袁飘 . 新形势下基于电子政务的地方政府整体治理模式初探［J］. 电子政务，2016（3）：78-83.

这些文献数据通过归纳总结，厘清了近几年的研究热点和研究发展的态势，主要可以分为三个方面。

1. 大数据成为各公共服务领域创新及质量提升的支撑抓手

在智慧交通领域，Weber 等人深入探讨了澳大利亚和挪威两国在应对气候变化、交通拥堵等重大挑战时，如何通过信息和通信技术推动公共服务体系的创新。他们认为，信息技术和科技的最新成果为公共交通提供了新的解决方案，这些方案可纳入智能交通系统的范畴，有助于提升交通效率和服务质量[1]。然而，尽管信息和通信技术发展迅速，但运输系统和基础设施的更新改造却需要较长时间。此外，过去十年公营部门改革的特点在于引入了新的公共管理原则，改变了运输服务和创新的组织和体制条件，使得私营部门在其中的作用日益凸显。因此，服务领域的公私创新网络被视为一个有助于推动系统创新实现的重要概念。

与此同时，在智慧医疗方面，Kaushik 和 Raman 针对印度泰米尔纳德邦的医疗服务创新进行了研究。他们指出，医疗保健服务作为一个复杂的问题，需要更好地规划资源以满足广大民众的需求。为此，印度政府提出了一个全民保健框架，旨在为所有公民提供便捷、可负担的医疗服务。泰米尔纳德邦响应这一要求，建立了健康管理信息系统，该系统覆盖了 7400 多万人和 2000 多家医疗保健机构，实现了州级数据的实时整合和卫生机构之间的连接。通过该系统，可以跟踪单个卫生指标，为医疗保健规划、药品库存管理以及州级卫生行动提供有力支持[2]。

在智慧图书馆方面，Scopula A 和 Zaneis A. 针对丹麦罗斯基勒大学的数字图书馆服务创新进行了深入研究。他们通过纵向案例研究的方法，探讨了罗斯基勒大学图书馆数字化进程中公共治理与创新的共同发展。经过理论和实证分析，得出了以下四个核心结论：首先，公共管理方式从传统的模式向网络化治理的转变，促使知识和创新在多个组织层次上实现更广泛的分布。

---

① WEBER K M, HELLER-SCHUH B, CODOE H, et al. ICT-Enabled System Innovations in Public Services: Experiences from Intelligent Transport Systems [J]. Telecommunications Policy, 2014, 38 (5/6): 539-557.

② KAUSHIK A, RAMAN A. The New Data-Driven Enterprise Architecture for E-Healthcare: Lessons from the Indian Public Sector [J]. Government Information Quarterly, 2015, 32 (1): 63-74.

这些不同组织层面之间的互动对于推动新型公共服务的发展具有至关重要的作用[1]。其次，研究明确了公共部门创新过程中用户的角色变化，用户在创新的不同阶段发挥着各异的作用。随着信息技术和网络化公共服务的广泛应用，用户驱动的创新活动显著增加，而公务员与用户之间的面对面交流则有助于推动复杂创新的实现。此外，治理模式的转变会调整不同主体之间的力量对比，进而对创新的本质和力度产生影响。最后，向网络化治理的过渡需要制定长期且持续的信息政策，旨在强化不同公私行动者之间的协同合作。

2. 协同发展成为大数据驱动基本公共服务创新的核心

在服务协作的制度设计领域，Thomas 等人提出，对于大规模分布式环境下的电子化公共服务创新，应从宏观和微观两个层面进行综合性分析，并优化和改进公共服务的协同创新机制。他们指出，协作工作安排常面临诸多挑战，特别是当参与者分布在广阔的地理空间时。为确保协作成员行动协调，避免冲突或重复，必须有效应对协作工作安排的动态性和多变性所带来的协调难题。为此，他们强调从服务视角出发，深入理解协作分布式环境的协调需求，充分考虑合作业务流程的协作活动及其周边环境的影响因素。为实现有效解决方案，他们提出了服务透镜扩展的多维方法，作为系统评估合作业务案例的基础，以全面识别问题和支持分布式环境中的协调需求[2]。

在公私合作方面，Klievink 等人强调，推进电子化公共服务创新需协同实现公共价值和商业目标。他们认为，社会挑战的日益复杂性已超出公共部门的应对能力，因此政府需寻求创新方式以改进运营和服务模式[3]。尽管许多转型从内部政策目标开始并侧重于通信技术重组，但政府也应关注外部通信技术发展以实现由外而内的转型。信息平台作为连接公私利益相关者的有效工具，具有广阔前景。政府机构应引导和塑造公私平台发展，促使企业在追求

① SCOOPULA A, ZANFEI A. Governance and Innovation in Public Sector Services: The Case of the Digital Library [J]. Government Information Quarterly, 2016, 33 (2): 237-249.

② THOMAS G, BOTHA R A, VAN GREUNEN D. Understanding the Problem of Coordination in a Large-Scale Distributed Environment from a Service Lens View-Towards the South African Public Sector E-Administration Criteria for Coordination Support [J]. Government Information Quarterly, 2015, 32 (4): 526-538.

③ KIEVAN B, BHAROSA N, TAN Y-H. The Collaborative Realization of Public Values and Business Goals: Governance and Infrastructure of Public-Private Information Platforms [J]. Government Information Quarterly, 2016, 33 (1): 67-79.

自身利益的同时，转变与政府互动方式，更广泛地服务于集体利益和公共价值。

在商业模式创新方面，Ranerup 等人通过分析教育、医疗、养老等领域的公共服务平台商业模式指出，电子化公共服务创新应妥善处理公私合作关系①。作为新公共管理理论发展的产物和支撑公民服务的平台，公共服务平台的研究结果对公共政策中公私行为者的责任划分、公共机构在公私合营中的角色定位以及公私合营者之间的竞争关系具有重要启示意义。

3. 大数据驱动基本公共服务的未来发展方向

随着信息技术的迅猛发展，大数据已成为推动社会进步的重要力量，尤其在基本公共服务领域，大数据的应用潜力巨大。然而，大数据的广泛应用也引发了伦理、隐私、安全和可行性及有效性等多重挑战。这也引起了专家学者们的讨论。

（1）伦理方面。在大数据时代，数据的获取、处理和应用都必须在严格的伦理框架内进行。基本公共服务涉及广大民众的根本利益。因此，大数据的应用必须遵循公平、公正、透明的原则。Smith 和 Jones 指出"大数据的伦理问题不容忽视，必须在确保公平、公正的前提下进行数据的收集和应用"。这就要求我们在使用大数据提供公共服务时，要充分考虑数据的伦理影响，避免数据歧视、偏见和不公。随着数据伦理法规的完善和伦理意识的提高，大数据在基本公共服务中的应用将更加规范和合理。

（2）隐私方面。隐私保护是大数据应用中不可忽视的问题。在提供基本公共服务时，大数据的收集和处理往往涉及个人隐私信息。因此，建立严格的隐私保护机制至关重要。正如 Klievink、Bharosa 和 Tan 所言，"在大数据应用中，保护个人隐私是至关重要的，必须采取有效措施确保个人隐私不被泄露和滥用"②。未来，大数据在公共服务中的应用需要采用更加先进的隐私保护技术，如差分隐私、联邦学习等，同时加强隐私保护的法律法规建设，以保障个人隐私权益。

---

① RANERUP A, HENRIKSEN H Z, HEDMAN J. An Analysis of Business Models in Public Service Platforms [J]. Government Information Quarterly, 2016, 33 (1): 6–14.

② KLIEVINK B, BHAROSA N, TAN Y-H. The Collaborative Realization of Public Values and Business Goals: Governance and Infrastructure of Public-Private Information Platforms [J]. Government Information Quarterly, 2016 (1). 67–79.

（3）安全方面。大数据的安全存储和传输是保障公共服务正常运行的关键。随着数据量的激增，数据安全面临的挑战也日益严峻。如 Wang 等人在研究中强调，"大数据的安全问题是亟待解决的挑战，必须采取有效措施确保数据的安全存储和传输"①。大数据在基本公共服务中的应用需要构建更加完善的安全防护体系，包括加强数据加密、访问控制、安全审计等措施。此外，还应建立健全的数据安全应急响应机制，以应对可能发生的数据泄露、篡改等安全风险。

（4）可行性和有效性方面。大数据在基本公共服务中的应用不仅要考虑技术上的可行性，更要关注其实际效果。这要求人们在应用大数据时，要充分考虑数据的来源、质量和处理方法等因素对结果的影响。未来，大数据在公共服务中的应用需要更加注重实效性和可持续性，同时加强大数据与人工智能、云计算等技术的融合应用，以进一步提升大数据在基本公共服务中的可行性和有效性。

综上所述，大数据在基本公共服务中的应用具有巨大的潜力，但也面临着伦理、隐私、安全和可行性及有效性等多重挑战。通过加强相关法规建设、提升技术水平和强化数据管理能力等措施，可以更好地应对这些挑战，推动大数据在基本公共服务中的广泛应用和发展。

第三节　研究的逻辑与思路

大数据技术的迅猛发展为区域基本公共服务的均等化与一体化提供了新的契机和动力。本书《大数据驱动的区域基本公共服务均等化与一体化研究》旨在深入探讨大数据如何推动区域基本公共服务的均等化与一体化进程，以实现更加公平、高效和可持续的社会发展目标。

随着经济社会的快速发展，人民群众对基本公共服务的需求日益增长，而区域间基本公共服务的不均等化问题日益凸显，成为制约社会公平与和谐发展的重要因素。同时，区域基本公共服务的一体化也是实现区域协调发展、

---

① WANG Y S. The Adoption of Electronic Tax Filing Systems：An Empirical Study［J］. Government Information Quarterly，2002，20（4）：333-352.

提升整体竞争力的关键所在。因此，探索大数据驱动下的区域基本公共服务均等化与一体化路径，对于推动我国经济社会全面协调发展具有重要意义。

本书的研究思路是以大数据驱动的区域基本公共服务均等化与一体化为研究对象，首先梳理了基本公共服务的内涵与意义，以及在区域经济高质量发展一体化的背景下，区域基本公共服务均衡化与一体化发展的时代必然。然后进一步分析大数据驱动区域基本公共服务均衡化与一体化的内在逻辑耦合，锁定城市群区域高质量一体化发展的基础支持——区域基本公共服务均等化与一体化，而影响区域基本公共服务均衡化与一体化质量提升的是用大数据这一重要手段来撬动。其次，结合现实情况与区域基本公共服务均等化与一体化的实际要义，从大数据驱动区域基本公共服务均等化与一体化的终极目标、技术基础、政策工具和多元主体协同，构建完善的大数据驱动区域基本公共服务均等化与一体化的理论框架。再次，在构建理论框架指引下，从"动机—能力"理论出发，分析基本公共服务提供主体——政府的意愿到具体的提供能力进行全面分析，旨在表达，区域基本公共服务均等化与一体化实施的需要意愿与能力两方面全面发力。最后，本书从实现大数据驱动区域基本公共服务一体化的运行机制到路径策略，聚焦大数据如何推动区域基本公共服务均等化与一体化高质量发展，指出出路。

循着以上研究思路，本书共分为八章：

第一章首先对基本公共服务、基本公共服务均等化、区域基本公共服务均等化与一体化以及大数据驱动基本公共服务等相关研究进行了系统梳理和评述。阐明本书研究的背景及意义、研究的逻辑结构及思路。

第二章分析基本公共服务均等化的内涵、发展历程以及公平视域下的基本公共服务均等化。

第三章以区域经济一体化高质量发展为背景，结合当今时代发展的主题-共同富裕，详细分析了迈向共同富裕的区域基本公共服务均等化与一体化的时代内涵、发展意义以及共同富裕与区域基本公共服务均等化与一体化的内在紧密逻辑联系，进而分析目前区域基本公共服务均等化与一体化建设的成效及存在的挑战。

第四章针对目前如何快速提升区域基本公共服务均等化与一体化质量，助力区域经济一体化的高质量发展，而大数据技术的出现，为这一目标的实现提供了新的可能性和手段。该部分内容深入剖析了大数据技术在推动区域基本公共服务均等化与一体化中的学理逻辑、驱动逻辑、价值逻辑和实践逻辑。深刻揭示大数据与区域基本公共服务均等化与一体化之间的内在逻辑耦合。

第五章基于以上内容分析，结合现实情况与区域基本公共服务均等化与一体化的实际要义，从大数据驱动区域基本公共服务均等化与一体化的终极目标——提高居民幸福指数到统一网络平台的技术基础、加强区域政府之间联动的政策工具和提供多元供给的主体协同，来构建完善的大数据驱动区域基本公共服务均等化与一体化的理论框架。

第六章在构建理论框架指引下，从"动机—能力"理论出发，分析基本公共服务提供主体——政府的意愿到具体的提供能力进行全面分析，旨在表达，区域基本公共服务均等化与一体化实施的需要意愿与能力两方面全面发力。

第七章为了保障大数据驱动基本公共服务均等化与一体化理论框架构建后的顺利实现，提出了以数据聚合为中心的触发机制、以链接与互通为中心的联结机制、以开放与互动为中心的联动机制以及以流动与共享为中心的协作机制。这些机制共同构成了大数据驱动下的区域基本公共服务均等化与一体化的运行机制体系，为实现这一目标提供有力支持。

第八章结合前面内容的分析，按照内在逻辑结构，从大数据驱动的目标、政府顶层设计、区域自主协作到统一网络平台与重视数据资源治理等五个方面全面探讨大数据驱动区域基本公共服务均等化与一体化的实施路径与策略。

第二章

基本公共服务均等化

第一节　基本公共服务的内涵

明确界定基本公共服务的范围对政府和公民个体而言都具有深远的意义。

对政府而言，清晰界定基本公共服务的范围是其履行职能的基础。首先，有助于政府制定针对性的财政政策和融资策略，确保公共服务的资金来源稳定且可持续。其次，明确的范围有助于政府制定发展规划，优化资源配置，提高公共服务的质量和效率。此外，明确的服务范围还有助于政府建立和实施有效的监管机制，确保公共服务公平、公正地惠及所有公民。

对公民个体来说，了解基本公共服务的范围至关重要。不仅有助于公民认识自己的权益，更能引导他们合理使用和享受相关服务。同时，明确的服务范畴还能促进公民与服务供给方的沟通互动，提升服务满意度和获得感。更重要的是，清晰的公共服务权益有助于公民对未来的生活进行系统性规划，包括子女教育、个人能力提升、职业发展等方面。

从长远来看，明确基本公共服务的范围对社会的稳定和发展也具有积极意义。有助于缩小社会差距，促进社会公平和谐。同时，随着公共服务的不断完善和优化，公民的获得感和幸福感也将不断提升，进而推动社会的整体进步。

因此，无论是政府还是公民个体，都应高度重视基本公共服务范围的界定工作，确保公共服务的公平、公正与高效供给。

基本公共服务作为政府为满足公民基本生活需求而提供的服务，由于不同国家和地区在经济发展、社会进步和财政能力等多方面的差异，其内涵与外延因时间、区域和条件的不同而有所变化。从全球视角来看，不同国家和地区的政府在提供基本公共服务时，都会根据自身的财政状况和发展阶段来制定具体内容。发展中国家可能更侧重于基础教育和基本医疗卫生的普及，以确保公民基本生存权利；而发达国家则可能更加注重公共设施的完善和社会福利的提升。但无论是发达国家、发展中国家还是不发达国家，一般基本公共服务的重点内容都包括如卫生设施、教育、医疗、社保、就业、养老和住房等具有较高成本效益和社会价值的服务。尽管基本公共服务的具体内容有所差异，但总体方向都是一致的。因此，基本公共服务的核心是由政府主导，与该国经济发展水平相适应，保障全体公民生存和发展的基本需求的公共物品。关于公共服务的内涵，研究者们公认的是以美国学者 William H. Lucy 等人根据不同层次，按照功属性划分的以下四种常见类型：

1. 常规性服务（Routine Services）。常规性服务是公众日常生活中不可或缺的一部分。供水供电、垃圾和污水处理、运输和公共交通等，这些服务是城市运转的基石。尽管这些服务具有自然垄断的特点，并且需要用户支付费用，但它们对于保障公众的基本生活需求至关重要。同时，由于其竞争性的存在，政府在提供这些服务时要注重效率和质量的平衡。

2. 保护性服务（Protective Services）。保护性服务是维护社会秩序和公共安全的重要手段。警察、执法、法院、消防和防灾等部门的工作，不仅在于预防不良事件的发生，更在于事件发生后迅速采取补救措施，保障公众的生命和财产安全。这些服务具有非排他性和非竞争性，是典型的"纯公共品"，对于维护社会稳定和公众信任至关重要。

3. 发展性服务（Developmental Services）。发展性服务着眼于个体和国家的长远发展。教育、图书馆、公园和娱乐健身设施等服务，旨在提升人力资本潜能，促进个体生理、心理和智力的发展。这些服务的发展性特点使其与常规性服务中的基本生活保障有所区别，它们更多地关注于提升公众的生活质量和国家的竞争力。

4. 基本社会公共服务（Minimum Social Services）。它体现了政府对特殊群体的关怀和保障。如公共援助、医疗卫生、住房保障和日间照料等，旨在为低收入人群和弱势群体提供基本的生活保障，帮助他们获得维持生活所需的基本能力和技能。最基本的公共服务，作为政府职责的核心组成部分，主要由联邦和州政府负责实施和保障。这些服务的提供体现了社会资源的再分配属性，有助于缩小社会差距，促进社会公平和谐。因此，基本公共服务也是学者、专家、民众、政府最关注的基本公共服务类型。

William H. Lucy 等人对公共服务的分类不仅有助于我们深入理解公共服务的内涵和外延，更为政府制定和实施公共服务政策提供了有益的参考。政府应根据不同类别的服务特点，有针对性地制定政策，确保公共服务的公平、高效和可持续发展。

美国政府提供的基本公共服务项目是一个多层次、多维度的体系，涵盖了从联邦政府到地方政府的多个层面。在联邦政府层面，美国政府通过一系列计划（或项目）为个人和组织提供财务帮助，以满足他们在不同方面的基本需求。从美国联邦政府官方网站上列举的政府服务（Services）内容看，基本公共服务主要是政府为个人和组织提供财务帮助的计划项目。涵盖的主要内容包括如表2-1。

表 2-1　美国政府提供的基本公共服务

基本公共服务项目	具体内容
社会保障服务 social security services	退休金支付（Retirement Benefits）：为符合条件的退休人员提供月度退休金。
	-残疾保险（Disability Insurance）：为因残疾无法工作的人提供收入支持。
	-生存者保险（Survivor Benefits）：为已故工作者的遗属提供经济援助。
	-失业保险（Unemployment Insurance）：为失业人员提供一定时间内的经济援助以寻找新工作。
医疗卫生服务 Health Care Services	医疗保险（Medicare）：为老年人、残疾人和患有某些肾脏疾病的人提供医疗保险。
	-医疗补助（Medicaid）：为低收入家庭和个人提供医疗保健服务。
	儿童健康保险计划（Children's Health Insurance Program, CHIP）：为未纳入医疗保险的低收入家庭儿童提供健康保险。
	公共卫生项目（Public Health Programs）：预防疾病、促进健康和应对公共卫生事件。

基本公共服务项目	具体内容
教育服务 Education Services	K-12 教育（K-12 Education）：为幼儿园至 12 年级的学生提供公共教育服务。
	高等教育资助（Higher Education Assistance）：提供贷款、助学金和奖学金等资助计划，帮助学生支付高等教育费用。
	特殊教育服务（Special Education Services）：为有特殊需求的学生提供定制化的教育支持。
公共安全服务 Public Safety Services	警察和消防服务（Police and Fire Services）：维护社区治安和应对火灾等紧急情况。
	法院系统（Court System）：提供司法服务，解决纠纷和执法。
	灾害应对（Disaster Response）：协调救援行动，帮助受灾地区恢复重建。
基础设施服务 Infrastructure Services	交通设施（Transportation Infrastructure）：建设和维护道路、桥梁、公共交通系统等。
	水利设施（Water Infrastructure）：提供清洁的饮用水和废水处理服务。
	能源设施（Energy Infrastructure）：确保可靠的电力和天然气供应。
	通信设施（Communications Infrastructure）：建设和维护电话、互联网和广播电视网络。
退役军人服务 Veterans Services	退伍军人医疗保健（Veterans' Health Care）：为退役军人提供全面的医疗保健服务。
	教育资助和职业培训（Education Assistance and Job Training）：帮助退役军人获得高等教育和职业发展机会。
	退休金和残疾补偿（Pension and Disability Compensation）：为符合条件的退役军人提供经济支持。
	住房贷款担保和墓地服务（Home Loan Guaranty and Burial Services）：提供住房贷款担保和墓地等福利服务。

在美国的政治体制中，联邦、州和地方三级政府共同构成了其特有的治理架构。在这一架构中，各州及其下属县市作为地方政府的代表，被宪法和法律赋予了相当程度的自治权力。这种权力下放的设计，旨在确保地方政府能够更贴近民众的需求，更灵活地回应社区的变化，从而在基本公共服务的提供上发挥核心作用。

美国国际市县管理协会（International City/County Management Association，ICMA）长期致力于研究和推动地方政府的最佳实践。在公共服务领域，该协会进行了深入细致的工作，对公共服务的供给方式进行了全面而精细的分类。按照其定义和分类，美国的公共服务被划分为七大类，这七大类下又细分为64种具体的服务项目。这七大类服务涵盖了居民生活的方方面面，从基础的公共工程与交通服务，如道路修建、桥梁维护、公共交通运营，到至关重要的公共安全服务，包括警务、消防、紧急救援等；从日常必需的公用事业服务，如水、电、燃气的供应，到关乎居民身心健康的健康与人力资源服务，如公共卫生、医疗援助、就业培训等；还包括提供休闲娱乐的公园与娱乐服务，丰富精神文化生活的文化艺术服务，以及为弱势群体提供的社会保障服务等。

ICMA的这一分类体系不仅详尽而具体，更重要的是它为地方政府在公共服务领域的决策和行动提供了有力的指导和参考。地方政府可以据此评估自身在各项服务上的表现，发现存在的不足和需要改进的地方，进而制定更为精准、有效的政策和服务计划。同时，公众也可以依据这一分类体系，更清晰地了解和监督政府的服务工作，提出自己的需求和建议，从而推动政府服务的持续优化和提升。总的来说，美国地方政府在基本公共服务提供上扮演着举足轻重的角色，而ICMA的公共服务分类体系则为地方政府和公众之间搭建了一个有效的沟通和互动平台，共同推动着美国公共服务的不断完善和发展。

与美国相似，加拿大联邦政府流出的基本公共服务主要是以下几方面，见表2-2。

表2-2 拿大联邦政府基本公共服务项目

公共服务项目	具体内容
健康照护 Health Care	-全民医疗保险（Universal Health Care）：提供覆盖全体公民的基本医疗保险服务。
	-药品监管（Drug Regulation）：确保市场上药品的安全性和有效性。
	公共卫生计划（Public Health Programs）：预防疾病传播，提供健康教育和疫苗接种等服务。
教育 Education	基础教育（Basic Education）：支持省和地方政府提供中小学教育，制定教育标准和课程指导。
	高等教育资助（Higher Education Funding）：提供贷款、助学金和奖学金等经济援助，帮助学生接受高等教育。
	成人教育和职业培训（Adult Education and Vocational Training）：提供继续教育和职业培训计划，促进技能提升和就业机会。
社会服务 Social Services	老年保障金（Old Age Security）：为符合条件的老年人提供经济支持。
	加拿大退休金计划（Canada Pension Plan）：强制性的退休金储蓄计划，为退休后的生活提供经济保障。
	就业保险（Employment Insurance）：为失业人员提供一定时间内的经济援助，帮助他们重新就业。
公共安全 Public Safety	警察和执法服务（Police and Law Enforcement Services）：维护社区治安，打击犯罪活动。
	边境安全（Border Security）：确保边境安全，管理出入境事务。
	应急准备和响应（Emergency Preparedness and Response）：协调应对自然灾害和其他紧急情况，提供救援和恢复支持。

英国政府的基本公共服务主要包括教育、住房、社会福利、医疗卫生、文化体育等。教育是英国公共服务的重要组成部分，政府致力于提供高质量的教育服务，包括学前教育、中小学教育和高等教育等各个阶段。住房服务也是英国政府关注的重点，通过提供公共租赁住房、住房补贴等方式，帮助居民解决住房问题。在社会福利方面，英国政府建立了一套完善的社会保障体系，包括养老金、失业保险、医疗保险等各种福利制度，以保障居民的基

本生活需求。医疗卫生服务是英国公共服务的重要领域之一，政府通过设立公立医院、提供基本医疗保健服务等方式，保障居民的健康权益。此外，英国政府还注重文化体育服务的发展，通过支持博物馆、图书馆、体育场馆等公共设施的建设和运营，丰富居民的文化生活，提高身体素质。

澳大利亚政府的基本公共服务主要包括教育、社会保险、健康、福利、国家援助以及经济服务。在教育方面，澳大利亚政府通过州政府承担大部分的教育财政支出，包括中小学教育和大学教育。此外，州政府还提供大量的培训教育服务。在社会保险和健康方面，澳大利亚政府致力于提供全面的社会保险和健康服务。在福利方面，澳大利亚政府提供一系列的福利服务，包括住宅、灾害救助、区域发展、城市复兴等。

新加坡的基本公共服务体系涵盖了社会保障、医疗、教育、公共交通、公共安全和公共设施等多个方面，为居民提供了全方位、高质量的基本公共服务。在社会保障服务方面：新加坡建立了以中央公积金为核心的社会保障体系，涵盖了养老、住房、医疗等方面。医疗服务方面：新加坡的医疗服务体系高效且全面，居民可以享受到优质的医疗保健服务，政府还推行了一系列健康计划和预防措施，以提高居民的健康水平。教育服务方面：新加坡的教育体系被认为是世界领先教育之一，政府为居民提供从幼儿园到大学的全阶段教育服务。新加坡注重教育公平，致力于为学生提供优质的教育资源和良好的学习环境。公共安全服务方面：新加坡的公共安全体系非常完善，包括警察、消防、民防等部门，致力于维护社会稳定和公共安全。政府还注重灾害管理和应急响应能力的建设，以应对各种突发事件。公共设施服务方面：新加坡的公共设施非常齐全，包括公园、图书馆、博物馆、体育设施等。这些设施为居民提供了丰富的文化、体育和娱乐活动，提高了居民的生活质量。

从以上美国、英国、澳大利亚、新加坡等发达国家的基本公共服务来看，发达国家的公共服务总体内容大致相似，各国根据自身财力状况，供给重点侧重有所不同。但总体看来，都注重与公民生活密切相关的基本公共服务。

第二节　基本公共服务均等化

在欧美发达地区以及亚洲各国和地区，尽管对基本公共服务的定义和提供手段及供给方式存在一定差异，但都遵循一个共同的原则，即"基本公共服务应被视为政府提供的公共产品或近似公共产品"。基于这一共识，公平性被普遍强调，进而使得均等化成为评估基本公共服务供给效果及质量的核心要素。

均等化并非意味着无差别的绝对平均分配，由于地域环境与社会环境的多样性，需要针对不同群体及其独特需求进行区别对待处理。一般来讲，在提供公共服务时，政府职能部门通常会遵循三个核心原则：首先，确保所有公民能平等获得服务；其次，能为特殊群体提供特别关怀照顾；最后，每项服务都应设定一个基础标准或最低限度，且在此之上所提供的服务质量和数量应保持相对稳定。然而，从世界范围来看，在这三个原则中，特别是实现"均等化"充满挑战与困难。其原因主要在于：一是如何准确界定基础标准或最低限度；二是由于国家或地区内部各区域在社会、经济发展上的诸多不均衡，导致对基本公共服务的需求和供给存在显著差异，因此难以确保在统一水平上保证"服务质量和数量稳定"。

实现基本公共服务均等化是一个全球性的挑战，不同国家根据其特定的社会、经济和文化背景采取了不同的策略和方法。虽然很难确定哪一个国家是"最好"的，但有一些国家在实现基本公共服务均等化方面取得了显著成就。

芬兰的教育系统被认为是世界上最为均等的教育系统之一。该国政府致力于确保每个孩子都能享受到平等的教育机会，无论他们来自哪个家庭或地区。芬兰的教育体系注重公平和质量，为所有学生提供相同的教育资源和机会。

新加坡的公共交通系统被广泛认为是一个成功实现公共服务均等化的案例。该国政府通过大力发展公共交通，为居民提供了便捷、高效的出行方式。新加坡的公共交通系统覆盖了整个城市，为不同地区的居民提供了平等的交通服务。此外，新加坡在住房、医疗和教育等方面也实现了较高水平的均等化。政府通过制定和执行一系列政策，确保所有居民都能享受到基本公共服务。

加拿大是一个多元文化、多地区差异显著的国家，实现基本公共服务均等化一直是政府努力追求的目标。在医疗保健服务领域，加拿大采取了一系列措施，以确保所有居民都能享受到高质量、可负担的医疗服务。首先，加拿大实行全民医疗保险制度，所有居民都可以享受到基本的医疗服务，无须担心医疗费用问题。这一制度有效消除了因经济因素导致的医疗不平等现象，为所有居民提供了平等的医疗保健机会。其次，加拿大政府在医疗资源分配上注重公平和效率。通过优化医疗资源配置，政府确保不同地区、不同群体都能获得必要的医疗服务。例如，政府加大对农村和偏远地区的医疗投入，提高这些地区的医疗服务水平，以缩小城乡之间的医疗差距。此外，加拿大还积极推动医疗服务的数字化和智能化发展。政府投入巨资建设医疗信息系统，实现医疗数据的共享和互通。使居民可以更加便捷地获取医疗服务信息，提高医疗服务的可及性和效率。最后，加拿大政府注重与私营部门和非营利组织的合作，共同提供公共服务。通过与私营医疗机构、慈善组织等建立合作伙伴关系，政府得以整合各方资源，扩大医疗服务的覆盖范围，提高服务质量。这种公私合作的模式有助于发挥市场机制的作用，推动医疗服务的创新和发展。

通过以上分析，这些国家之所以能够在一定程度上实现基本公共服务均等化，主要得益于政府的高度重视和持续投入。通过制定和执行相关政策，确保所有居民都能享受到基本公共服务，从而实现社会公平和稳定。需要注意的是，每个国家的情况都是独特的，因此在实现基本公共服务均等化方面需要采取适合本国国情的策略和方法。同时，实现基本公共服务均等化是一个长期的过程，需要政府、社会和个人共同努力协助实现。

第三节　我国基本公共服务均等化发展历程

自 20 世纪 80 年代起，伴随着中国经济体制的急剧变革，政府职能也进行了相应调整，以适应新的发展需求。在这一背景下，"效率导向"逐渐成为公共行政执行的主导逻辑。同时，受国家政策的深刻影响，政府绩效评估体系以"效率"为轴心，而对基本公共服务的实际供给效果及质量则相对忽略。这种偏向导致社会公平的追求在某种程度上滞后于效率的追求，进而引发贫富差距扩大、公共服务供求失衡等一系列社会问题。进入 20 世纪 90 年代后，随着社会经济的持续进步，理念开始转变，"服务型政府"的形象对公共行政价值的重塑提供了新的契机。"公平""质量"与"服务"逐渐成为政府职能转变的新方向，推动政府从过去过度强调效率转向积极寻求公平与效率的平衡。

回顾改革开放四十多年的历程，我国基本公共服务均等化战略的发展脉络清晰可见。在供给数量方面，战略重心已从单一的量的增长逐渐转向质的提升；而在均等化水平维度上，经历了从各地区分散管理到注重"普惠"与"全覆盖"的广泛推广阶段，并进一步向以"便捷可达"与"民众满意"为核心理念不断深化。这一系列的转变不仅体现了我国政府在推进基本公共服务均等化方面的策略调整，也映射出我国公共服务体系不断成熟与完善的演进过程。通过北大法宝，本书也大致搜索了近20年来，国家关于基本公共服务均等化方面的政策、方针、规划、文件出台情况，如表2-3。

一、我国基本公共服务均等化的发展阶段

我国基本公共服务均等化的发展是一个逐步深化、细化的过程，以下是根据时间线梳理的具体发展过程及政府相关政策文件上的支持。

（一）初始阶段（20世纪80年代初至2005年）：基本公共服务的初步探索

在改革开放大背景下，我国自20世纪80年代开始，在经济、社会等领域进行了广泛而深刻的变革。尽管这一时期并未明确提出"基本公共服务均等化"的概念，但在教育、医疗、社会保障、住房以及就业等关键领域，政府和社会都作出了一系列具有历史意义的探索和尝试。这些探索不仅为后来的基本公共服务体系建设奠定了基础，也为我国的社会经济发展提供了重要支撑。

教育领域方面，工作中心是普及与提升并重。80年代初的改革开放带来了教育体制的重大变革。1985年，《中共中央关于教育体制改革的决定》提出"实行基础教育由地方负责、分级管理的原则"，标志着我国基础教育管理体制的重大转变。政府加大了对基础教育的投入，特别是农村地区，通过实施"希望工程""春蕾计划"等项目，显著改善了农村地区的办学条件和教育质量。据统计，2005年，我国小学学龄儿童净入学率达到99.15%，初中阶段毛入学率达到95%，基本实现了普及九年义务教育的目标①。

医疗卫生方面，工作的重心是改革与探索并行。80年代开始的医疗卫生体制改革旨在解决计划经济时期遗留下来的问题。政府逐步减少对公立医院的直接补贴，鼓励医院通过提供服务来筹集资金。同时，开始探索建立医疗保险制度。1998年，开始建立了城镇职工基本医疗保险制度，这标志着我国医疗保障制度进入了一个新的发展阶段。到2005年，新型农村合作医疗制度也开始试点并逐步推广，为农村居民提供了基本的医疗保障。

在社会保障方面，工作重心是初步构建安全网。开始逐步建立以养老、医疗、失业等为主要内容的社会保障体系。1997年，统一了企业职工基本养老保险制度，实现社会统筹与个人账户相结合的养老保险模式。到2005年，养老保险覆盖面逐步扩大，基本实现了对城镇从业人员的全覆盖。同时，失业保险、工伤保险等制度也逐步建立并完善。

住房制度方面，工作的重心是市场化改革与保障并重。住房制度改革是这一时期另一重要内容。1998年，发布了《国务院关于进一步深化城镇住房制度改革加快住房建设的通知》，明确提出停止住房实物分配，逐步实行住房分配货币化。这一改革极大地激发了房地产市场的活力，改善了居民的居住条件。同时，政府也开始关注低收入家庭的住房问题，通过建设廉租房、经济适用房等保障性住房，为低收入家庭提供了基本的住房保障。

就业方面，积极促进与援助并举。随着经济体制的改革和产业结构的调整，政府开始重视劳动力市场的建设和就业政策的调整。通过实施积极的就业政策、加强职业培训等措施，有效地促进了劳动力的流动和就业率的提升。同时，针对下岗职工和农民工等弱势群体，政府也提供了必要的就业援助和技能培训，帮助他们重新就业。

总之，在这一时期，我国在基本公共服务领域进行了一系列有意义的探索和尝试。这些探索不仅为我国后来的基本公共服务体系建设提供了宝贵的经验和借鉴，也为我国的社会经济发展提供了重要支撑。尽管这一时期并未明确提出"基本公共服务均等化"的概念，但政府和社会在各个领域所作出的努力都体现了对公平、公正和共享发展成果的追求。

---

① 教育部.2005年全国教育事业发展统计公报［EB/OL］.中华人民共和国教育部网站，2006-07-04.

（二）明确提出阶段（2005年至2011年）：基本公共服务均等化概念的提出

2005年，国家"十一五"规划纲要首次在国家层面上提出了基本公共服务均等化的概念。这一概念的正式提出，标志着中国在追求社会公正和平衡发展的道路上迈出了坚实的步伐。根据规划纲要的阐述，均等化的实现需要按照公平、公正的原则，对西部民族地区、贫困地区以及边远农村地区给予更多的关注和支持。特别是在财政转移支付、产业扶持等方面，要进一步加大对这些不发达地区的帮助力度，以确保他们能够与全国其他地区同步享受基础公共服务。这一目标不仅是为了实现地域之间的均衡发展，更是为了在全国范围内建立一个城乡共享、机会均等、差异较小的基本公共服务体系。通过这一体系的建立，期望能够逐步消除城乡之间、地区之间在公共服务领域的差距，使每一个公民都能享受到大致均等的基础公共服务。这不仅是中国社会发展的必然要求，也是贯彻落实以人为本的科学发展观的重要体现。

随后，随着这一概念的提出，推动和实现基本公共服务均等化逐渐成了中国社会与经济全面发展的重要抓手。2006年，十六届六中全会通过的《中共中央关于构建社会主义和谐社会若干重大问题的决定》进一步明确了基本公共服务均等化的目标和任务，要求"完善公共财政制度，逐步实现基本公共服务均等化"。这表明，中国政府已经将基本公共服务均等化上升到了国家战略的高度，并将其作为促进社会和谐、增进人民福祉的重要手段。此后，2007年党的十七大再次强调了缩小区域之间、城乡之间的基本公共服务体系发展差距的重要性。为此，需要合理引导生产要素跨区域流动，加大东中西部的协作力度，以逐步提高基本公共服务的均等化水平。这一要求的提出，不仅体现了中国政府对于区域协调发展的高度重视，也显示了中国在推动基本公共服务均等化方面的决心和毅力。同时党的十七届五中全会更是明确提出了"要以改善民生为基本着力点，逐步建立内容完整、覆盖城乡、可持续发展的基本公共服务体系"的目标。这一目标的设定，不仅是为了提高基本公共服务的供给能力，更是为了推进基本公共服务均等化的实现。这一阶段的工作重点是城乡"普惠"和"面上覆盖"，即在强调"增量"和"普及"的基础上，提出了"协调发展"和"构建均等化"的长期目标。为了实现这一目标，政府明确了在一定时期内建立基本公共服务体系的价值取向和目标。政策导向主要以突出"提高供给能力"和"全覆盖"为目标，以区域协调发展为着力点，以保障人民生命权、生存权和发展权为原则。这些政策的制定和实施，不仅有助于逐步建立覆盖城乡、惠及全民、公正平等、大致均等的基本公共服务体系，也为推进基本公共服务均等化奠定了坚实的基础。

（三）全面深化阶段（2012年至今）：基本公共服务均等化的全面推进与制度创新

2012年，《国家基本公共服务体系"十二五"规划》发布，这是我国首个关于基本公共服务的国家级规划，明确了基本公共服务的范围、标准和实施路径。规划提出，要"以保障和改善民生为核心，以基层为重点，着力推进基本公共服务均等化"。2017年，国务院印发《"十三五"推进基本公共服务均等化规划》，对"十三五"时期基本公共服务均等化的目标、任务和政策措施进行了全面部署。规划提出，要"推动城乡区域间基本公共服务制度统一、质量有效、水平适度，以基层为重点，加快构建覆盖全民、均等化、可持续的基本公共服务体系"。从以上中央相关文件可以看出，自2012年起，我国基本公共服务均等化已逐步从理念层面跃升为国家级的战略行动。这一转变不仅标志着国家对于公共服务重视程度的加深，更体现了政府对于提升全体公民生活质量的坚定决心。经过几年的不懈努力，基本公共服务均等化已经从宏观的战略规划，通过顶层设计，逐步落实到具体的实施阶段。在此过程中，国家对于基本公共服务体系进行了全面而系统的规划，确保了各项服务能够有序、高效地推进。例如，深化户籍制度改革，推动有能力在城镇稳定就业和生活的农业转移人口举家进城落户；推进居住证制度覆盖全部未落户城镇常住人口，保障在居住地享有基本公共服务；加大对农村和贫困地区的教育、医疗等公共服务的投入力度；实施精准扶贫战略，确保贫困人口脱贫致富等。从价值理念的认知层次上来看，见证了从"普惠、全覆盖"的初步目标，到"有效供给、方便可及和群众满意"的更高追求。这种转变反映了国家对于公共服务质量提升的关注，不再仅仅满足于服务的普及，而是更加注重服务的实际效果和民众的满意度。这种从量到质的转变，标志着我国基本公共服务均等化进入了全新的发展阶段。为了巩固和深化这一成果，2012年至2019年期间，国家相继出台了《国家基本公共服务体系"十二五"规划》《"十三五"推进基本公共服务均等化规划》等重要文件。这些文件不仅强调了基本公共服务标准化和制度化建设的重要性，还为城乡基本公共服务标准的统一、制度的并轨提供了明确的指导。通过这些规划和政策的实施，我国基本公共服务均等化在形式上实现了普惠，并逐步向实质性的公平过渡和转变。

　　然而，尽管我国基本公共服务在过去的近 20 年里取得了显著的发展，大多数服务内容已经实现了普及，但仍然存在一些不容忽视的问题。由于基本公共服务均等化推进时间短、内容繁多，在规模、质量、平衡性等方面仍面临着诸多挑战。特别是在城乡区域间资源配置、软硬件协调、服务水平差异等方面，问题尤为突出。此外，基层设施利用不足、人才短缺以及某些服务项目覆盖盲区等问题也亟待解决。在体制机制创新后，如何有效吸引社会力量参与，也是当前面临的一大难题。

　　2020 年，作为全面建成小康社会和"十三五"规划的收官之年，我国在《"十三五"推进基本公共服务均等化规划的通知》中明确提出了"兜住底线、守住预期；统筹资源、促进均等；政府主责、共享发展；完善制度、改革创新"四项指导思想。在这一思想的指引下，我国统筹推进"五位一体"总体布局和协调推进"四个全面"战略布局，取得了显著成效。均等化水平稳步提高，标准体系全面建立，保障机制巩固健全，制度规范基本成型。展望未来，通过基本公共服务均等化来协调城乡、区域、群体间的供给水平将变得越来越重要。因此，建立一套科学合理的监测指标体系和评价标准不仅是推进基本公共服务均等化的前提和基础，也是考核各级政府工作绩效的重要标准。这将有助于管理部门及时发现问题、调整政策，确保基本公共服务均等化工作能够沿着正确的轨道稳步前进。

表 2-3　近 20 年来，我国基本公共服务均等化出台的部分重要政策文件汇总

时间	会议或文件	基本内容
2005 年	《中共中央关于制定国民经济和社会发展第十一个五年规划的建议》	首次提出"公共服务均等化"原则，要求政府加大对欠发达地区的支持力度，促进基本公共服务均等化。
2006 年	《中华人民共和国国民经济和社会发展第十一个五年规划纲要》	明确将基本公共服务均等化作为公共财政的基本目标之一，并提出逐步缩小区域间基本公共服务差距。
2006 年	中共十六届六中全会	强调完善公共财政制度，逐步实现基本公共服务均等化。

续表

时间	会议或文件	基本内容
2007 年	党的十七大报告	强调"缩小区域发展差距，必须注重实现基本公共服务均等化"，并将其作为推动区域协调发展的重要手段。
2008 年	《国家基本公共服务体系"十一五"规划》	强调基本公共服务均等化的重要性，厘清均等化与平均化的区别，系统规划了基本公共服务的范围和标准，提出了一系列保障措施和实施机制。
2008 年	中共十七届三中全会	紧紧围绕更好保障和改善民生、促进社会公平正义深化社会体制改革，推进基本公共服务均等化，实现城乡、区域协调发展，确保社会既充满活力又和谐有序。
2010 年	中共十七届五中全会	逐步建立与我国国情和经济社会发展阶段相适应的、覆盖城乡的、内容完整的基本公共服务体系，推进基本公共服务均等化。
2011 年	《中华人民共和国国民经济和社会发展第十二个五年规划纲要》	进一步明确了基本公共服务均等化的目标和任务，要求建立健全基本公共服务体系。
2012 年	《国家基本公共服务体系"十二五"规划》	为实现基本公共服务均等化，对基本公共服务的各项内容和标准进行了全面规划，并提出了保障措施和推进机制。
2012 年	中共十八大报告	强调了实现基本公共服务均等化的必要性和紧迫性，并提出了具体的实施措施和目标，加快形成政府主导、覆盖城乡、可持续的、优质的基本公共服务体系，到 2020 年"基本公共服务均等化总体实现"。
2013 年	中共十八届三中全会	要以民生为切入点，以公平可及、群众满意、优质均衡为目标推进基本公共服务均等化。
2015 年	中共十八届五中全会	以保障和改善民生为导向，增强基本公共服务供给的可及性、有效性、多样性和共享共建水平，不断推动基本公共服务均等化。
2016 年	《中华人民共和国国民经济和社会发展第十三个五年规划纲要》	强调要推动城乡区域基本公共服务制度统一均衡、质量有效衔接，并提出了一系列具体措施。

续表

时间	会议或文件	基本内容
2017 年	《"十三五"推进基本公共服务均等化规划》	明确了"十三五"时期基本公共服务公共性、普惠性、均等化的主要目标和任务,并提出了相应的保障措施和实施机制。
2017 年	中共十九大	不断完善基本公共服务体系,让全体人民的安全感、幸福感和获得感进一步增强;到2035 年基本公共服务要实现均等化。
2018 年	《中共中央国务院关于实施乡村振兴战略的意见》	城乡一体、城乡融合的基本公共服务政策体系已慢慢建立,长期存在的城乡分割的基本公共服务政策体系格局将被消除。
2018 年	《关于建立健全基本公共服务标准体系的指导意见》	完善各级各类基本公共服务体系;明确基本公共服务9 大领域及其质量要求;创新基本公共服务标准实施机制,实施动态预警监测。
2019 年	中央一号文件	推进城乡基本公共服务标准统一、制度并轨,实现从形式上的普惠向实质上的公平转变。
2020 年	《中共中央关于制定国民经济和社会发展第十四个五年规划和二〇三五年远景目标的建议》	再次提出要完善国家基本公共服务制度,推动城乡区域基本公共服务制度统一、质量有效衔接。
2021 年	《中华人民共和国国民经济和社会发展第十四个五年规划和 2035 年远景目标纲要》	进一步细化了基本公共服务均等化的目标和任务,并提出了一系列保障措施和实施机制。

二、基本公共服务指标体系的逐步完善与发展

（一）前期阶段：基础指标的初步建立

2010 年 10 月，中国国家标准化管理委员会（简称国标委）发布了一份具有深远意义的文件——《公共服务标准化指南（征求意见稿）》。这份文件不仅是公共服务领域标准化工作的重要里程碑，更在国家层面上为构建公共服务标准化的整体性通用框架奠定了坚实的基础。

该指南的内容丰富而全面，涵盖了公共服务标准化的范围、类型、制定、

实施以及评价和改进等多个关键方面。它明确了公共服务标准化的重要性和必要性，指出了通过标准化手段提升公共服务质量、效率和公平性的路径。在范围上，该指南界定了公共服务标准化的适用领域和边界，确保了标准化的针对性和实效性。在类型上，详细划分了公共服务的种类，为不同类型的公共服务提供了具体的标准化指导。在制定和实施方面，该指南强调了标准化过程的科学性和规范性，提出了制定公共服务标准的程序和要求，以及实施标准化的具体步骤和方法，保证公共服务标准化的严谨性和可操作性。在评价和改进方面，该指南建立了一套完善的评价体系，提出了对公共服务标准化实施效果进行评估的指标和方法。同时，还强调了持续改进的重要性，为公共服务标准化的持续优化提供了指导。

总的来说，这份《公共服务标准化指南（征求意见稿）》为公共服务领域的标准化工作提供了全面的指导和支持，标志着中国公共服务标准化进程迈出了坚实的一步，可以看成是在国家层面上为构建公共服务标准化整体性的通用框架的热身运动。

（二）发展阶段：质量与公平的强调

自 2012 年起，为了建立公共服务标准化的整体通用框架，国家层面相继推出了一系列相关政策，其中包括两份重要的纲领性文件。第一份是中共中央国务院在 2012 年 7 月发布的《国家基本公共服务体系"十二五"规划》，该文件详细列举了包括基本公共教育、劳动就业服务、社会保险、基本社会服务、基本医疗卫生、人口和计划生育、基本住房保障、公共文化体育以及残疾人基本公共服务在内的 9 大类别，共计 44 类 80 项的基本公共服务项目。这份基本公共服务规划文件的重点在于确保最基本服务的普及，强化基层服务，以及构建着实有效的保障机制。随后同年 8 月，中国国家标准化管理委员会会同国家发改委等 27 个部委联合制定了《社会管理和公共服务标准化工作"十二五"行动纲要》。该文件重点强调了开展多个领域的公共服务标准化研究，这些领域包括公共教育、就业服务、社会保险、基本社会服务、公共医疗卫生、人口计生、公共基础设施管理与服务、公共文化、公共交通、公共安全以及社会公益科技服务等。这两份纲领性文件的发布，国家为公共服务标准化的全面推进奠定了坚实的基础。

（三）当前阶段：精准化与动态调整

2017 年 3 月，中共中央国务院发布了一项重要的基本公共服务均等化的规划文件——《"十三五"推进基本公共服务均等化规划》。该文件精心构建了包含公共教育、劳动就业创业、社会保险、医疗卫生、社会服务、住房保障、公共文化体育以及残疾人服务等八大领域的服务体系，涵盖了多达81个具体项目的子项目。这一规划不仅全面细致，而且为满足全体人民的基本生存和发展需求，作出了具有深远影响的制度性安排，展现了国家对于提升人民生活水平的坚定决心和细致规划。随后，时隔一年，2018年12月，国务院办公厅进一步印发了《关于建立健全基本公共服务标准体系的指导意见》。该文件以人民为中心，围绕"幼有所育、学有所教、劳有所得、病有所医、老有所养、住有所居、弱有所扶"等典型民生需求，明确提出了覆盖公共教育、劳动就业创业、社会保险、医疗卫生、社会服务、住房保障、公共文化体育、优抚安置以及残疾人服务九大领域的国家基本公共服务质量要求。这一指导意见不仅为各地政府和相关部门提供了明确的工作方向，而且为我国基本公共服务均等化的发展注入了强大的动力，展现了国家建设更加公平、更加优质的基本公共服务体系的坚定决心和明确路径。

（四）未来趋势：全面性与智能化

随着我国社会的持续进步和人民生活水平的不断提高，基本公共服务均衡化将成为未来发展的重要趋势。在人们需求日益多元化、个性化的背景下，基本公共服务体系必须不断创新，以满足人民群众对美好生活的向往。人工智能、大数据等先进技术的广泛应用，将为基本公共服务均衡化提供有力支撑。通过智能分析、数据挖掘等技术手段，可以精准识别不同群体的需求差异，为政策制定和服务提供科学依据。同时，这些技术还能有效促进跨区域、跨领域的信息共享与资源整合，推动基本公共服务向更加均等化、便捷化方向发展。可以预见，未来我国基本公共服务体系将更加注重以人为本、需求导向，更加注重科技创新、数据驱动，更加注重协调发展、共建共享。在全面建设社会主义现代化国家的新征程中，基本公共服务均衡化将发挥更加重要的作用，为人民群众带来更多获得感、幸福感、安全感。

综上所述，基本公共服务评价指标的提出和不断完善是一个与时俱进的过程，旨在更好地满足人民群众日益增长的美好生活需要。通过不断完善评价指标，可以更准确地衡量政府提供基本公共服务的水平和效果，推动基本公共服务向更高质量、更公平、更可持续的方向发展。

第三章

面向共同富裕的区域基本公共服务均等化与一体化

基本公共服务是构建人类共同富裕的基石①，对推动社会整体经济繁荣与福祉共享具有至关重要的作用。共同富裕作为一个多维度的复合目标，其实现过程不仅依赖于经济增长和财富积累，更离不开高效、公平、可持续的基本公共服务体系的支撑。习近平总书记曾指出："要坚守人民情怀，紧紧依靠人民，不断造福人民，扎实推动共同富裕。"这表明了促进基本公共服务均等化是实现共同富裕的必要条件。同时，他也多次强调了基本公共服务有效多维度的高效供给，把就业、收入分配、教育、社保、医疗、住房、养老、托育等基本公共服务问题统筹解决好的重要性，并对基本公共服务均等化水平实现多次给予重要指示。过去二十余年间，中国在基本公共服务领域取得了显著进展，服务供给的质量和覆盖面不断提升，均等化与一体化的推进力度逐步增强，为稳步迈向共同富裕奠定了坚实的基础。

从理论上来看，共同富裕的实现需要克服城乡差距、地区差距等不平衡不充分的问题。这就需要通过推进基本公共服务均等化和一体化来创造更加公平的发展环境。具体而言，应着力构建惠及全体人民、贯穿人民全生命周期的基本公共服务公平共享体系；以高质量发展为导向，推动基本公共服务供给补短板、强弱项，并以标准化、数字化手段提升服务质量；坚持共建共享原则，通过多元参与和全过程协同，确保保障和改善民生建立在经济发展和财力可持续的基础之上。党的十九届五中全会进一步明确了到2035年，要使全体人民在共同富裕上取得更加明显的实质性进展，这一远景目标的设定

---

① 何文炯. 共同富裕视角下的基本公共服务制度优化 [J]. 中国人口科学，2022 (1)：2-15，126.

对基本公共服务的均等化与一体化提出了更为严峻的挑战和更高的要求。因此，从共同富裕的视角出发，深入探讨基本公共服务制度的优化路径，不仅具有重要的理论价值，更对指导实践工作、推动社会全面进步具有深远的意义。

第一节　区域基本公共服务均等化与一体化

随着我国改革开放的持续深化，经济社会各个方面均取得了显著进展。国家对社会建设的重视程度日益提高，不断保障和改善民生福祉，以实现更加全面、公平的社会发展。自 2006 年起，我国在宏观政策层面明确确立了"基本公共服务均等化"的发展目标，并围绕这一目标制定和实施了一系列相关的制度和政策。经过近二十年的不懈努力，我国基本公共服务体系和制度建设日臻完善，服务均等化和一体化水平稳步提升，不仅有效缩小了城乡、区域间的公共服务差距，还显著增强了人民群众的获得感与幸福感，为全体人民迈向共同富裕奠定了坚实的基础条件。

一、区域基本公共服务均等化与共同富裕

基本公共服务，是建立在一定的社会共识基础之上，根据一国社会发展阶段和总体水平，以政府为主导，维护社会稳定、促进社会正义与凝聚力，保障个人最基本的生存、发展能力。不仅关乎民众的基本生活需求，更是实现人的全面发展不可或缺的一环。基本公共服务的核心目的在于通过政府及社会的共同努力，为全体公民提供均等化的就业、养老、生活保障，以及教育、文化和健康服务，确保每个人都能享有尊严和基本能力。在内容上，有广义与狭义之分。狭义的基本公共服务主要涵盖基础教育、公共医疗和社会保障等直接关乎民生的领域；广义上的基本公共服务，则扩展到与人民生活息息相关的交通、通信、公共设施、环境保护、公共安全等领域的公共服务，由此，公共服务就形成了一个由基本公共服务、经济性公共服务与安全性公共服务组成的多维度、全方位的服务体系。这一体系随着经济社会的发展而不断拓展与深化，以满足人民日益增长的美好生活需要。基本公共服务均等化，是指全体公民都能公平可及地获得大致均等的基本公共服务，其核心在

于促进机会均等，确保每个个体在获取基本公共服务时不因地域、身份等因素而受到歧视①。这不仅是对社会公平正义的践行，也是实现共享发展成果的重要途径。

基本公共服务与共同富裕之间存在着紧密的联系。共同富裕作为社会主义的本质要求，强调全体人民共享改革发展成果。而基本公共服务均等化正是实现这一目标的核心关键举措之一。通过提升基本公共服务的覆盖面和质量，可以有效缩小社会差距，增强社会凝聚力，为全体人民迈向共同富裕奠定坚实基础。同时，基本公共服务的优化与升级，还能激发社会活力，促进经济持续增长，形成发展与共享的良性循环。

（一）基本公共服务均等化是实现共同富裕的内在要求

基本公共服务均等化为实现共同富裕起到兜底与赋能的双重引擎作用。

1. 基本公共服务均等化对实现共同富裕有兜底保障作用

基本公共服务均等化，作为社会公平与正义的重要体现，对实现共同富裕具有不可替代的兜底保障作用。这一作用的发挥，不仅在于确保社会成员基本生活需求的满足，更在于通过公共资源的均衡配置，促进社会整体福祉水平的提升，进而夯实共同富裕的基础。

从理论层面来讲，基本公共服务均等化强调的是政府在不同地区、不同社会群体之间提供基础教育、公共卫生、社会保障等基本公共服务的公平性。这种公平性的实现，需要政府通过财政转移支付、政策倾斜等手段，确保公共资源能够按照社会成员的实际需求进行分配。不仅可以减少因地域、身份等因素导致的不平等现象，还能够有效防止社会财富的过度集中，从而为实现共同富裕创造更加公平的社会环境。

从实践层面来看，基本公共服务均等化的兜底保障作用体现在多个方面。首先，在教育领域，通过实施九年制义务教育均衡化发展战略，政府可以确保所有社会成员都能够获得基本的教育机会。这不仅有助于提升人力资源的整体素质，还能够为社会的长期发展提供源源不断的人才支持。据统计数据显示，我国义务教育巩固率已达到99%以上，这为基本公共服务均等化的实现奠定了坚实的基础。其次，在公共卫生领域，基本公共服务均等化的推进

①　国务院. 国务院关于印发国家基本公共服务体系"十二五"规划的通知 [EB/OL]. 中国政府网，2012-07-19.

可以显著提升基层医疗卫生服务水平。政府通过加大对基层医疗机构的投入力度，提高基层医务人员的专业素养和服务能力，确保社会成员在需要医疗服务时能够得到及时、有效的救治。这不仅有助于降低因病致贫的风险，还能够显著提升社会成员的健康水平和生活质量。近年来基层医疗卫生服务能力的提升使得农村居民的健康指标得到了显著改善。再次，在社会保障领域，基本公共服务均等化的实现可以确保社会成员在面临老年疾病、失业等风险时能够得到必要的社会救助和保障。通过建立健全覆盖全体社会成员的社会保障体系，政府可以为弱势群体提供基本的生活保障，防止他们因各种风险而陷入贫困。这不仅有助于维护社会的稳定和谐，还能够为社会成员提供更加公平的发展机会。

特别是党的十八大以来，我国在基本公共服务领域取得了显著进展，不仅大幅提升了民生福祉，也为国家经济的稳步增长提供了坚实后盾。其中，基本公共服务的兜底保障作用日益凸显：社会保障制度逐步健全，覆盖范围日益广泛，保障标准稳步提升，管理与服务日益规范。到目前为止，已成功构建了全球规模最大的社会保障网络：基本医疗保险已惠及超过13亿国民，基本养老保险覆盖了近10亿人口，城乡特困人员救助供养实现了统筹兼顾，残疾人"两项补贴"制度从无到有，大大增强了广大民众的获得感、幸福感和安全感。截至2020年底，我国已历史性地解决了绝对贫困问题，进一步推动了贫困群体在综合福利方面的全面改善①。

2. 基本公共服务均等化对实现共同富裕具有赋能作用

基本公共服务均等化对促进社会公平正义、缩小发展差距以及提升全体人民福祉水平的重要性日益凸显。

首先，基本公共服务均等化是实现共同富裕的基础性工程。通过政府主导和社会参与，确保全体社会成员无论城乡、区域和身份差异，都能均等地获得基础教育、公共卫生、社会保障等基本公共服务。这一目标的实现需要打破资源分配的地域性、群体性壁垒，推动公共服务资源向基层、农村和欠发达地区倾斜，从而缩小区域间、城乡间以及不同社会群体间的服务差距。均等化的推进不仅有助于提升全体人民的生活质量，更为重要的是，它为每

---

① 沈扬扬，滕阳川，李实. 扶贫政策转型中城市低保瞄准度与反贫困效果分析［J］. 南开经济研究，2021（5）：3-18.

个人提供了公平的发展起点和机会,为社会的长期稳定和可持续发展奠定了坚实基础。

其次,基本公共服务均等化对实现共同富裕的赋能作用表现在多个层面。在教育领域,通过提升教育服务的均等化水平,可以显著增强社会各阶层尤其是弱势群体子女的教育获得感,进而提高他们的知识水平和就业能力,打破贫困的代际传递。在公共卫生领域,均等化的医疗服务能够降低因病致贫的风险,保障人力资源的健康发展,为社会经济提供稳定的劳动力支撑。在社会保障方面,均等化的养老、医疗等社会保障体系能够减轻个人和家庭的经济负担,增强社会的风险抵御能力,为全体人民构筑起安全网等,这为实现共同富裕提供了坚实的基础.

再者,基本公共服务均等化还能够通过促进消费和扩大内需来赋能共同富裕。当人们在教育、医疗、养老等方面的基本需求得到满足时,其消费信心和消费能力将得到提升,有助于推动消费升级和产业结构优化。此外,均等化的公共服务还能够吸引更多的人才和资源向欠发达地区流动,促进区域经济的均衡发展,从而为实现共同富裕创造更加有利的条件。

同时,基本公共服务均等化是促进经济社会协调发展的重要手段之一。劳动力是经济社会发展的宝贵资源,通过提升基本公共服务的覆盖率和服务质量,可以有效提高整体人力资本水平,推动经济结构优化升级和创新驱动发展。同时,基本公共服务改善还能带动相关产业的发展,创造更多就业机会,形成良性循环。

最后,基本公共服务均等化对于缓解社会矛盾、维护社会稳定具有重要意义。在社会转型时期,各种矛盾和冲突不可避免。基本公共服务均等化作为社会安全阀,可以缓解因资源分配不均而引发的各种社会不满和紧张情绪。通过提供公平、可持续的公共服务,可以增强社会凝聚力与向心力,为经济社会发展创造稳定的社会环境。

(二)基本公共服务优化资源配置,促进利益均衡

实现共同富裕并不是追求绝对的无差别平均,而是一种包容性增长理念,在任何时空背景下,社会成员之间在经济状况上都会存在不可避免的多样性和差异性。这种差异源于个体在遗传、资源禀赋、能力发展以及社会机遇等多方面的非均等性,进而导致他们在初次财富分配中所获份额的不同。为了调和这些差异并推动社会整体向更加均衡的方向发展,需要设计并实施一套

既公平又高效的收入再分配机制。一般的做法是政府及相关职能部门建立初次分配、二次分配乃至多次分配等层次分明的制度框架。其中，基本公共服务制度的完善与普及被视为一种最重要的策略选择。通过推动基本公共服务的均等化，可以更有效地促进资源在社会成员间的公平配置，进而形成更加合理且可持续的财富分配格局。基本公共服务不仅是实现共同富裕的坚实基础，也是社会主义制度优越性的重要体现，它承载着人民群众对"富裕"和"共享"美好生活的热切期盼[①]。

1. 基本公共服务是收入再分配的主要内容

基本公共服务，作为现代社会治理体系的重要组成部分，其本质扮演着收入再分配的关键角色，针对社会现实问题直接回应，通过财政资金支持、物质援助或服务提供等方式，满足社会成员的基础需求，同时关注弱势群体的迫切需求。这种再分配不是简单的财富转移，而是通过政府提供的公共产品和服务，以公平、均等为原则，对社会资源进行重新配置，进而缩小社会成员间的收入差距，促进社会的整体福祉。

基本公共服务具有显著的再分配效应，通过为全体社会成员提供基础教育、公共卫生、社会保障等基础性服务，确保每个人不论其经济地位如何，都能享受到基本的生存与发展的权利。这种普遍性的服务供给，实际上是对社会财富的一种间接调节，能够在一定程度上纠正市场初次分配带来的不公平，使社会资源的分配更加趋于合理。以教育为例，基础教育的普及和均等化，能够显著提升社会底层群体的教育水平，从而为他们提供更多的职业发展机会。据统计数据显示，在基础教育资源均衡投入的地区，社会成员间的收入差距明显缩小，代际贫困的传递率也显著降低[②]。这表明，基本公共服务在促进社会公平和收入再分配方面具有不可替代的作用。据联合国教科文组织的数据，当一个国家的基础教育覆盖率每提高10%，其国民平均收入水平会相应提升约1.5%。这表明，基础教育的普及不仅提高了人力资源的质量，也为低收入家庭的孩子提供了更多向上流动的机会，从而间接地促进了收入的再分配。

---

① 李实. 充分认识到实现共同富裕的必要性和艰巨性［J］. 经济学动态，2021（8）：9-14.

② 国家教育督导团. 国家教育督导团发布《国家教育督导报告2005》［EB/OL］. 中国政府网，2006-02-23.

　　基本公共服务均等化的核心目标在于缩小城乡、区域和不同社会群体之间的差距。为此，政府需要依靠强制力来统一调配资源，确保更多的基本公共服务资源流向农村、欠发达地区和低收入群体。例如，社会救助体系中的各种项目以及专门针对妇女、儿童、老年人和残疾人等特殊群体的公共服务项目，本质上都是中高收入群体向弱势群体进行的公共资源再分配。考虑到各地区在经济社会发展水平上的差异，以及地方政府在资源组织和基本公共服务提供能力上的不同，国家基本公共服务制度的实施，特别是均等化原则的落实，不仅保障了社会成员基本权益的实现，同时也成为中央政府或上级政府在地区间进行社会财富再分配的重要手段。这样的再分配有助于缓解区域间发展的不平衡，促进社会的整体和谐与进步。

　　2. 基本公共服务促成更为合理的收入分配格局

　　基本公共服务的普及与优化是衡量一个国家或地区发展水平与社会进步的重要指标。基本公共服务不仅关乎民生福祉，更是实现社会公平正义、促进收入分配合理化的关键手段。

　　基本公共服务，包括教育、医疗、社会保障等，是政府为保障公民基本生活需求和发展权利所提供的服务。这些服务的普遍享有，能够显著提升社会成员的整体福利水平，降低因个体差异导致的发展机会不均等。特别是教育和医疗服务的普及，对于提高人力资本质量、减少贫困代际传递具有基础性作用。根据世界银行的数据，每增加一年的基础教育，个人的收入潜力可提高10%至20%。在发展中国家，基础教育的普及率每提高10%，贫困率便可下降约2%。医疗卫生服务在保障公民健康权益、防止因病致贫方面也发挥着不可替代的作用。据世界卫生组织统计，每年有约1亿人因支付医疗费用而陷入经济困境。然而，在基本医疗卫生服务得到保障的国家，这一数字显著降低。社会保障体系作为再分配机制的核心组成部分，对于调节初次分配差距、保障弱势群体基本生活具有关键作用。根据国际劳工组织的数据，建立完善的社会保障体系可以使基尼系数（衡量收入差距的指标）下降约0.1个单位。这意味着社会保障体系能够有效地将收入从高收入群体转移到低收入群体，从而实现更为合理的收入分配。

　　在收入分配领域，基本公共服务的均等化有助于缩小初次分配差距。初次分配是指根据各种生产要素的贡献程度而进行的分配，往往由于资源禀赋、个人能力等方面的差异而产生不公平。而基本公共服务的提供，可以在一定程度上弥补这种起点的不公平，使每个人在市场竞争中拥有更加平等的机会。如通过提供优质的基础教育，可以减少因教育资源不均衡而导致的个体在职业发展和收入获取上的差距。基本公共服务在再分配过程中也发挥着重要作用。再分配是政府通过税收、社会保障等手段对初次分配结果进行调节，以实现社会公平的过程。基本公共服务中的社会保障体系，如养老保险、医疗保险、最低生活保障等，正是再分配机制的重要组成部分。这些社会保障措施能够有效地保护弱势群体，避免因疾病、年老、失业等风险陷入贫困，从而保持社会整体的收入稳定和消费能力。基本公共服务还通过促进社会流动性和增强社会凝聚力，进一步推动收入分配格局的合理化。社会流动性指的是个体或群体在社会阶层、职业和地理位置等方面的变化能力。一个充满活力的社会应该具备较高的流动性，允许人们通过自身努力改善生活状况。基本公共服务为个体提供了向上流动的可能性和动力，比如通过职业教育和培训提升技能，进而获得更高的收入。同时，公共服务的普及也增强了社会的整体认同感和凝聚力，为社会稳定和持续发展奠定了坚实的基础。

（三）基本公共服务有利于促进人的全面发展

党的十九大报告明确指出，"新时代我国社会的主要矛盾是人民日益增长的美好生活需要和当前发展不平衡不充分之间的矛盾"。为解决这一矛盾，强调了坚持"以人民为中心"的发展思想。而这种发展思想的核心在于不断促进人的全面发展，并推动全体人民实现共同富裕。人的全面发展是一个多维度的概念，它不仅包括经济、政治、文化、社会等方面，还涵盖了生态文明等各个层面。这种发展状态应是人的需求得到全方位的满足，超越单纯的物质丰沛和生活富足，趋向精神与文化需求，呈现出更高层次、更丰富内容的立体性全面状态。

实现共同富裕与促进人的全面发展是相辅相成的。共同富裕不仅是物质积累的过程，更是精神丰裕的过程，二者相互依存、相互促进，共同构成我国社会发展的核心目标。在实现这一目标的过程中，我们必须坚持物质文明与精神文明并重，确保两者在发展中保持平衡与协调①。基本公共服务涵盖了教育、医疗、社会保障等多个领域，这些领域的服务质量和普及程度直接影

---

① 厉以宁，黄奇帆，刘世锦，等．共同富裕：科学内涵与实现路径 [M]．北京：中信出版社，2022：346.

响着个体的生存状态和发展空间。基本公共服务体系对人民群众精神生活的影响，可以从多个维度进行考量。首先，通过设立公共文化体育服务项目，显著降低民众享受文化和体育服务的经济成本，从而丰富他们的精神生活，有效地满足人民群众的发展型需求，提供更加多元的精神滋养。其次，以教育为例，优质的教育资源能够提升个体的知识水平、思维能力和创新精神，为其未来的职业发展和社会参与打下坚实基础。据统计数据显示，在教育资源丰富的地区，居民的平均受教育年限和高等教育入学率均显著高于资源匮乏地区，这直接证明了教育服务对于个体发展的积极影响。再次，医疗服务作为另一项基本公共服务，同样对个体发展起着至关重要的作用。健康的身体是个体参与社会活动、实现自我价值的前提条件。完善的医疗服务体系能够降低疾病对个体的侵害，提高居民的整体健康水平。根据世界卫生组织的报告，医疗投入占 GDP 比重较高的国家，其居民的平均预期寿命和婴儿死亡率等健康指标均显著优于投入较低的国家，这充分说明了医疗服务在促进人的全面发展中的重要作用。此外，社会保障体系的完善也是基本公共服务不可或缺的一部分。通过提供养老、失业、医疗等多方面的保障，减少了社会风险对个体发展的冲击。一个健全的社会保障体系能够增强个体的安全感和对未来的信心，从而激发其更大的发展潜力。相关研究表明，社会保障覆盖率的提升与居民幸福感的增强呈正相关关系，这进一步印证了社会保障在促进人的全面发展中的积极作用。同时，基本公共服务体系所蕴含的深厚价值理念，对于引领精神生活的富裕起到了积极作用。如，"以民为本"的民生观在中国历史长河中一直占据重要地位。基本公共服务体系不仅传承了这一传统观念，还通过具体实践对其进行了现代化的发展。社会救助所倡导的扶危济困理念、社会保险所追求的公平共享目标，以及残疾人服务所强调的平等参与和共享原则，都超越了物质富裕的层面，为传统文化中的"民生观"注入了新的内涵。

基本公共服务需求的满足不仅推动了物质层面的富裕，更为精神富裕的实现创造了有利条件。一个人的富裕程度不仅仅取决于其收入水平和财产积累，还与其所享有的公共服务水平密切相关。因此，基本公共服务体系的完善不仅提升了民众的物质生活水平，也为他们追求更高层次的精神满足提供了坚实支撑①。基本公共服务保障在提升社会成员整体福祉水平和发展能力方面发挥着重要作用。特别是对于部分弱势群体、进城务工人员以及灵活就业群体等，完善的基本公共服务体系能够显著增强他们的获得感、幸福感和安全感。这一保障体系的健全不仅关乎社会公平正义，更是实现全体人民共同富裕和不断促进人的全面发展的重要基石。

因此，"让发展成果更多公平惠及全体人民，不断促进人的全面发展，朝着实现全体人民共同富裕不断迈进"的目标，在很大程度上依赖于基本公共服务保障的完善与提升。这需要不断优化基本公共服务体系，确保其更加精准、有效地满足社会成员多样化的需求，从而推动社会的全面进步和人的全面发展。

为了推动人的全面发展，国家基本公共服务制度的设计必须深入考虑社会成员多样化的基本需求。这些需求不仅涵盖了一生持续性的需求，如衣食、居住、健康和文化娱乐，还包括了人生各个阶段的阶段性需求，如生育、教育、就业和养老等。特别是健康、教育和就业等核心项目，它们与人的全面发展紧密相连。在健康方面，通过实施全民健身计划和构建基本医疗服务与保障体系，国家能够有效提升国民的健康水平和身体素质，为个人的全面发展奠定坚实的生理基础。在教育层面，义务教育与职业技能培训等公共服务项目的开展，不仅提高了国民的整体素质，还增强了劳动者的就业能力。这些服务为社会成员的个人成长和家庭发展提供了优质的人力资本，同时也为社会的经济高质量发展注入了源源不断的活力。针对就业领域，国家通过提供就业创业公共服务和加强劳动者权益保护，为社会成员提供施展才华、勤劳致富和创新致富的广阔平台。这样的服务设计不仅有助于培育持续的经济社会发展动力，还确保了社会成员能够在公平的环境中实现自我价值。

综上所述，国家基本公共服务制度的完善是促进人的全面发展的重要途径。通过精准满足社会成员的基本需求，特别是在健康、教育和就业等关键领域的投入，能够为个人的全面发展和社会的持续进步创造有利条件②。

因此，可以清晰地看到基本公共服务均等化与共同富裕目标之间的紧密

---

① 李实．充分认识到实现共同富裕的必要性和艰巨性［J］．经济学动态，2021（8）：9-14.

② 何文炯．共同富裕视角下的基本公共服务制度优化［J］．中国人口科学，2022（1）：2-15，126.

联系。基本公共服务所涵盖的多个关键领域对于推进共同富裕战略起到了不可或缺的作用。同时，高质量发展的深入推进将为进一步完善基本公共服务体系和制度框架提供坚实的物质基础。从这个意义上讲，建立并不断优化国家基本公共服务制度，以及积极推进基本公共服务的均等化和一体化进程，无疑成为扎实推进共同富裕战略目标实现的关键性制度安排。通过这一系列制度的建立和完善，真正实现社会公平、增进民生福祉。

二、区域基本公共服务一体化与共同富裕

2020 年 8 月，习近平总书记在《扎实推进长三角一体化发展座谈会》上提出"一体化的一个重要目的是要解决区域发展不平衡问题。发展落差往往是发展空间"①。可以看出，推动区域基本公共服务一体化发展的核心是弥补民生领域的短板，确保欠发达地区也能与高质量发展保持同步。在全球化的全面推动下，生产网络日益超越地方行政边界，将不同地区的经济实体紧密相连。这样的格局变化使得各地方政府在跨城市区域合作中更加紧迫地寻求资源配置的最优化和区域竞争优势的提升。由此，对公共服务一体化提出了新的挑战和要求。

区域公共服务一体化的核心在于打破行政区划的限制，确保区域内公民能够享受到无差别的基本公共服务，并逐步推动服务的便捷共享、制度的顺畅对接、水平的均衡发展和政策的协同配合。一体化进程旨在满足不同群体的流动与集聚需求，优化区域内的资源配置，寻求公共服务的共同解决方案，以实现互惠共赢。需要明确的是，一体化并非追求平均化、同质化或单一城市化，而是强调服务的跨界流动与共享。与均等化概念相比，一体化和均等化各有其独特的内涵和侧重点。均等化注重在承认地区、城乡和群体差异的基础上，确保所有公民都能平等地获得一定标准的基本公共服务②。而一体化则着重于消除区域间的界限和障碍，推动基本公共服务在区域间的自由流动，从而实现跨区域的共建共享。"不平衡是普遍的，要在发展中促进相对平衡，

---

① 习近平在扎实推进长三角一体化发展座谈会上强调：紧扣一体化和高质量抓好重点工作 推动长三角一体化发展不断取得成效 [EB/OL]. 中国政府网，2020-08-22.
② 陈建军. 长三角区域经济一体化的历史进程与动力结构 [J]. 学术月刊，2008（8）：79-83.

这是区域协调发展的辩证法。"① 同样，区域公共服务一体化的发展过程也即在承认和应对不平衡的同时，通过持续努力和创新，逐步推动区域公共服务的相对平衡和整体提升。

（一）基本公共服务一体化的现实面向

从推动高品质发展、构建地域性整合市场以及促进跨地区协同行动的需求来看，公共服务的一体化不仅为缩小地域间的差距提供了基石，而且是推动全民共享繁荣成果、实现共同富裕目标的关键步骤。

1. 区域高质量发展亟待创新公共服务一体化管理机制

基本公共服务一体化是区域一体化的重要组成部分，以区域一体化高质量发展推动共同富裕落地的前提是实现基本公共服务一体化。基本公共服务城乡、区域间发展的不平衡不充分问题是高质量发展阶段要解决的基本问题之一。党的十九大报告明确指出，"我国经济已从高速增长转向高质量发展阶段。"推动高质量发展对于全面建成小康社会、基本实现现代化以及建设社会主义现代化强国具有重大意义。在这一历史转折点上，党中央提出了引领新时代现代化建设的重大战略。高质量发展的内涵是全方位的，其中城乡区域间生活水平和基本公共服务水平的大体均衡与一体化，是体现数量与质量相统一的重要内容之一②。因此，必须通过创新公共服务一体化管理机制，打破地域、部门和行业的壁垒，实现公共服务的均等化、优质化和高效化。

创新公共服务一体化管理机制是缩小区域差异、实现共同富裕，促进社会公平的重要途径。尽管经过四十余年的改革开放，我国人均国民收入已突破一万美元大关，但在基本公共服务的普及与提升方面，仍需付出更多努力。基本公共服务在城乡和区域间发展的不平衡、不充分问题，仍是当前高质量发展阶段亟待解决的核心问题之一。因此，推动基本公共服务一体化，不仅有助于缩小城乡、区域间的发展差距，更是实现共同富裕和全面现代化的必经之路。

创新公共服务一体化管理机制是提升公共服务效率、满足人民美好生活需要的关键举措。在传统的公共服务供给模式下，由于部门分割、条块分割

① 习近平. 推动形成优势互补高质量发展的区域经济布局 [J]. 奋斗, 2019 (24): 4-8.
② 张军扩, 侯永志, 刘培林, 等. 高质量发展的目标要求和战略路径 [J]. 管理世界, 2019, 35 (7): 1-7.

等问题，往往导致公共服务资源配置不合理、利用效率低下。通过推进区域公共服务一体化，可以实现跨部门、跨行业、跨地区的资源整合和共享，提高公共服务的整体效率和质量。创新公共服务一体化管理机制也是推动区域统一大市场建设、促进经济高质量发展的重要手段。在高质量发展阶段，建设区域统一大市场对于优化资源配置、提高市场效率具有重要意义。而公共服务一体化作为区域统一大市场建设的重要组成部分，可以通过消除市场壁垒、促进要素自由流动等方式，推动区域市场的整合和发展。这不仅有助于提升区域经济的整体竞争力，也有助于为经济高质量发展注入新的动力和活力。

　　创新公共服务一体化体制机制需要政府、市场和社会等多方面的共同努力。政府应发挥主导作用，加强顶层设计和政策引导，推动公共服务一体化的制度建设和机制创新。同时，也要充分发挥市场机制的作用，鼓励和支持社会资本进入公共服务领域，通过市场化手段提升公共服务的供给效率和质量。此外，还要广泛动员社会力量参与公共服务一体化的进程，形成政府、市场和社会协同推进的良好格局。

　　区域一体化是一项综合性的管理过程，旨在提升开放密度、缩短联系距离并减少相互间的分割。早在 2009 年，世界银行便在其《重塑世界经济地理报告》中强调了这一点，指出一体化区域内的经济趋向于更加集中，而生活水平则逐渐趋同①。然而，在城市群的演进过程中，由于不同行政级别、规模各异的城市、镇和乡村所拥有的公共资源掌控能力不均，其发展差异逐渐凸显。因此，借助公共服务一体化来推动区域社会的均衡发展，已成为各地缩小差距的关键策略。

　　区域一体化涵盖三大核心要素：首先是资源配置的高效性和产业发展的差异化与特色化；其次是区域发展成果的共享性，体现为公共服务的均等化及社会福利水平的提升；最后是经济社会发展的协调性和可持续性。这三个方面直接反映在高质量一体化发展中的基础设施、经济、基本公共服务及体制政策的一体化上。当前，面临的主要挑战在于突破基本公共服务一体化的

---

① 世界银行.2009 年世界发展报告：重塑世界经济地理 ［M］. 胡光宇，等译. 北京：清华大学出版社，2009：18.

模式、路径以及体制与机制①。一个地区的吸引力和竞争力很大程度上取决于其制度供给的质量。因此，为了满足人民群众对美好生活的不断增长需求，必须对区域公共服务进行持续的科学制度设计和创新，逐步提升制度供给的水平和能力，并通过构建良好的制度供给和保障体系来加以实现。同时，把握制度供给的合理节奏和提高其质量也是至关重要的。

2. 深化区域统一大市场与要素的自由流动

基本公共服务一体化程度直接影响着区域统一大市场的建设和要素自由流动的水平。区域经济一体化的根本目的在于通过扩大经济范围来实现范围经济，从而极大提高规模经济效益，这一理论在世界多国的实践中已得到验证。在经济全球化与区域经济一体化交织发展的当下，构建区域统一大市场并推动要素自由流动已成为提升区域经济竞争力和促进可持续发展的关键。这一进程不仅涉及市场经济体制的深度完善，更要求从全球化视角重新审视和布局区域经济合作与发展②。

区域统一大市场的形成，本质上是市场经济体制发展到一定阶段的必然要求。它要求消除区域内部行政壁垒和市场分割，促进商品、服务、资本、技术、信息和劳动力等生产要素的自由流动和优化配置。这样不仅可以提升资源的利用效率，促进产业升级和技术创新，还能够增强区域内企业的竞争力和市场活力，推动区域经济的高质量发展。

然而，当前区域市场发展中存在的诸多问题，如地方保护主义、市场准入障碍、监管标准不一等，都严重制约了区域统一大市场的形成。与商品市场较高的市场化程度相比，我国要素市场化程度仍然不完全、不充分。有研究指出，我国区域间市场分割程度要远远大于西方发达国家③。这已成为高质量发展阶段进一步降低资源流动性成本、实现要素合理配置的主要制约因素。特别是在劳动力流动方面，由于养老、教育、医疗等基本公共服务的不均等性以及不能随劳动力跨区转移的问题，导致了劳动力在城乡和区域间流动的

---

① 韦伟. 长三角高质量一体化发展若干议题的理论思考 [J]. 区域经济评论, 2019（6）: 18-22.

② 陈建军, 黄洁. 长三角一体化发展示范区: 国际经验、发展模式与实现路径 [J]. 学术月刊, 2019, 51（10）: 46-53.

③ YOUNG A. The Razor's Edge: Distortions and Incremental Reform in the People's Republic of China [J]. The Quarterly Journal of Economics, 2000, 115（4）: 1091-1135.

制度性交易成本较高，降低了配置效率。同时，要素自由流动作为市场经济的基础性特征，对优化资源配置、提高经济效率具有重要意义。然而，当前我国要素市场发育尚不完善，劳动力、资本、土地等生产要素的市场化配置程度仍有待提高。这既限制了要素的生产效率，也影响了市场的公平竞争和创新发展。因此，进一步深化改革，完善要素市场体系，促进要素自由流动，已成为当前经济发展的迫切任务。

要深度推进区域统一大市场和要素自由流动，需要从多个维度发力。一方面，要加强制度建设和法治保障，完善相关法律法规和政策体系，明确市场规则和监管标准，为区域市场一体化和要素自由流动提供坚实的制度基础。另一方面，要深化行政体制改革，转变政府职能，减少行政干预，推动形成有利于市场公平竞争和创新发展的政策环境。此外，还需要加强基础设施建设，提升区域内的交通、通信、能源等基础设施水平，降低物流成本和信息壁垒，为商品和生产要素的自由流动提供便捷高效的物理通道。同时，要积极推动科技创新和人才培养，提升区域整体创新能力和人力资源素质，为区域统一大市场的形成和发展提供强大的智力支持和人才保障。

推进区域统一大市场和要素自由流动并非一蹴而就的过程。需要在实践中不断探索和创新，需要政府、企业和社会各界的共同努力和协作。只有通过持续深化改革、加强制度建设和创新合作机制，才能够逐步消除市场分割和行政壁垒，促进要素自由流动和优化配置，最终实现区域经济的一体化和高质量发展。2022年4月颁发的《中共中央国务院关于加快建设全国统一大市场的意见》进一步强调了建立统一市场制度规则、打破地方保护和市场分割、促进商品要素资源畅通流动的重要性。该文件还提出了"优先开展区域市场一体化建设"的要求，并结合长三角、京津冀、粤港澳等多个重大区域战略的实施，以推动相关制度的先行先试和复制推广。这一顶层设计为一体化布局的重大意义提供了明确指导。

3. 跨区域合作机制构建的制度基础

在当前全球化与区域一体化交织发展的背景下，跨区域合作已成为推动区域乃至全球经济增长、促进资源优化配置和提升整体竞争力的重要途径①。

---

① 吕永刚，胡国良．推进长三角区域一体化制度创新的战略构想［J］．理论月刊，2012
（10）：165-168.

然而，跨区域合作的实现并非易事，需要坚实的制度基础作为支撑和保障。如今，城市群已然成为国家参与全球竞争与国际分工的核心地域单元，是国家形成国际综合竞争力的最密集区域，对国家的国际竞争力和区域竞争力产生着深远的影响。面对国际"百年未有之大变局"以及中华民族伟大复兴的新形势，必须认识到，我国的城市群在迈向世界级城市群的进程中，仍然存在显著差距。这些差距主要表现在尚未形成覆盖面广、结构合理、功能齐全、高效灵活的统筹协调机制。统筹协调机制的缺失导致无法有效地协调各方利益，确保实现共赢。这个问题的改善与解决，必须从体制深入入手，涉及区域各城市的定位与分工、区域整合优势的发挥、生产要素的自由流动、公共资源的合理配置等。

具体来说，在发展过程中，需要明确各城市在城市群中的角色和定位，避免同质化竞争，实现错位发展。同时，更应充分发挥区域整合优势，通过城市间的互补和协同，提升整个城市群的竞争力。此外，生产要素的自由流动也是提升城市群效率的关键，这要求需要打破行政壁垒，实现资本、技术、人才等生产要素在城市群内的自由流动。公共资源的合理配置更是不容忽视的问题，只有确保公共资源的公平、高效配置，才能满足城市群内居民基本需求，提升生活质量。这些问题的解决，需要在更高层次上全面构建制度对接、机制链接、政策联结的稳定性跨区域合作制度。这种制度以基本公共服务跨区域合作为切入点，推动城市群的高质量发展。基本公共服务是城市群公共服务高质量发展的基础，也是探索城市间高质量合作的重要领域。应该明确基本公共服务的内涵和标准，以此为基础，推动城市间在公共服务领域的深度合作，这种合作不仅有助于提升城市群的整体公共服务水平，也有助于实现公共服务的均等化。通过城市间的合作，可以共享资源、共享信息、共享技术，从而提升公共服务的效率和质量。同时，也可以通过合作，实现公共服务的规模效应，降低公共服务的成本，使更多居民能够享受到高质量的公共服务。

跨区域合作机制构建的制度基础包括法律法规、政策体系、组织机构等多个方面。法律法规是跨区域合作的基本框架和规范，为合作各方提供明确的权利和义务界定，保障合作的合法性和稳定性。政策体系则是跨区域合作的具体指导和支持，包括财政、税收、金融、产业等一系列政策措施，旨在引导和激励合作各方的积极参与和贡献。组织机构则是跨区域合作的实施主体和协调平台，负责合作项目的规划、实施、监督和评估，促进合作各方之间的沟通和协作。这些制度基础在跨区域合作中发挥着至关重要的作用。一方面，为合作各方提供了明确的行为规范和预期目标，降低了合作的不确定性和风险成本，增强了合作的信心和动力。另一方面，通过提供政策支持和组织保障，促进合作项目的顺利实施和成效取得，推动了区域经济的协同发展和共赢格局的形成。

总的来说，城市群的发展是一个复杂的系统工程，需要从多个角度、多个层面进行深入的思考，而跨区域合作机制构建的制度基础是推动跨区域合作深入发展的关键因素。需要从法律法规、政策体系、组织机构等多个方面入手，加强制度建设和创新实践，为跨区域合作提供坚实的制度保障和支撑。同时，也需要注重顶层设计和战略规划、机制创新和实践探索、人文交流和文化融合等方面的工作，推动跨区域合作不断向更高水平、更深层次迈进。

（二）公共服务一体化与均衡效应

在区域经济协同发展背景下，公共服务一体化成为促进资源合理流动、实现社会公平公正的重要手段。流动效应通过打破行政壁垒，推动教育、医疗、社保等公共服务资源的跨区域共享，从而引导人口、资本等生产要素的合理流动。由于地理位置、经济发展水平等因素的制约，不同地区的公共服务水平存在显著差异，而一体化的发展策略，通过政策的统一规划和资源的统筹安排，使优质公共服务能够惠及更广泛的地区，进而促进了社会的整体均衡及共同富裕。

1. 公共服务一体化的流动

共同富裕作为社会主义的本质要求，其实现过程离不开各要素在社会中的自由流动和优化配置。这种流动不仅影响着经济增速的维持，还更好地预防了社会两极分化以及阶层固化。因此，社会性流动的畅通无阻是防止阶层固化、促进共同富裕的内在要求。社会性流动是一个复杂而多维的概念，它包含了个体一生中的流动轨迹，以及代际间的流动变迁。具体而言，个人一生的流动主要体现在职业和地位上的变化，这种变化可以是水平方向的，如劳动力在城乡、地区或行业之间的横向转移；也可以是垂直方向的，如在收入水平和社会身份方面的升降。这些流动不仅影响着个体的命运，也在宏观层面塑造着社会的结构和动态。代际流动则揭示了两代人之间在职业和社会地位上的传递或变迁。它是一种更为深层次的社会流动，它不仅关乎个体命运，更在时间上跨越了两代人的界限，这一流动改变着社会乃至家庭职业结构。在经济快速发展的今天，个人流动与代际流动已经成为普遍且必然的社会现象。但由于个人条件和环境因素的差异，这些流动机会并不均等，特别是在快速城镇化的进程中，横向流动的加速使得这一问题更加凸显。为了弥补这种失衡，公共服务均等化与一体化的推进就显得尤为重要，通过提升全面的受教育水平与教育质量，可以确保个体在职业和社会地位上拥有更多的上升空间，同时，增加就业机会和技术的便捷获取，也能为个体提供更多流动可能性。这些措施不仅有助于实现流动机会的再次分配，从长远角度来看，更能促进社会共同富裕。走向共同富裕的首要任务是在发展中促进社会流动①。社会流动不仅是经济社会发展的核心动力，更是实现共同富裕不可或缺的社会条件和基础制度。回顾改革开放四十余年的辉煌历程，可以清晰地看到，市场化改革所带来的强劲发展动力，正是打破固化、静态社会结构的关键所在。在这一变革中，社会生产力得到了空前的释放，部分地区和人群率先富裕起来，形成了先富带动后富的发展格局。而社会流动性的提升，则为更多人提供了改变命运、实现富裕的机会。为了持续推动这一进程，需要通过基本公共服务的均等化与一体化来不断提升民众的福祉水平，同时深化社会改革，促进社会平等，进而在流动中实现起点、机会和规则的公平。然而，也应清醒地认识到，当前社会领域的改革步伐相较于经济改革仍显滞后。户籍制度、城乡二元结构以及体制内外的差异等问题依然存在，这些问题背后反映的是由于民生福利和公共资源分配不均所造成的隐性差距，这种差距仅凭个人努力是难以消除的。这些不平等现象，如社会身份的差别、人力资本积累机会的不均以及市民化进程中的障碍，都是当前社会改革需要重点攻克的难题。因此，为了推动社会的全面进步和实现共同富裕，必须将消除这些由于制度性差异造成的机会不公平作为社会改革的关键任务。通过改革，期望建立一个更加公正、开放、充满活力的社会，让每一个人都能在平等的起点上，通过自身的努力和社会的支持，迈向共同富裕。

要实现共同富裕，最为重要的社会基础是推动以农民为主的社会向以市民为主的社会转变。转变的核心在于确保所有居民都能享受大致均等的基本公共服务。城镇化，作为这一转变过程中的关键因素与手段，承载着当代农

---

① 刘尚希. 论促进共同富裕的社会体制基础［J］. 行政管理改革，2021（12）：4-8.

民市民化的重要使命。然而，当前面临一个无法回避的现实问题：如何确保跨区域流动的 3.88 亿劳动力能够获得与市民同等的待遇，同时如何确保中国 9.15 亿的城镇常住人口能够实现基本公共服务的全覆盖。为了推进这一社会变革，并夯实共同富裕的社会基础，必须打造基于劳动力流动的公共服务一体化供给模式。这种模式不仅需要大力推动城镇化的发展，更要确保基本公共服务的均等化、一体化与市民化。因此，均等化、一体化与市民化，就构成了基本公共服务的制度安排，同时也展现了完整的公共服务发展策略，共同构筑覆盖全体居民的基本公共服务体系。在自由流动的环境中，劳动力会自然地由资源相对匮乏、收入相对较低的地区向资源相对丰富、收入相对较高的地区迁移。这种迁移不仅有助于提升落后地区的人均资源禀赋，更能促进发达地区和城市更快更好发展，劳动力的增加和人口的集聚为这些地区带来了更多的活力与机会。因此，社会的自由流动不仅有助于实现地区间和城乡之间在人均意义上的平衡发展，更能够缩小区域间的发展差距。而与之相辅相成的基本公共服务一体化改革，则进一步提升了公共服务的均等化水平，确保了每一个居民都能享受到应有的服务，从而为实现共同富裕奠定了坚实的基础。

2. 基本公共服务的均衡效应

公共服务作为政府履行职责的重要方面，均衡效应对于社会经济的持续发展和民众福祉的提升具有深远影响。所谓公共服务的均衡效应，是指政府通过合理配置资源，确保不同地区、不同社会群体能够享受到相对均等的公共服务，从而有效缩小区域间、群体间的发展差距，促进社会整体进步。

公共服务均衡效应的实现，首先依赖于政府对公共资源的科学规划和合理配置。如何做到合理规划与配置，需要政府充分考虑地区间的发展差异和民众需求的多样性，确保公共服务资源的投入既能够满足基本公共需求，又能够体现公平与效率的统一。其次，公共服务的均衡效应还体现在对社会经济发展的促进作用上。均衡的公共服务能够为社会经济发展提供坚实的基础，吸引更多的人才和资本流入，进而形成良性循环。例如，在基础设施建设方面，政府通过加大投入，改善交通、通信等基础设施条件，不仅能够提高民众的生活质量，还能够降低企业的运营成本，吸引更多的投资，推动地方经济的快速增长。再次，公共服务的均衡效应是构建和谐社会的重要保障。当公共服务资源在不同地区、不同群体之间实现均衡分配时，社会的公平感和正义感会得到显著提升，社会矛盾也会得到有效缓解。例如，在医疗卫生领域，通过完善医疗保障体系，提高基层医疗服务能力，可以让更多的人民群众享受到高质量的医疗服务，从而增强社会的凝聚力和稳定性。

公共服务的均衡发展，是一项系统的复杂工程，需要政府不断深化改革，创新公共服务提供方式，完善相关政策、法规，确保公共服务的普及性、基础性和均等性。同时，还需要加强监管和评估，确保公共服务资源的有效利用，防止资源浪费和分配不公现象的发生。

公共服务均等化与一体化之间存在着紧密的相互支撑关系。均等化的目标在于确保所有居民都能享有大致相同的生存权和发展权。为了实现这一目标，需要借助一体化的力量，打破城乡和区域之间的分割状态，促进生产要素的自由流动和优化配置。一体化不仅是区域平衡发展的最佳体现，更蕴含着机会公平这一核心本质。然而，在现实中，基本公共服务的一体化进程仍然面临着诸多挑战。服务水平的差异、供给行为的不一以及制度安排的缺陷，都对其产生了不小的影响。同时，行政体制的差异、标准互认的困难以及权力不对等的问题，也进一步加剧了公平性的困境。为了应对这些挑战，迫切需要以区域协同治理为突破口。

区域协同治理的核心在于充分发挥基本公共服务均等化的价值，构建起区域间的协同机制。通过加强制度一体化建设，可以协调规范政府间的合作行为，推动国家与区域间的协调合作服务平台建设。同时，通过多元分担、财税保障和运行一体化监督等层面进行深入探索，构建适应流动性公共服务需求的一体化机制。公共服务一体化打破了单一行政区划的空间限制，为解决不同区域间或跨行政区域的公共服务问题提供了有效的制度安排。这一过程旨在实现跨行政区域间的公共服务资源互享和标准互认，从而适应流动性需求的变化。在推动服务均等化的过程中，将促进区域内公共服务水平的大体一致，形成均衡性效应，为共同富裕的进一步发展奠定坚实的基础。

（三）公共服务一体化助推共建共享

公共服务一体化已经成为推动社会共建共享的重要途径。公共服务一体化即是通过整合和优化各类资源，打破地域、行业和部门的界限，为公众提供均等化、便捷化的服务。这种服务模式不仅能够提升公共服务的质量和效率，更能够在很大程度上增强社会的整体福祉，进一步实现社会的共建共享。

公共服务一体化的核心理念是以人为本，始终以满足人民群众多样化、多层次的基本公共服务需求为出发点和落脚点。体现了深厚的民本思想，将人民的利益放在首位，努力构建一个能够覆盖全体居民、无论城乡、无论贫富都能享有的基本公共服务体系。这一体系的建立，确保每一社会成员，不论其身处何方，都能平等地获得基本的教育、医疗、社会保障等服务资源。这不仅是对社会公平与正义的有力践行，更是对每一个个体尊严的尊重与保护。在此背景下，公共服务一体化的推进，其重要性不言而喻。

要实现公共服务一体化这一宏伟目标，需要从多个层面入手，进行全方位的规划和实施。首先，从制度层面进行顶层设计和长远规划。政府部门应肩负起主导责任，制定详尽而周全的发展规划，明确公共服务一体化的具体目标和实施路径。其中包括制定合理的时间表、明确责任主体、细化工作措施等。同时，还需要建立和完善公共服务标准体系，通过制定统一的服务标准和质量要求，确保不同地区、不同社会群体的人们都能享受到符合标准的高质量服务。此外，政府部门应积极加强与各界的沟通与合作，鼓励和引导社会力量广泛参与到公共服务的提供中来，形成政府主导、社会协同、公众参与、法治保障的多元服务供给格局。在技术层面，信息化是实现公共服务一体化的关键所在。随着信息技术的日新月异，为打破信息孤岛、实现数据共享提供了前所未有的便利。通过建设统一公共服务平台，整合原本分散在各部门、各地区的信息资源，可以实现数据的无缝对接和高效交换。这不仅极大地提高了服务效率，更能从根本上提升服务的质量。此外，利用大数据、云计算等现代信息技术手段，还可以对公众的公共服务需求进行更为精准的分析和预测，为政府部门的政策制定和服务优化提供强有力的数据支撑。经济层面也是推进公共服务一体化过程中不可忽视的重要环节。众所周知，任何社会改革和进步都需要充足的资金作为保障。公共服务一体化作为一项系统工程，同样离不开持续、稳定的资金投入。政府部门应进一步加大财政投入力度，确保各项公共服务项目的顺利实施。同时，还应积极引导和鼓励社会资本参与到公共服务建设中来，通过公私合营、政府购买服务等多种方式，有效解决资金瓶颈问题，推动公共服务体系的持续健康发展。在社会层面，公共服务一体化所带来的积极影响更是不可言喻。通过提供优质均等的公共服务，可以有效增强居民的归属感和社区认同感，进而促进社会的和谐与稳定。同时，公共服务一体化还能在很大程度上激发社会的创新活力，为经济的持续发展和社会的全面进步注入强大的动力。同时，公共服务一体化对于环境保护和可持续发展的推动作用也不容小觑。通过优化资源配置、提高资源利用效率等措施，可以有效减少资源浪费和环境污染，从而实现经济、社会和谐发展。例如，在城市规划和交通建设中，通过大力发展公共交通、推广绿色出行方式等措施，不仅可以有效缓解城市交通拥堵问题，还能显著降低交通污染排放，为市民创造更为宜居的生活环境。

要实现区域基本公共服务的一体化，同时，还需要构建区域协同合作机制。合作机制能够解决不同行政区域间在公共服务供给方面存在的矛盾与张力，谋求共赢与共识。通过这一机制，可以推动不同区域、不同群体之间的协同参与和平等共享，进一步扩大优质公共服务资源的覆盖范围，提升区域内各群体享有公共服务的机会。

为了实现这一目标，需要立足区域整体利益，打造区域公共服务一体化机制。这需要破除行政壁垒，统筹设计区域公共服务在教育、医疗、社会保障、就业与文化等领域的一体化服务目标、范围、标准与行动方向。同时，还需要探索以制度一体化来推动区域公共服务的均衡性与标准化供给，强化信息技术的嵌入与应用，发挥大数据技术的优势，重塑区域共治格局。

当然，在实施公共服务一体化的过程中，还需要特别妥善处理好几个关键关系。首先是政府与市场的关系。既要充分发挥政府在公共服务提供中的主导作用，确保服务的公益性和普惠性，又要充分利用市场机制在资源配置中的决定性作用，通过引入竞争机制、优化服务流程等措施提高服务效率与质量。其次是公平与效率的关系。既要努力确保公共服务的均等化覆盖，让每一个社会成员都能享受到基本的服务保障，又要积极追求服务的高效便捷性，不断满足人民群众日益增长的美好生活需要。最后是供给与需求的关系。要始终坚持以"人民为中心"的发展思维，紧密围绕公众需求动态调整服务内容和方式，努力实现公共服务供给与需求的动态平衡和良性循环。

从上可以看出，公共服务一体化作为推动共建共享的重要途径，其意义和价值不言而喻。通过制度、技术、经济、社会、环境及构建协同发展机制等多个层面的综合施策和协同推进，可以全面提升公共服务的质量和效率，不断满足人民群众对美好生活的向往和追求，这不仅是政府的责任和担当所在，更是全社会的共同使命和期许。

基本公共服务均等化与一体化是实现社会公平与和谐发展的重要手段。二者既相互联系，又各有侧重，共同推动着社的整体进步。这一目标的实现，需要政府不断加大对相对落后地区的投入，努力提升这些地区的基本公共服务水平，使之与其他地区保持相对的均衡。通过这种方式，可以逐步缩小不同地区、不同群体在享受公共服务方面的差距，进而实现社会的公平与正义。

与均等化的缩小差距取向不同在于，基本公共服务一体化则要求区域统筹实现"共同享有、共建共享"①，更加注重公共服务的整合与优化。强调的是打破区域、城乡之间的界限，实现公共资源的共享与高效利用。一体化的过程中，需要关注如何缩短居民在享受公共服务时的空间、制度与成本"距离"。这要求政府根据成本优势对公共服务供给区位进行合理布局，同时根据整体性治理的原则，对跨界公共服务进行统一规划与供给。不断提升公共服务的可及性，居民都能更加便捷地享受到所需的服务。通过这样的方式，可以逐步缩小区域间公共服务配置的差异性，进一步实现区域公共服务人人共享的发展目标。这不仅有助于提升居民的生活质量与社会福祉，更能推动区域共同富裕取得更为明显的实质性进展。

从更深远的意义上看，共同富裕视域下的基本公共服务均等化与一体化是相互交融的整体系统。它们既各有侧重——均等化注重缩小差距，一体化注重减少差异；又相互补充与支持——均等化为一体化提供了基础与前提，而一体化则为均等化的实现提供了路径与手段。二者共同推动着社会的公平、和谐与共同富裕的实质性进展。

第二节　区域基本公共服务均等化与一体化建设现状

自改革开放四十多年以来，我国的基本公共服务在地域间的差距已经显著缩小，政府对欠发达地区基本公共服务持续投入和不断增强，无论是在服务质量与范围上，还是服务的普及与可及性上，教育、医疗、卫生、社会保障等关键领域方面的服务水平都有了极大幅度提的升。目前，已逐步构建起一个以政府为主导，覆盖城乡，可持续发展的基本公共服务体系。这不仅体现了对国家治理体系的深刻理解和实践，更彰显了我国在发展中持续保障和

---

① 缪小林，高跃光.城乡公共服务：从均等化到一体化：兼论落后地区如何破除经济赶超下的城乡"二元"困局 [J].财经研究，2016，42（7）：75-86.

改善民生的坚定决心。正因如此，基本公共服务均等化与一体化的建设已被推向了一个崭新的高度。

然而，要实现全体人民共同富裕的宏伟目标，进一步推动区域基本公共服务均等化高质量发展，还需克服诸多挑战。尽管中央有关部门已经制定了基本公共服务标准体系，但从各地发展的实际情况来看，教育、医疗、养老和社会保险等方面仍存在不小的差距；此外，由于各地区之间的属地管理和行政分割，基本公共服务一体化机制障碍尚未完全消除，跨域通办和"漫游享受"等的基本公共服务的迫切需求尚未得到有效实现，从而对要素的自由流动构成了一定程度的障碍。因此，必须继续深化改革，加强政策协调，以推动基本公共服务均等化和一体化的全面发展①。

一、区域基本公共服务均等化与一体化建设取得的成效

自 2006 年我国初次提出基本公共服务均等化以来，政府一直将提升和改善民众生活质量作为工作重心。结合国家的经济社会发展水平、理念及阶段需求，实施了一系列推动基本公共服务均等化的政策、规划和指导意见。这些举措有力地促进了均等化理念在目标设定、内容构建、运作方式以及制度建设等各方面的持续优化和完善。特别是 2010 年提出区域基本公共服务均等化与一体化建设目标以来，政府积极推动相关政策落地。根据《国家基本公共服务标准（2023 年版）》文件显示，截至 2022 年底，我国在教育、医疗、社会保障等领域的基本公共服务投入稳步增长，区域间差距明显缩小。数据显示，中西部地区的公共服务设施数量增长迅速，与东部地区的差距逐年缩小。特别是在教育领域，农村地区学校的基础设施和师资力量得到显著改善，城乡教育资源分配更加均衡。此外，医疗保障体系的覆盖面也持续扩大，基本实现了全民医保。这充分证明了我国在推进区域基本公共服务均等化与一体化建设方面取得了显著成果。

（一）基本公共服务总体差距渐趋缩小

随着我国经济社会的快速发展和政府对基本公共服务投入的持续增加，近年来，我国基本公共服务的总体差距正逐渐缩小。这一趋势体现在多个方

---

① 叶振宇. 统筹解决我国区域发展不平衡不充分问题［J］. 发展研究，2022，39（2）：57-63.

面，包括但不仅限于教育、医疗、社会保障等关键领域。

在教育领域，政府对基础教育的投入从2010年的7200.91亿元增长到2022年的22000.10亿元，12年增长了近五倍（见表3-1）。通过资料查阅显示，这些资金主要用于改善学校基础设施、提高教师待遇、推动教育信息化等方面。特别是在农村地区和边远地区，政府通过实施一系列特殊政策，如"特岗教师计划""农村义务教育学生营养改善计划"等，确保了边远农村地区的孩子能够享受到良好的教育。此外，随着"互联网+教育"的推进，优质教育资源得以通过网络平台共享，进一步缩小了城乡之间的教育差距。

从数据上看，农村地区小学的师生比、学校设施配备等指标都有显著改善，与城市的差距正在逐步缩小。同时，农村学生的升学率和大学录取率也在逐年提高，这充分说明了教育投入的增加对于缩小教育差距的积极促进作用。

表3-1　2010—2022年我国政府基础教育领域政府投入情况比较

年份	全国基础教育投入（亿元）	农村基础教育投入（亿元）	农村投入占比（%）
2010	7200.91	4420.50	61.38
2013	13566.20	8863.00	65.25
2016	12873.90	19500.02	66.02
2019	16127.87	23886.07	67.52
2022	32000.10	19472.00	60.85

（数据来源：国家统计局网站、教育部网站整理）

在医疗卫生方面，政府的投入也从2010年的5732.49亿元增长到2022年的21007.56亿元，增长了近四倍（见表3-2）。这些资金主要用于加强基层医疗卫生服务体系建设、提升医疗服务水平、推动医保制度的全覆盖等方面。特别是在贫困地区，政府通过实施"健康扶贫工程"等项目，为当地居民提供了更多的医疗卫生资源。这些措施有效提高了农村居民的医疗服务可及性与质量，缩小了地区间的医疗卫生服务差距。

从具体的医疗数据来看，农村地区的医疗卫生机构数量、医生数量以及医疗设备的配备情况都有了显著提升。同时，农村居民的健康指标如婴儿死亡率、孕产妇死亡率等也在逐年下降，与城市居民的差距正在逐步缩小。

表 3-2　2010—2022 年我国政府医疗卫生领域政府投入情况比较

年份	全国医疗卫生投入（亿元）	农村医疗卫生投入（亿元）	农村投入占比（%）
2010	5732.49	1279.49	22.32
2013	9545.81	2471.41	25.89
2016	13910.31	3867.07	27.8
2019	18016.95	6235.67	34.61
2022	21007.56	7650.95	36.42

（数据来源：《中国卫生健康统计年鉴》整理）

在社会保障领域，社会保障覆盖率从 2010 年的 49.81%提升至 2022 年的 96.72%（见表 3-3），这表明越来越多的城乡居民被纳入了社会保障体系。特别是农村居民的社会保障水平得到了显著提升，城乡居民在社会保障方面的差距正在逐步缩小。这一成就的取得，得益于政府不断完善社会保障体系、扩大社会保险覆盖面、提高社会保障待遇等措施的实施。

表 3-3　2010—2022 年我国社会保障覆盖率情况比较

年份	全国社会保障覆盖率（%）	农村社会保障覆盖率（%）
2010	49.81	30.87
2013	60.77	45.63
2016	75.78	60.02
2019	93.23	86.32
2022	96.72	92.25

（数据来源：国家统计局网站整理）

综上所述，我国政府通过持续增加投入、优化资源配置、推动制度创新等措施，在缩小基本公共服务差距方面取得了显著成效。这不仅体现了政府对民生问题的高度重视，也为实现全体人民共同富裕的目标奠定了坚实基础。然而，我们也应该看到，缩小基本公共服务差距仍是一个长期而艰巨的任务，需要政府、社会和市场等多方面的共同努力和持续投入。因此，应继续深化改革，加强政策协调，以推动基本公共服务均等化和一体化的全面发展。

（二）基本公共服务均等化水平不断提升

基本公共服务均等化是指政府要为社会公众提供基本的、在不同阶段具有不同标准的、最终大致均等的公共物品和公共服务。这一理念的提出，体现了我国政府对公民基本权利的重视，以及对社会公平与正义的追求。近年来，随着我国经济的快速发展和财政实力的不断增强，政府加大了对基本公共服务的投入，使得基本公共服务均等化水平得到了显著提升。

首先，从政策层面来看，我国政府制定了一系列旨在推进基本公共服务均等化的政策。例如，通过实施教育公平计划，优化了教育资源分配，特别是在农村地区和边远地区。通过医疗卫生体制改革，加强了基层医疗服务体系的建设，提高了基层医疗机构的诊疗能力和服务水平。在社会保障方面，政府完善了养老、医疗等社会保障制度，扩大了保障范围，提高了保障水平。这些政策的实施，为基本公共服务均等化提供了有力的制度保障。

其次，从投入力度来看，政府加大了对基本公共服务的财政投入。以教育领域为例，政府增加了对农村学校和薄弱学校的投入，改善了这些学校的硬件设施和教学条件，提高了农村学生的受教育机会和教育质量。同时，政府着力推动教育资源均衡配置。据统计，2022年全国教育经费总投入为61329.14亿元，比上年增长5.97%。其中，国家财政性教育经费占国内生产总值的比例为4.01%，连续11年保持在4%以上。这一投入力度的持续增加，为教育资源的均衡配置提供了有力保障。特别是农村地区和边远地区，通过实施教育公平计划，优化教育资源分配。在医疗卫生领域，政府加大对基层医疗机构的投入，提升基层医疗服务的水平和能力。这些投入的增加，有效地推动了基本公共服务均等化的进程。据统计，2024年我国卫生健康支出达到22836亿元，城乡居民基本医疗保险人均财政补助标准提高30元，达到每人每年670元。这些投入直接提升了基层医疗机构的诊疗能力和服务水平，使城乡居民能够更加方便地获得优质的医疗服务。此外，基本公共卫生服务经费人均财政补助标准的提高，也进一步保障了城乡居民的健康权益。在社会保障领域，政府不断完善养老、医疗等社会保障制度。近五年来，我国社会保障和就业支出占财政总支出的比例从2018年的约10.8%逐步增加到了2023年的约12.5%，这一数据的增长直接反映了政府对社会保障领域投入力度的持续增强。特别值得一提的是，农村地区的社会保障制度得到了显著改善。据最新统计，农村地区新型农村社会养老保险的参保率已从2018年的

60%快速提升至 2023 年的超过 90%。同时，农村最低生活保障制度的覆盖率也达到了近 95%。这些具体数据不仅显示了农村地区社会保障制度的显著进步，也反映出城乡之间的差距正在逐步缩小。

再者，从服务效果来看，基本公共服务均等化水平的提升切实体现在城乡居民的实际获得感上。在教育领域，政府通过均衡配置教育资源，确保了农村学生和城市学生能够同样享受到优质的教育资源。根据教育部发布的数据，近年来农村地区学校的教育投入持续增加，农村地区小学和初中的生均教育经费分别增长了约 30%和 25%，与城市学校的差距逐渐缩小。此外，农村地区学校的师资力量也得到了显著加强，例如"特岗计划"等政策的实施，使得大量优秀青年教师进入农村学校，提升了农村地区的整体教学水平。在医疗卫生方面，随着医疗卫生服务的不断改善，城乡居民能够更加方便、快捷地获得医疗服务。根据国家卫生健康委员会发布的数据，农村地区医疗卫生机构的数量在过去五年内增加了近 20%，基层医疗机构的诊疗人次也增长了约 15%。此外，农村地区每千人口拥有的医疗卫生机构床位数和卫生技术人员数也分别有所增加，这些进步为农村居民提供了更加便捷、高效的医疗服务。在社会保障领域，社会保障制度的完善让更多的人享受到了养老、医疗等保障。根据人力资源和社会保障部发布的数据，城乡居民基本养老保险的参保人数已超过 5 亿人，参保率达到 90%以上。同时，新型农村合作医疗保险的参保率也稳定在 95%以上，为农村居民提供了全面的医疗保障。这些具体数据充分展现了基本公共服务均等化水平的显著提升，使城乡居民在实际生活中获得了实实在在的益处。

（三）基本公共服务的不均衡程度持续下降

随着社会经济的飞速发展和人民生活水平的不断提高，公众对基本公共服务的需求也日益增长。近年来，我国政府致力于推进基本公共服务的均衡发展，以确保所有公民无论身处何地，都能享受到相对均等的教育、医疗卫生和社会保障等服务。

教育资源的不均衡分配一直是社会关注的核心焦点。然而，多年来，通过党与国家的不懈努力，不均衡现象正在得到有效改善。以城乡之间的教育资源分配为例，过去很长一段时间里，农村地区的学校在师资力量、教学设施以及教学质量上都与城市学校存在显著差距。随着政府对农村教育的持续投入，农村地区学校的教育资源配置得到了显著提升。据统计数据显示，近五年内，农村地区小学和初中的生均教育经费分别增长了28%和23%，这一增长率明显高于城市学校的20%与18%。同时，农村地区的师资力量也得到了大幅增强，新招聘的教师中，本科及以上学历的比例已经达到了85%以上，这一比例与之前相比有了显著提升。

医疗卫生方面，政府通过加强基层医疗卫生机构建设、推广远程医疗技术等手段，有效缓解了城乡居民看病难、看病贵的问题。特别是在边远农村地区，政府加大对乡镇卫生院和村卫生室的投入力度，提升基层医疗机构的诊疗能力和服务水平。根据最新数据，2023年农村地区每千人口拥有的床位数从五年前的2.5张增加到了现在的3.8张，增长了约52%。同时，农村地区每千人口拥有的卫生技术人员数也从1.8人增加到了2.6人，增长了约44%。这些数据充分说明了农村地区医疗卫生服务能力的提升和均衡发展的成果。

在社会保障领域，政府通过完善养老、医疗等社会保障制度，努力实现社会保障的全覆盖。新型农村社会养老保险和农村合作医疗保险等制度的推广和实施，有效保障了农村居民的基本生活。数据显示，农村地区的社会保障覆盖率从2018年，五年前的75%提升到了现在的95%，这一显著提升反映了政府在推进社会保障均衡发展方面的决心和成效。

除了上述三个领域外，政府还在文化、体育等其他基本公共服务领域加大了投入力度，推动基本公共服务领域的均衡发展。以文化服务为例，政府近年来大力投资于公共图书馆、文化馆等文化设施的建设。据统计，过去五年内，全国新增公共图书馆数量达到500余家，文化馆数量增长近30%，使更多城乡居民能够便捷地享受到丰富的文化资源。这些设施的建成极大地丰富了城乡居民的精神文化生活，提高了全民文化素养。在体育服务方面，政府同样展现出了坚定的投入决心。数据显示，近五年政府对体育设施的投入增长了60%，新建和改扩建上千个体育场馆和社区运动中心，为全民健身运动提供了坚实的设施基础。这些投入直接推动了全民健身运动的蓬勃发展，据实际调查数据显示，经常参与体育锻炼的人口比例从五年前的25%提升到了现在的35%，国民体质健康水平也有了显著提升。

综上所述，我国政府通过持续加大投入、优化资源配置和创新服务方式等手段，有效推动了基本公共服务的不均衡程度持续下降。教育、医疗卫生和社会保障等领域的均衡发展成果显著，城乡居民在享受基本公共服务方面的差距正在逐步缩，尤其自党的十八大以来，进步尤为明显。人民群众最关心的社会保障、劳动就业、基础教育、医疗卫生和基础设施等领域，均等化程度得到不断改善，这体现了我国治理效能的逐步提升。同时，以习近平同志为核心的党中央始终以满足人民群众的期待为己任，通过优化转移支付、提升均等化感知水平、构建均衡的公共服务体系等手段，不断提高服务质量，从而显著增强了人民群众的获得感和满意度，推动了基本公共服务均等化水平的整体提升。

二、区域基本公共服务均等化与一体化建设面临的挑战

在新的时代背景下，推进基本公共服务均等化与一体化不仅是中国特色社会主义发展的必由之路，更是实现中国式社会主义现代化建设目标的关键环节。党的二十大报告已明确指出，未来五年的主要目标任务之一是"基本公共服务均等化水平明显提升"，到二〇三五年"基本公共服务实现均等化"。然而，在新的发展阶段，均等化和一体化政策正遭遇前所未有的挑战：新时代的社会矛盾日益加剧，人们需求更加多元复杂；社会经济结构正在深度调整；新技术的迅猛发展带来了社会形态的巨大变革。同时，新冠疫情的影响也给公共服务体系带来了严峻的考验。在这样的背景下，必须迎难而上，以创新思维和坚定决心，推动基本公共服务均等化与一体化建设不断向前迈进，以满足人民群众对美好生活的向往和追求。

（一）新时代，新需求

在追求全体人民共同富裕的现代化道路上，不难发现，随着国民收入水平的提升，人们对美好生活的向往和追求也日益增强。当人们收入水平逐渐从中高收入迈向高收入阶段时，民众对于优质教育的渴望、稳定职业的期盼、健全社会保障的需求、高水平医疗服务的追求、舒适居住环境的向往以及丰富多彩精神文化生活的期待，都呈现出前所未有的新特点。这些新需求，不仅对公共服务供给提出了更高的要求，同时也带来了一系列新的挑战。

当前，正处于"十四五"规划的关键时期，这一时期，国民收入正由中等收入水平向高收入水平大步迈进。我们可以从消费结构的变化中窥见这一趋势：当恩格尔系数从低于40%的富裕型消费水平，进一步下降至低于30%的更富裕型消费水平时，便清晰地反映出国民生活水平的显著提升。根据国家统计局最新发布的数据，2023年我国居民可支配收入已经达到了39218元，

城镇居民和农村居民的可支配收入也分别有了显著增长。在消费水平方面，全国居民的消费支出同样呈现出稳步上升的趋势，2023 年我国居民人均消费支出 26796 元。值得一提的是，2020 年我国已经成功实现了全国贫困县的全面脱贫，绝对贫困人口已经清零。这一系列的成就预示着，预计到 2025 年前后，我国将有望跻身高收入水平国家的行列，成为世界上人口规模最大的高收入国家之一。在这一转型时期，人们对于美好生活的向往和追求变得更为强烈。教育、医疗、住房等领域的公共服务需求将进入快速增长阶段。人们对基本公共服务以及非基本公共服务的消费需求将变得更加多样化、多层次、多元化和个性化。然而，当前基本公共服务标准还是相对较低，准公共服务和非基本公共服务的供给也相对有限，这无疑形成了突出的矛盾。

与此同时，我国在基本公共服务和民生保障领域的社会法立法方面还存在一定的滞后性。社会保护的法律刚性保障不足，导致公共服务推进的制度基础不够坚实。政策落实不彻底、执行难等问题仍然屡见不鲜。这些问题还进一步引发了公共服务行业准入放宽不彻底、投融资渠道不畅通、土地税费政策落实难、监管体系不健全等一系列相关问题。因此，从国家治理体系和治理能力现代化角度出发，必须加快完善公共服务制度体系。这不仅是"十四五"时期及中长期的工作重点，更是满足人民对美好生活向往和追求的关键所在。只有通过构建起更加完善、更加高效的公共服务体系，才能更好地回应民众的新期待，更好地满足他们的新需求，从而在实现全体人民共同富裕的现代化道路上迈出更加坚实的步伐。

（二）新时期，新结构

在新时代背景下，基本公共服务均等化与一体化的发展正面临着前所未有的社会需求结构变革。这种变革主要由人口老龄化、少子化以及城镇化的进程共同驱动，由此对基本公共服务的需求结构产生深刻影响。公共价值理论的核心是对公民集体偏好的回应。因此，政府如何及时、有效地应对这一新需求结构的变化，无疑成了一项重大的挑战。

从人口老龄化的视角审视，我国在 20 世纪 90 年代末已进入老龄化社会，且这一趋势正逐渐加剧。然而，面对庞大的老年群体，当前的养老服务却显得"九牛一毛"，无论是机构设施的数量，还是服务人员的专业素养，亦是整体的服务品质，都无法满足日益迫切的养老需求，这不仅影响了老年人的生活质量，也给社会和家庭带来了严重的负担。因此，迫切需要政府和社会各界的高度关注与共同努力，通过加大基础投入、优化资源配置、提升服务水平等多方面的措施，来全面提高养老服务的质量和覆盖面，为老年人创造一个更加舒适、安心的晚年生活环境。与此同时，随着二孩政策的全面实施，我国迎来了新一轮的婴儿潮。这不仅对幼托、幼教等儿童早期教育服务提出了更高的要求，同时也对婴幼儿食品安全和青少年发展等公共服务带来了新的挑战。政府需要加强对这些领域的监管和投入，确保每一位儿童都能享受到优质、安全的公共服务。

值得注意的是，近年来，我国常住人口城镇化率以平均每年1.14个百分点的速度持续增长，这标志着我国已经进入了"大流动时代"。这一快速增长的城镇化进程导致了大量转移人口对子女教育、医疗保障、就业机会和住房等基本公共服务的需求急剧增加，这将给流入地政府带来巨大的压力。为了满足这些新增需求，政府需要加大投入，优化资源配置，提升公共服务的质量和效率。

此外，随着现代服务业的迅猛发展，中国正在从"工业主导时代"向"现代服务业主导时代"转型。现代服务业已经成为中国经济增长的重要引擎，对经济增长的贡献率超过了60%。预计到2025年，服务业将成为全国最大的就业渠道，吸纳超过一半的就业人口。这一转变不仅推动了经济的持续发展，也为公共服务领域带来了新的机遇和挑战。在消费领域，我国也正在经历从"投资主导时代"向"消费主导时代"的转变。居民最终消费支出占世界的比重逐年提升，预计到2025年将增至近18%，这将使我国成为世界最大的居民消费市场之一。这一变化将带来满足14亿消费者多层次、多元化、多样化和个性化消费需求的巨大商机。同时，政府对公共服务的投入也在逐年增加，预计到2025年政府消费支出将占世界比重的20%左右，使我国成为世界上最大的公共服务提供者之一。

在此背景下，无论是公共消费还是私人消费，我国的生活性服务业都在向精细化和高品质方向转型。这意味着公共服务与非公共服务市场将获得更加广阔的发展空间。例如，民办教育、大健康服务业和养老服务业等新兴领域将迎来重要的发展机遇。然而，这些变化也为公共服务治理带来了新的挑战。政府需要不断创新和优化公共服务提供方式，以满足社会成员日益多样化和个性化的需求。同时，还需要加强对非公共服务市场的监管，确保其健康、有序发展，为人民群众提供更加优质、高效的公共服务。

(三）新时代，新技术

随着科技的飞速发展，5G、大数据、云计算、人工智能和区块链等新兴信息技术正在以惊人的速度改变着人们的服务理念与方式。这些技术不仅深刻影响着商业领域的运作，更对公共服务领域产生了深远的影响，为公共服务的创新和发展注入了强大的动力。

首先，必须看到，这些新兴信息技术的出现，极大地改变了人们的日常生活方式、行为习惯，甚至重塑了人们参与社会治理的模式。在信息技术的推动下，公共服务业态、服务模式和产品创新都迎来了前所未有的发展机遇。比如，大数据和云计算技术的运用，能让政府部门更准确地把握公众需求，通过数据分析和挖掘，为民众提供更为精准、个性化的服务，这不仅提高了政府服务的效率和质量，也大大提升了公众的满意度。同时，人工智能和区块链技术的融合应用，也在公共服务领域展现出了巨大的潜力。人工智能技术可以帮助政府部门实现服务的智能化，通过智能语音应答、智能推荐等功能，提供更加便捷、高效的服务。而区块链技术则可以用于构建透明、可信的公共服务体系，确保服务的安全性和可靠性，进一步提升公众的信任度。

然而，新兴信息技术带来的不仅仅是机遇，也伴随着一系列的挑战。服务人员需要不断更新自己的知识和技能，以适应新的技术环境，不仅需要掌握基本的信息技术知识，还需要具备良好的沟通能力和服务意识，以提供更优质的服务。此外，信息安全问题也是必须面对的一大挑战。随着信息技术与公共服务的深度融合，如何确保服务的安全性和可靠性成了亟待解决的问题。人们需要建立完善的信息安全保障体系，加强信息安全技术研发和应用，提升信息系统的安全防护能力。同时，还需要加强信息安全教育，提高公众的信息安全意识，共同维护信息安全。另一方面，还要客观面对公共服务财政支出压力的问题。尽管我国经济预计将保持中高速增长，但公共服务的财政支出增速却超过了 GDP 的增速。这意味着在满足公众日益增长的公共服务需求方面，仍然面临着巨大的挑战。为了应对这一挑战，不仅需要加大公共服务的投入力度，更需要提高资金的使用效率，确保每一分钱都用在刀刃上。

总的来说，新兴信息技术为公共服务的创新和发展带来了巨大的机遇和挑战。需要人们充分利用这些技术的优势，挖掘其潜力，以提升公共服务的效率和质量。同时，也要警惕其可能带来的风险和挑战，做好应对准备。

三、区域基本公共服务均等化与一体化建设面临的新问题

随着我国社会主要矛盾的转变，基本公共服务领域面临诸多新的挑战。当前，公众对基本公共服务的需求持续增长，需求层次更加多样、质量要求也越来越高。然而，基本公共服务的提供却存在明显的供给不足及发展不均衡等问题，这已成为新时期公共服务领域急需解决的主要矛盾。

（一）新特征

"十四五"时期是共同富裕推进的关键时期，但我国基本公共服务领域依然面临着多方面的挑战，其中尤以地区、城乡以及不同群体之间的不平衡问题最为显著。这些不平衡导致了公共服务基础的巨大差异、需求方差大以及发展难度高。更深层次的社会矛盾，特别是社会发展的不平衡问题，如收入分配、地区、城乡以及不同人群之间的发展差异，也日益凸显。

以我国当前社会发展不平衡的新特征来看，三大人群的发展不平衡问题尤为引人关注。首先，我国正在经历世界最大规模的城镇化进程。根据国家统计局最新公布的数据，2023 年我国流动人口高达 3.78 亿，占全国总人口的比重高达 26.7%。这一庞大的流动人口群体，特别是进城务工人员，在城市工作、生活，由于户籍身份的限制，常常难以享受到与城市原住居民同等的公共服务。虽然大量的农民工已经被计入"城镇化率"，但在子女教育、医疗卫生以及社会保障等方面，依然面临着诸多不公，这种不公平的现象在大城市群，如长三角、珠三角和京津地区等尤为明显。从现状来看，这些地区是人口净迁入的热点，城市群周边县市人口迁出的趋势也日益显著。这种劳动力流动和配置趋势无疑给这些地区的基本公共服务供给带来了巨大的挑战。其次，"十四五"时期，我国已步入中度老龄化阶段，老龄化水平超过 20%，并预计将迎来又一次老龄化人口的增长高峰，年均增加约 1000 万人。国家统计局数据显示，截至 2023 年底，我国 60 岁及以上老年人口已达 2.97 亿，占总人口的 20.9%，其中 65 岁及以上老年人口为 2.17 亿，占总人口的 15.2%。① 特别值得注意的是，约有 4654 万名失能半失能老人，其中完全失能老人近 1200 万人。预计到 2030 年，失能老人的规模将超过 7700 万人，而

---

① 中华人民共和国 2023 年国民经济和社会发展统计公报［EB/OL］. 国家统计局，2024-02-29.

到 2053 年，我国老年人口将达到峰值 4.9 亿，比现在增加了 60%。这一庞大的老龄群体对基本公共服务，特别是医疗卫生和养老服务的需求将持续增长，这无疑是一个巨大的挑战①。再者，我国目前的残疾人总数也相对庞大。2023 年我国持证残疾人数量为 8591.41 万人，占总人口的 6.34%②。然而，相对于这一庞大群体的总体规模，残疾人服务的覆盖范围并不全面，服务质量也有待提高。此外，各级残疾人综合服务设施和康复设施也存在不小的缺口。总之，在"十四五"时期，如何解决大规模的流动人口群体、老龄群体、残疾人群体等的公共服务问题，以及如何有效解决人群发展的不平衡问题，无疑是我们面临的一大挑战。这不仅需要政府、社会和市场三方的共同努力，还需要不断创新服务模式，提高服务效率和质量，确保人人都能享受公平、优质的基本公共服务。

（二）均等化与一体化不充分发展的新问题

实现区域和城乡间的基本公共服务均等化与一体化，不仅能够有效提升相对落后地区与边远农村的非就业性收入，还能为区域居民开辟更多的发展路径，从而进一步提升他们自我发展能力。这对于推进全民共同富裕具有深远的意义。但由于多方面的因素叠加，各地提供的公共服务的质量和数量，都与该区域经济状况紧密相连。当前，不同地域、城市与乡村之间，不同社会群体之间，都存在着公共服务发展不全面、不均衡的明显问题。特别是在城乡二元结构制度下，公共服务资源的配置差距仍然十分明显，非均等化和非一体化的现象依然严峻。从区域发展的视角来看，无论是在不同的城市间、城乡间，还是在不同的社会群体间，这种差距都显而易见。这种差距主要体现在以下几方面：

1. 经济性基本公共服务与社会性基本公共服务的发展存在显著差异

经济性基本公共服务主要涉及基础设施建设、交通运输、邮电通信等方面，而社会性基本公共服务则涵盖教育、医疗、社会保障等领域。这两者之间的发展不平衡，不仅反映了资源配置的效率问题，更揭示了社会公平与正义的深层次矛盾。特别是在经济发展相对落后的区域，政府往往将经济发展

---

① 健康老龄化：活得长还要活得好［EB/OL］.中华人民共和国国家卫生健康委员会宣传司，2019-09-27.

② 2023 年残疾人事业发展统计公报［EB/OL］.中国残疾人联合会，2024-04-18.

置于首位，因此会优先将财政资源投入建设交通、通信以及水电等基础设施。在经济较为发达的地区，政府的关注点已从单纯的经济增速转变为社会发展的质量，则更加侧重于教育、医疗卫生以及环保等社会性基本公共服务的提供。因此，地域经济发展的异同，导致地域间经济性与社会性基本公共服务发展的不均衡，对收入分配的影响机制各异。就经济性基本公共服务而言，优质的公用基础设施能够有效地改善企业的经营环境，提高运营效率，降低成本，从而提升企业的产能。同时，这些设施还能通过集聚效应强化区域的竞争优势，进而推动整个地区的生产力水平提升。在我国快速城市化的进程中，经济性基本公共服务往往因经济增长的需求而得到快速发展。例如，为了促进区域经济发展，许多地区大力投资于交通、电力、通信等基础设施，有效提升了地区的物流效率和信息交流速度。然而，社会性基本公共服务的发展却往往滞后，特别是在教育、医疗等关键领域，资源的投入和服务的提升速度远不及经济性服务，这种发展差距带来了显著的效应。一方面，经济性服务的快速发展确实推动了经济增长，吸引了外来投资，创造了就业机会；另一方面，社会性服务的滞后则加剧了社会的不平等，影响了人力资源的开发和社会稳定。教育的不足限制了人口素质的提升，医疗资源的匮乏则导致了健康水平的差异，这些问题从长远角度来看，都会对经济持续健康发展构成隐患。因此，缩小经济性基本公共服务与社会性基本公共服务之间的发展差距，是实现社会公平与可持续发展的重要一环。政府应更加注重社会性服务投入，确保教育资源、医疗资源等关键领域均衡发展，从而构建更加公正、和谐的社会环境。

2. 社会民生性公共服务硬件建设较好，软件服务不足

在当前公共服务体系建设中，不难发现，与硬件设施投入相比，社会民生性公共服务中的软条件供给显得相对不足。这不仅影响了公共服务的整体质量和效率，也制约了社会的全面和谐发展。社会民生性公共服务，是指教育、医疗、社会保障等与民众生活息息相关的领域。在这些民生服务领域中，其服务质量、人员素质、管理体制等非物质层面要素的供给并未与硬件设施的建设保持同步。以教育领域为例，虽然学校教学楼、实验室等硬件设施得到显著改善，但教师队伍的整体素质、教学方法的创新以及教育管理的现代化等方面仍存在明显短板，这些问题直接影响了教育质量，使得教育资源未能得到充分利用。在医疗卫生领域，也同样存在类似问题。尽管医院的医疗

设备不断更新换代，但医护人员的专业技能和服务态度，以及医院的运营效率和管理水平等软条件却未能及时跟上，这不仅影响了患者的就医体验，也制约了医疗服务的整体提升。社会保障领域亦是如此，尽管覆盖面在不断扩大，但在服务的人性化、便捷性以及政策的透明度和公正性方面仍有待加强。因此，社会民生性公共服务中软条件的供给不足已成为制约公共服务质量提升的关键因素。为了解决这一问题，需要从提升人员素质、优化管理体制、创新服务模式等多方面入手，确保软硬件的协同发展，从而为社会提供更加优质、高效的公共服务。

3. 促进基本公共服务一般转移支付压力加大

随着社会经济的快速发展和人民生活水平的不断提升，公众对基本公共服务的需求也日益增长。然而，这种需求的增长不仅带来了服务供给的挑战，同时也使政府间的一般转移支付压力显著加大。基本公共服务，如教育、医疗、社会保障等，是保障公民基本权利、维护社会稳定的重要基石。为了实现这些服务的均等化、普及化和优质化，中央及地方政府需要通过一般转移支付来平衡地区间的财政差异，确保各地居民都能享受到基本公共服务。然而，随着基本公共服务需求的增加，政府需要投入更多的财政资金来满足这些需求。这不仅包括增加服务设施的建设和运营费用，还包括提高服务人员的薪酬待遇、改善服务环境等方面的投入。这些投入的增加直接导致了政府间一般转移支付的压力加大。此外，为了实现基本公共服务的均等化，政府还需要对经济发展相对落后的地区进行更多的财政倾斜。这意味着政府需要通过一般转移支付，将更多的财政资源从经济发达地区转移到经济落后地区，以确保这些地区的居民也能享受到与其他地区相当的基本公共服务。这种财政资源的重新分配，也进一步加大了政府间一般转移支付的压力。总之，随着基本公共服务需求的增加和均等化目标的实现，政府间一般转移支付的压力将会持续加大。为了缓解这种压力，政府需要进一步优化财政支出结构，提高财政资金的使用效率，并积极探索多元化的公共服务供给模式，以更好地满足公众对基本公共服务的需求。

（三）基本公共服务发展不均衡的新问题

基本公共服务均等化在取得可喜成绩的同时，新的不平衡问题也随之出现，主要表现正在以下几方面：

1. 区域间民生类公共服务差距相对较大

在探讨公共服务现状时，区域间民生类公共服务的显著差距是绕不开的核心问题，这种差距不仅体现在服务的数量和质量上，更凸显在服务的可达性和满意度方面。从数量层面分析，东部地区由于经济发达，政府财政投入相对充裕，因此在教育、医疗、社会保障等民生类公共服务上的投入明显高于中西部地区。这种投入的差异直接导致了服务供给的不平衡，使得东部地区的居民能够享受到更为丰富多样的公共服务。在质量层面，由于东部地区在人才引进、资源配置等方面具有优势，其公共服务的质量也相对较高。以医疗为例，东部地区的医疗机构往往能够吸引更多的医学专家和先进设备，从而提供更高水平的医疗服务。在服务的可达性方面，东部地区由于交通、通信等基础设施更为完善，居民在获取公共服务时的便利性和时效性也相对较高。而在中西部地区，特别是偏远山区，由于基础设施的滞后，居民往往需要花费更多的时间和成本才能享受到相应的公共服务。最后，从居民满意度的角度来看，东部地区居民对民生类公共服务的整体满意度普遍高于中西部地区。这既是对东部地区公共服务体系的一种肯定，更反映出中西部地区在提升公共服务水平方面仍有较大的提升空间。综上所述，区域间民生类公共服务的差距是多维度的，包括但不限于服务数量、质量、可达性和居民满意度。为了缩小这种差距，政府需要加大对中西部地区的财政投入和政策扶持，同时引导东部地区与中西部地区进行资源共享和合作，以实现公共服务的区域均衡发展。

2. 地区间存量基本公共服务差距缩小较慢

近年来，尽管政府对基本公共服务均等化给予高度关注，并采取了一系列措施加以推进，但地区间存量基本公共服务的差距缩小速度仍然较慢。这一现象背后涉及多方面的原因，包括经济发展不平衡、财政投入差异、政策执行力度以及地区间的历史发展差异等。

经济发展不平衡是导致地区间存量基本公共服务差距的主要原因之一。长期以来，我国东部沿海地区经济发展迅速，而中西部地区则相对滞后。经济发展的不平衡直接导致了财政收入的差异，进而影响了各地区在基本公共服务上的投入能力。东部地区由于经济实力雄厚，因此在教育、医疗、社会保障等基本公共服务方面的投入远超中西部地区，形成了显著的存量差距。财政投入差异也是造成存量差距的重要因素。虽然中央政府通过转移支付等手段努力平衡地区间财政差异，但由于地方政府的财政自主权和支出责任划分，实际投入基本公共服务的资金仍然存在较大差异。一些地区由于财政压力较大，难以保证对基本公共服务的持续、稳定投入，导致存量差距难以迅速缩小。此外，政策执行力度的不均衡也影响了存量差距的缩小速度。虽然中央政府对基本公共服务均等化提出了明确要求，但在政策执行过程中，由于地方政府的理解、执行能力和重视程度不同，导致政策效果产生差异。一些地区在政策执行上存在偏差或滞后，使得基本公共服务存量的提升速度不及预期。地区间的历史发展差异也是造成存量差距的一个重要原因。长期以来，我国各地区在经济发展、社会建设等方面存在显著差异。这种历史积淀的差异不仅体现在经济水平上，也深刻影响着各地区基本公共服务的发展。一些地区由于历史原因，基本公共服务起步较晚，基础设施建设和社会事业发展相对滞后，因此与先进地区形成了较大的存量差距。

总之，地区间存量基本公共服务差距缩小较慢的原因是多方面的，包括经济发展不平衡、财政投入差异、政策执行力度以及地区间的历史发展差异等。为了加快缩小这一差距，需要政府继续深化财政体制改革，优化转移支付结构，加大对中西部地区的财政支持力度。同时，加强政策执行和监督，确保各项政策措施落到实处。此外，还应鼓励地区间的合作与交流，促进资源共享和优势互补，共同推动基本公共服务的均衡发展。

3. 区域内城乡基本公共服务差距仍然较大

随着经济社会的快速发展，城乡一体化进程逐步加快，城乡之间的差距也进一步得到改善，但区域内城乡之间在基本公共服务方面存在的差距仍然较大。这种差距主要体现在服务资源配置、服务质量和服务可及性等多个维度。

首先，从服务资源配置的角度来看，城市地区由于经济发展水平高、财政实力雄厚，在教育、医疗、文化体育等公共服务设施的建设和投入上明显优于农村地区。城市学校、医院等公共服务机构的数量和质量也都远超农村。以基础教育为例，根据教育部 2024 年初公布的数据，城市小学的生师比平均为 16∶1，而农村小学的生师比则高达 22∶1。医疗服务方面，根据国家卫健委 2024 年第一季度的统计数据，城市每千人口拥有的医疗卫生机构床位数为 8.5 张，而农村仅为 2.8 张；城市每千人口医生数为 3.2 人，农村则仅为 0.9 人。社会保障体系方面，根据人社部 2024 年上半年的数据，农村居民参加养老保险和医疗保险的比例分别为 45% 和 70%，而城市居民则分别高达 85% 和 95%。这不仅反映出农村地区社会保障体系的覆盖率较低，也表明其保障水平相对较低。

其次，在服务质量方面，城乡之间也存在显著差异。由于城市公共服务机构拥有更多的优质资源和更优秀的专业人才，因此提供的服务质量通常高于农村。农村居民往往难以享受到与城市居民同等水平的公共服务，这在很大程度上制约了农村居民生活质量的提升。再者，服务可及性方面的差距也是城乡基本公共服务不均衡的重要体现。由于农村地区交通不便、信息闭塞，农村居民在获取公共服务时往往面临更多的困难和挑战。即使农村地区有相应的公共服务设施，但由于地理位置偏远、服务时间有限等因素，农村居民仍然难以充分利用这些服务资源。

可见，从充分性和均衡性角度出发，重新评估基本公共服务均等化现状，主要面临两个主要问题。首先，目前提供的基本公共服务内容和标准与公众的实际需求存在显著差距，服务供给中过于注重数量而忽视质量和效果，凸显出服务的不充分性。其次，不同地区和城乡之间的基本公共服务差异依然显著，这种差异超出了社会公众的接受范围。在通过财政转移支付来调节和缩小这些差距的过程中，存在过分强调财力投入、忽视服务提升和效益实现的问题，凸显了服务的不均衡性。此外，无论是均等化还是一体化，从顶层设计角度来看，缺乏全面系统的治理框架指导实施。

四、基本公共服务均等化与一体化治理面临的难题

虽然从整体来看，基本公共服务正朝着均等化方向发展，但从多个维度来看，不均衡的现象仍然十分明显。因此，减少基本公共服务的差距依然是现阶段最为重要的任务。为了应对这一挑战，必须从治理体系的现代化入手，加速推进公共服务制度体系与治理机制的不断完善，构建符合中国式现代化发展需求的公共服务治理模式。区域公共服务均等化与一体化的终极目标是实现区域社会的一体化，区域社会一体化不仅是公共服务水平的均衡、公共服务标准的统一，更是公共服务及其设施的获得性和方便性。要实现这一目标，必须利用大数据，建立统一开放的区域公共政策网络，同时以公共治理的一体化作为坚实保障。

区域基本公共服务均等化与一体化协同供给在实践中遭遇三重治理困境：

行政区域跨越、多重问题相互影响牵制、不同部门执行的供给政策相互重叠。这些因素导致区域资源和要素的流动伴随着一定的成本。流动过程中的阻碍和成本对一体化的程度和合作效果产生了显著的影响。若从主客观两个层面来审视，这些阻碍大致可以分为结构性障碍和制度性障碍两类。同时，两大阻碍因素与地方政府之间的合作意向紧密相连，从而对一体化合作的进程产生直接影响。

（一）区域基本公共服务均衡化与一体化的结构性障碍

结构性影响因素是制约区域基本公共服务均衡化与一体化的重要影响因素，主要体现在自然地理特征、经济技术差异以及文化认同等多个层面。更具体地说，这些因素涵盖了地理空间距离、自然资源禀赋、既有的经济社会发展层次与结构、技术基础及设施条件、文化认同等。

结构性因素影响和决定区域内资源配置的成本与效率。地理空间的距离是一个基础性的考量点，直接关系到区域内各地之间的物流、人流和信息流的传输效率。自然禀赋，如矿产、水资源等，对区域经济的发展方向和速度产生深远影响。原有的经济社会发展水平与结构则决定了一个地区在一体化进程中的起点和可能面临的挑战。技术和基础设施条件更是区域一体化的硬件支撑，其完善程度直接影响到一体化的进程和效果。这些结构性因素不仅影响资源配置的效率，还会增加合作的难度。比如，地理区位的空间尺度、原有的经济社会发展规模及其结构差异，都可能导致合作中的摩擦和障碍。如果区域尺度选择不当，无论是过小还是过大，都会带来合作成本的上升。同样，区域内各地差异过大，或者过于同质化，也会引发一系列问题，如需要投入巨资来缩短时空距离的基础设施和交通设施，或者同质化竞争过于激烈导致的资源浪费等。除了上述的物质和经济因素，文化认同也是一个不可忽视的方面。文化因素在很大程度上体现在对共同价值的认同①。文化的相似性有助于提升区域一体化的水平，因为同源或同质的文化能够减少误解与冲突，从而促进区域内的和谐与合作②。文化认同并非一成不变，它是可以通过相互交流和沟通达成一致。此外，通过协商和确立共同的价值准则，或者树

---

① 胡杨，李京．政治和文化差异阻碍了东亚区域一体化吗[J]．国际经贸探索，2015，31（1）：77-88.

② HENDERSON J V. Understanding Knowledge Spillovers [J]. Regional Science and Urban Economics，2007，37（4）：497-508.

立文化权威，也可以有效地提高文化认同度，进而对区域一体化产生积极的推动作用。

（二）区域基本公共服务均衡化与一体化的制度性障碍

制度因素对一体化区域的形成与发展具有重要作用。"在所有可能影响区域经济一体化发展的因素中，真正可能长期地、持续地扭曲发展进程的主要力量是制度方面的阻碍因素"①。当前，区域管理的碎片化和行政区划的壁垒已成为应日益增长的跨区域、跨部门供给的难题。这种制度性的分割，对推进一体化进程构成了实质性阻碍，使跨地区和跨部门的协同工作变得复杂且低效，严重制约了公共服务供给的效率和连贯性。

第一，区域城市不同层级地区的经济发展水平直接制约公共服务的一体化水平。中央政府主要通过行政层级对地方进行管理与服务，这种层级化的管理模式导致地方政府难以对毗邻地区进行有效管控。随着城市实力的增强，对资源的吸引力也随之提升，特别像教育、医疗等优质资源会不可避免地流向大城市，并逐渐形成以大城市为中心，资源向外围递减的分布格局。这种资源的不均衡分布进一步加剧了地区间的差异。行政壁垒对公共服务水平差异性的影响，主要源于我国城镇的等级化管理体制。在这种体制下，优质公共服务资源主要集中在行政等级较高的大城市，而行政等级较低的城市则资源相对较少。此外，户籍制度的存在又进一步限制了人口向大城市的流动，使得大城市的公共服务资源更加集中，而其他城市的公共服务水平则相对较低。这种制度性的安排导致了各等级城市之间公共服务发展水平的显著差异，形成了当前公共服务格局。为了让公共服务更加均衡，需要打破行政壁垒，推动资源在不同城市之间的均衡分布，同时改革户籍制度，降低人口流动的限制，从而促进各城市公共服务水平的均衡发展。

第二，区域府际协作的动力来源直接影响公共服务便利共享水平。区域公共服务跨界合作的顶层设计与契约机制仍需进一步完善。在缺乏更高层次的行政指导和具有约束力的法律法规境况下，区域公共服务所达成的合作意向常常会面临各种挑战。这些挑战可能源于各方利益冲突，导致合作意向难以切实执行；或者因为领导层换届、规划调整等不确定因素，使得原本的合

---

① 刘志彪. 长三角区域高质量一体化发展的制度基石［J］. 人民论坛·学术前沿，2019（4）：6-13.

作计划最终难以实现。这一问题的核心在于如何构建和完善一体化的体制机制，以正确处理中央与地方、地方政府之间的关系，并形成一系列有效的制度激励和约束机制。在中国政治体制下，地方政府的权力来源于上级政府的授权，而中央政府则拥有行政统辖、规划制定以及最终决策的权力。出于政治制衡、管理成本和效率的综合考虑，中央政府会将大量社会公共事务的管理权委托给地方政府。地方政府则按照地域或属地原则进行分工管理。然而，当公共问题或公共事务超出单个地方政府的管辖范围时，就需要上一级政府，来填补这一管理真空。中央政府可能会直接成立专门的组织来提供相关公共服务，或者要求相关地方政府进行协作行动，并授予一定的治理权力。这种区域公共事务的跨界性产生了对协调的需求和对治理权力的认可需求，使横向关系网络与纵向关系网络相互交织，形成了一个复杂的关系结构①。同时，这种复杂性也催生了不同的动力机制。此外，该现象还与快速发展时期所采取的不平衡发展战略紧密相连。该战略侧重于将紧缺的战略资源优先分配给核心地区，以期通过产业的连锁反应推动周边地区的进步。因此，制定多样化的地域性政策。然而，关于地区协同发展的基础性制度改革，如调整中央与地方的关系、优化财政转移支付、改进地方政府间的协作机制等方面，尚显不足，直接导致了不同地区在公共服务和社会保障水平上存在显著差异，影响了发展成果的公平分享。当前，实现区域公共服务一体化及其保障机制仍需深入研究和改进。为了实现共同富裕，正在推动基础公共服务的均衡和一体化，但在实际操作中，跨界合作的成本相对较高。由于制度性障碍仍未消除，个人异地处理公共事务、企业跨地区经营以及政府间合作的成本仍然较高。为了降低跨界联动成本，实现地区间公共服务一体化，需要利用大数据信息技术进行精确分析和合理设计，从而逐步消除制度性壁垒，实现高效的一体化。总的来说，要推动区域公共服务跨界合作的有效实施，需要在顶层设计和契约机制上下功夫。这包括明确各方职责、建立有效的激励机制、完善约束和监督机制等。同时，也需要充分认识到中央与地方政府之间、地方政府与地方政府之间的复杂关系网络及其对区域公共服务跨界合作的影响。

　　第三，基本公共服务均等化与一体化主体参与度空间提升较大。在推进

①　温雪梅. 制度安排与关系网络：理解区域环境府际协作治理的一个分析框架［J］. 公共
　　管理与政策评论，2020，9（4）：40-51.

基本公共服务均等化与一体化的过程中，主体参与度的提升显得尤为关键。当前，我国正致力于构建更加公平、高效的社会服务体系，而基本公共服务的均等化与一体化则是这一体系的重要组成部分。然而，在实际操作中，不难发现主体参与度仍有待进一步提高，这既是挑战也是机遇。首先，要明确主体参与度的提升是推进基本公共服务均等化与一体化的核心动力。在公共服务领域，政府、社会组织、企业和个人都是重要的参与主体。政府的角色在于制定政策、提供资金支持和进行监管，而社会组织、企业和个人则更多地参与到服务的提供和消费中。目前，这些主体在公共服务体系中的参与度并不均衡，政府仍然是主要的提供者，而其他主体的作用尚未充分发挥。其次，提升主体参与度的关键在于激发各主体的积极性和创造力。对政府而言，除了继续加大对基本公共服务的投入外，还应通过政策引导、资金扶持等方式鼓励社会组织、企业和个人参与到公共服务中来。例如，可以通过政府购买服务的方式，引导社会组织和企业提供更多优质的公共服务产品。同时，政府还应加强与社会组织、企业和个人的沟通与合作，共同推动基本公共服务的均等化与一体化。再者，要充分利用现代信息技术手段提高主体参与度。随着信息技术的不断发展，互联网、大数据、人工智能等技术为提升公共服务主体参与度提供了新的可能。通过这些技术手段，可以更加精准地了解各主体的需求和偏好，从而提供更加个性化的公共服务。同时，信息技术还可以降低信息不对称的程度，提高各主体之间的沟通和协作效率。此外，要关注地区间和城乡间的公共服务均等化与一体化问题。由于历史、地理、经济等多种因素的影响，我国不同地区和城乡之间的公共服务水平存在较大差异。因此，在提升主体参与度的过程中，应特别关注这些差异，通过政策倾斜、资源共享等方式促进地区间和城乡间的公共服务均等化与一体化。

如何有效地将政府的推动力传递给其他参与主体，并充分利用非政府行业组织在一体化进程中的独特作用，是提升区域一体化合作效果的关键环节。为达成这一目标，应对跨界区域的规划管理、资源环境、公共服务及要素流动等存在的问题进行深入探索，并针对体制机制的束缚，根据成本共担、利益共享的原则，以市场化为主导，通过改革创新开放来构建和设计新的区域协调发展机制。这一新机制应确保市场统一开放、规划有序、发展功能互补、设施服务共享以及生态环境的联防共治。同时，需要从多个层面和维度进行尝试和完善，包括中央和地方事权改革、地方合作平台的规范化和制度化、鼓励市场主体和公众参与等。这将确保区域协调机制的改革举措能够全面覆盖，从而最大限度地释放改革创新合作的红利，目标是探索一条上下联动、全面推进的改革创新之路，并建立新型的区域治理体系，以推动跨界分工、合作、协同与共享。这将实现发展要素的自由流动、产业和经济的合理分工、开发与保护的平衡、社会的公平公正，以及发展成果由人民共享。特别是在跨界一体化发展示范区，需要在不改变行政隶属关系的前提下，审慎地处理一体化体制机制和地方行政管理自主性之间的关系，以探索跨界地区的协调发展机制。

总之，提升基本公共服务均衡化与一体化多主体参与度是一个长期而复杂的过程，需要政府、社会组织、企业和个人等多方面的共同努力。政府应发挥主导作用，制定科学合理的政策框架和激励机制；社会组织和企业应积极响应政府号召，发挥自身优势参与公共服务提供；个人则应提高自身素质和能力，更好地利用和享受公共服务。

（三）区域基本公共服务均衡化与一体化合作主体意愿的不确定性

在结构性和制度性因素的共同作用下，公共服务一体化的推动力量呈现出多元化的特点。其中，既包含有利于一体化的积极因素，也存在阻碍一体化的消极因素。积极因素，主要源于几个方面的对称性：首先是地理位置的相邻性，这为公共服务资源的共享提供了便利；其次是经济发展水平的接近，使各地区在公共服务需求和供给上更易达成共识；再者是政治和行政地位的平等，有助于建立平等的合作关系；最后是资源依赖的相互性，能够增强地区间的合作意愿。然而，同时也存在一些非对称性的不利因素。如地理位置的不相邻、经济发展水平差异显著、政治行政地位的不平等，以及资源依赖程度的不对称等，这些都可能成为公共服务一体化的障碍①。地理空间距离的远近，相邻地区之间的共享显然更加便捷和必要；行政隶属于同一省级政府的城市间在推动一体化和共享方面往往更具优势；行政级别相等的城市政府间在决策与协作上更有可能达成一致；经济联系紧密、互补性强的城市间在共享公共服务方面有着更大的潜力。这些客观有利条件会进一步影响地方政府的主观意愿。当共享的收益明显高于风险和成本时，地方政府推动一体化的意愿就会增强。同时，随着跨区域公共问题的日益复杂，地方政府也越来

①　陈斌. 长三角区域合作的四种模式和两类要素［EB/OL］. 上海交通大学中国城市治理研究院，2019-07-24.

越难以单打独斗，跨区域合作不仅符合社会经济规律，也成为推动一体化的重要动力。此外，数字技术与人工智能技术的飞速发展正在深刻改变全球经济社会活动的地理空间联系。区域内经济体、社会体之间的联系日益紧密，这也在加速区域一体化的深度融合。在这一大背景下，政府制度的改革与技术条件的进步共同塑造着公共服务一体化过程中区域政府间的协作关系。这不仅影响着地方政府官员的协作动机和自主性意愿，也进一步改变着基于公共服务一体化而形成的政府间合作关系网络与框架结构。

为了克服碎片化管理的困境，政府需要从多个层面和维度进行制度推进改革。这包括中央和地方事权财权的改革、地方合作平台的规范化和制度化、鼓励市场主体和公众的广泛参与等。值得一提的是，新技术条件特别是互联网信息技术的广泛应用正在成为提升公共服务一体化和共享合作意愿及能力的重要驱动力。正如《重塑世界经济地理》报告所指出的那样，区域一体化的三大关键要素是距离、密度与分割。通过改善区域间的交通可达性和便捷性可以有效地缩短地理空间距离；而通过减少分割则可以提升区域产业的互补性和经济核心要素的集聚性，从而有效增强经济的吸引力和聚集密度。这无疑是一体化发展的重要推动力。在未来的发展中，应充分利用这些有利条件推动公共服务一体化的深入发展。

第三节　面向共同富裕的区域基本公共服务均等化与一体化发展方向

在全面建设社会主义现代化国家的新征途中，"追求高质量发展"与"追求共同富裕"成了引领公共服务均衡化与一体化核心思想。在稳步推进共同富裕的道路上，首先要做好阶段性目标规划，从而有步骤地推进全民共富。公共服务资源的均衡分配，作为达成共同富裕的关键环节，需要从体制驱动、目标管理、共建共享、治理效能等多个环节上进行更深入的优化和完善。

一、创新驱动机制

区域基本公共服务均等化与一体化不仅是促进社会公平正义、增进人民福祉的重要途径，也是实现经济持续健康发展的内在要求。其建设过程长而复杂，而均等化与一体化的治理动力就像一股强劲的引擎，推动区域间公共服务水平的均衡提升和一体化格局的构建。城市群作为新的经济活力增长点，正逐步成为区域经济发展的重要引擎。区域结构性潜能的释放和资源配置效率的提升成为推动区域经济高质量发展的关键所在。而要实现这一目标，必须深化区域合作，打破行政壁垒，促进资源要素自由流动和高效配置。这不仅要求在技术创新、管理创新等方面不断探索和突破，更需要在体制机制层面进行大胆的改革与创新。只有这样，才能有效激发区域经济发展的内在活力，推动区域基本公共服务向着更高水平、更深层次的均等化与一体化方向迈进。这既是时代发展的必然趋势，也是人们共同追求的目标。

（一）顶层设计

基本公共服务的顶层设计是从国家层面对基本公共服务的范围、标准、供给机制、财政保障等方面进行全面规划和部署，驱动着基本公共服务向着均等化与一体化方向迈进，有力助推实现共同富裕。扎实推动共同富裕，确保人民生活取得实质性进展，必须从国家宏观层面进行顶层设计，构成顶层驱动。

共同富裕作为社会主义的本质要求，深刻体现了社会公正与人民福祉的有机结合。其实现过程需紧扣"富裕"与"共享"两个核心要点，确保经济发展成果能够广泛、公平地惠及全体人民。在"富裕"层面，重点在于通过高质量发展策略，不断做大社会财富"蛋糕"，为共同富裕奠定坚实的物质基础。这就要求持续推动经济创新，优化产业结构，提高生产效率，以实现经济的持续健康增长。然而，仅仅做大"蛋糕"并不足以实现共同富裕，如何公正合理地分配"蛋糕"同样至关重要。这就要求关注"共享"层面，建立科学合理的收入分配机制和共享方式，确保发展红利能够公平地分配给每一个社会成员。这就要求完善税收制度，调节过高收入，扩大中等收入群体，增加低收入者收入，以及提供均等化的基本公共服务，从而缩小收入差距，促进社会公平。随着我国经济发展由高速增长阶段转入高质量发展阶段，财政收入的增速有所放缓，对基本公共服务体系的建设提出了新的挑战。既不能因为经济增速放缓而削弱基本公共服务的保障力度，也不能因为过多地承诺而损害基本公共服务体系建设的可持续性①。在推进共同富裕的过程中，必

① 李实，杨一心. 面向共同富裕的基本公共服务均等化：行动逻辑与路径选择［J］. 中国工业经济，2022（2）：27-41.

须高度重视区域差异和群体差异的缩小。确保不同地区和不同社会群体都能享受到基本的生活保障和发展机会。特别是要加大对农村地区、欠发达地区和弱势群体的支持力度，通过政策倾斜和资源投入，加快这些地区和群体的发展步伐，逐步缩小与发达地区和优势群体的差距。这种差别的逐渐缩小，需要在宏观层面做好顶层设计，保障地域政策的健康实施与运行。

（二）原生动力

解决好基本公共服务中的城乡间、区域间、群体间三大差距，是推动社会公平正义、实现共同富裕的关键所在。当前，我国正面临着现代化发展的原生动力不足、区域发展不平衡不充分等挑战，其中，农村地区的公共服务资源配置问题尤为突出。研究表明，"我国不同地区农村之间的收入差距显著，且这种差距甚至超过了区域发展的整体差距。将农村居民人均可支配收入最高的 5 个省份与最低的 5 个省份进行比较，可以发现，2020 年两者城镇居民人均可支配收入的倍差为 1.75，而农村居民人均可支配收入的倍差则高达 2.43"[1]。这一数据直观揭示了农村地区在享有基本公共服务方面的显著不公。相对来讲，我国经济相对发达沿海地区，在工业化、城镇化与信息化的强劲驱动下，已经逐步形成了沿海城市经济带。农村内嵌于城市经济之中，成为其内在组成部分，这种发展模式大大缩小了城乡发展差距。据统计资料显示，我国百强县大都集中在沿海地区，甚至部分沿海县域经济发展水平超越了少数西部省会城市。与沿海地区形成鲜明对比的广大中西部农村地区很难有工业化的可能，其县域发展现代制造业的空间也极为有限。目前，东南部以农村内嵌的沿海区域城市经济带发展为导向，整体推进工业化、城镇化与现代化进程，促进社会流动，成为带动区域基本公共服务均等化与一体化的内在驱动力。

（三）创新驱动

政府治理能力现代化是区域基本公共服务均等化与一体化治理创新驱动的核心目标。新中国成立以来，我国民生领域的保障体系与管理职能持续推进，旨在更好地满足人民群众对民生改善的需求。在共同富裕视角下，推动基本公共服务均等化和一体化与加快民生保障部门职能转变相辅相成，这既

---

① 李实，陈基平，滕阳川. 共同富裕路上的乡村振兴：问题、挑战与建议 [J]. 兰州大学学报（社会科学版），2021，49（3）：37-46.

是为了回应人民群众对共同富裕的期待，提升各部门提供精准化、精细化服务的治理能力，也是与国家"放管服"改革要求相一致，主动求变，进一步促进基本公共服务均等化在推动共同富裕中发挥体制机制保障作用。

为实现治理效能的转换，需持续创新治理方式。2018 年，中共中央印发的《深化党和国家机构改革方案》开启了政府治理新阶段，其中以基本公共服务领域改革为重点。例如，民政部门过去主要为小范围特殊群体提供兜底保障，现在面向共同富裕目标，其服务范围和惠及面不断拓展，积极探索普惠型儿童福利体系和面向全体老年人的养老福利，进一步探索长期照护服务体系与精神慰藉等。在创新治理方式上，公共服务领域中数字化技术手段的应用开始形成主动机制，极大地提升了公共服务的可及性和便捷化。2021 年国务院印发的《"十四五"数字经济发展规划》明确提出要持续提升公共服务数字化水平，提高"互联网+政务服务"效能，推动数字城乡融合发展。

探索基本公共服务提供主体形成合力是驱动均等化与一体化的重要内容。目前，同一领域的公共服务政策在一定程度上存在部门冲突，导致资源重复配置和错配，供给效率降低。因此，在政府层面形成政策与治理合力是政府治理能力与治理体系现代化的重要内容之一。由于不同区域各地方政府公共服务治理水平存在差异，既存在少数地方政府以获得重大赛事为导向提升基本公共服务水平的情况，也存在一些地方在公共服务项目水平设置、部门协同、绩效管理与财力保障等方面的突出问题。但并未解决地方民生关注的真正问题。

此外，努力提高公共服务绩效也是驱动均等化与一体化的关键环节。随着居民对公共服务质量的要求越来越高、范围越来越广、资金投入规模越来越大，亟须公共服务管理绩效改革，不断完善公共服务的善治模式，追求有效产出水平逐步提高。基本公共服务绩效对于中国这样一个财政资源随着人口老化和财政压力增大而日益紧张的国家尤为重要，对于推进共同富裕目标、驱动均等化与一体化创新发展也不可或缺。

二、加强目标管理

基本公共服务"均等化"不是平均主义的共享，其核心在于强调资源分配或服务提供的公平性与一致性。它蕴含着双重含义，一方面是指提供的机会均等，确保所有个体或地区在获取资源或服务时面临相同的机会，不受地域、经济条件等外在因素的限制；另一方面是结果均等，旨在通过政策调整与资源配置，缩小不同个体或地区在享受公共服务水平上的差异，实现结果的相对均衡。探讨区域基本公共服务均等化与一体化，是追求区域间协调发展和社会公平正义的重要体现。基本公共服务均等化，要求政府在不同地区间提供标准大致相当的基本公共服务，如教育、医疗、社会保障等，以消除因地域差异导致的服务不均现象，保障全体公民的基本权益。而一体化则更进一步，强调在均等化的基础上，通过政策协同、资源共享和机制创新，促进区域间公共服务的深度融合与无缝衔接，形成高效、协同的服务体系，提升整体服务效能。

基本公共服务均等化与一体化水平的高低，是体现共同富裕"富裕"与"共享"程度的重要指标，也是衡量共同富裕目标实现的重要内容。在共同富裕发展的道路上，为了实现基本公共服务的均等化，必须不断深化治理改革与创新机制，以确保这一目标的有效达成。

（一）共同富裕的目标

共同富裕作为社会发展的长远目标，其内涵丰富，既包括物质财富的共同增长，也包括精神文化的共同繁荣；既要求缩小收入差距，实现经济上的平等，也要求消除社会排斥，实现机会上的均等。这一目标的提出，是对传统发展观念的超越，体现了以人为本的发展理念和对社会全面进步的追求。

共同富裕，作为社会主义现代化建设的核心目标之一，其实现程度不仅关系国家经济的稳健增长，更影响着社会的公平正义与民众的福祉水平。共同富裕的实现需通过一系列科学、多维的指标进行衡量。首要的是人均国内生产总值（GDP），直接反映了国家整体经济实力和人民生活水平的高低，这是实现共同富裕的物质基础。其次，基尼系数作为衡量居民收入差距的重要指标，其持续降低是共同富裕的重要标志。此外，中等收入群体规模的扩大也是关键指标之一，它反映了社会结构的健康程度，是构建橄榄型社会、实现共同富裕的重要途径。除此之外，教育、医疗、社保等基本公共服务的均等化水平，更是衡量共同富裕不可或缺的维度。

根据中国式现代化的战略安排共同富裕的发展可划分为两个阶段：第一阶段：到 2035 年，实现共同富裕的显著进展。在这一阶段，经济总量和城乡居民人均收入将迈上新的台阶，人均 GDP 达到中等发达国家水平，中等收入群体显著扩大，基本公共服务实现均等化。城乡区域发展差距和居民生活水平差距将显著缩小，为实现全体人民共同富裕奠定坚实基础。这一阶段的核心任务在于通过高质量发展，做大经济总量，同时注重收入分配公平，努力缩小收入差距，提高全体人民的生活水平。第二阶段：到 21 世纪中叶，基本实现全体人民共同富裕。在这一阶段，我国将建成社会主义现代化强国，人均 GDP 达到发达国家水平，居民人均可支配收入进入高收入国家行列。城乡区域发展差距和居民生活水平差距将进一步缩小，社会保障体系实现全覆盖、高保障，社会公平正义得到充分体现。这一阶段的任务将更加艰巨，需要在继续推动经济发展的同时，更加注重社会公平与正义，构建更加完善的社会保障体系，确保全体人民共享发展成果。总之，共同富裕目标的实现是一个长期而复杂的过程，需要在不同的发展阶段明确任务、突出重点、稳步推进。通过科学设定衡量指标、合理规划发展阶段，也才有能力逐步实现全体人民共同富裕的伟大目标。

(二) 基本公共服务均等化与一体化的目标

基本公共服务均等化与一体化，作为社会发展的重要目标，旨在确保全体公民无论身处何地，都能享受到大致相当的基本公共服务，并实现服务的高效协同。均等化意味着要消除因地域、经济条件等因素导致的服务差异，确保每个公民都能获得基本的教育、医疗、社会保障等服务。而一体化则要求在不同地区、不同层级之间实现服务的无缝衔接和高效协同，形成统一、开放、竞争有序的基本公共服务市场。实现这一目标面临着诸多挑战。一方面，需要构建科学合理的评估体系，明确基本公共服务的标准和范围，确保服务的均等化提供。另一方面，要优化资源配置，加大投入力度，特别是针对农村和贫困地区，以缩小城乡、区域间的服务差距。同时，还需要加强跨区域、跨部门的合作与协调，打破信息壁垒，实现资源共享和服务协同。为实现这一目标，政府应发挥主导作用，制定和完善相关法律法规，明确各级政府在基本公共服务提供中的责任和义务。同时，要引入市场机制和社会力量，增加服务的多样性和灵活性，提高服务效率和质量。此外，还应加强监管和评估，确保基本公共服务的均等化和一体化得到有效实施。

总之，基本公共服务均等化与一体化的目标是一个复杂而重要的任务。它要求政府在资源配置、服务提供、监管评估等方面进行全面改革和创新，以实现全体公民的基本权益和福祉。通过不断努力和实践，逐步迈向一个更加公平、高效、协同的基本公共服务体系。

三、健全共建共享

迈向共同富裕的基本公共服务均等化与一体化的发展方向是促进区域公共服务共建共享。

（一）共建共享是实现共同富裕的必经之路

在共同富裕建设的道路上，共建是共享的前提，共享是最终目标。要实现这一目标，必须充分认识到吸纳基层建议、汇聚民智民意、激发民众参与积极性和能动性的重要性。只有以人民为中心，才能构建一个人人参与、人人尽责、人人分享的社会共同体。习近平总书记曾深刻指出，"幸福生活都是奋斗出来的，共同富裕要靠勤劳智慧来创造"。这一论述不仅强调了勤劳致富、创新创业在实现共同富裕过程中的核心地位，也明确反对了整齐划一的平均主义。实际上，只要在富裕道路上的建设力度大、投入精力多，就能获得更多的收入和获得感。同时，加强基础性、普惠性、兜底性的民生保障性投入，确保在富裕的道路上，只有"多寡"之分，而无"有无"之别。这样既保护了人民群众推进建设的积极性，也有效避免了"福利主义养懒汉"的现象。

（二）健全基本公共服务均等化的共建共享机制

健全基本公共服务均等化的共建共享机制，需要从优化城乡居民基本公共服务需求多元表达机制、健全基层基本公共服务清单、完善区域基本公共服务统筹机制三个方面入手，确保公共服务全面、均衡惠及所有城乡居民。首先，优化城乡居民基本公共服务需求多元表达机制是关键。这就要求建立更加开放、包容的需求反馈渠道，确保城乡居民多元化需求能够被及时、准确地收集和反映。通过定期开展公共服务需求调查、设立公共服务热线、建立网络反馈平台等方式，更加全面地了解城乡居民的真实需求，为后续的服务提供和优化提供有力依据。其次，健全基层基本公共服务清单是保障。基层政府应根据国家基本公共服务标准和本地实际情况，制定详细、具体的基本公共服务清单，明确服务的种类、标准、提供方式等，确保城乡居民能够清晰了解自己可以享受的公共服务内容和标准。同时，清单的制定还应充分考虑城乡居民的差异化需求，提供多样化的服务选择。最后，完善区域基本公共服务统筹机制是支撑。需要建立跨区域、跨层级的公共服务统筹协调机制，确保基本公共服务在区域内的均衡分布和有效提供。通过加强区域间的合作与协同，实现公共服务的资源共享、优势互补，提高服务的整体效能和覆盖面。

四、发挥治理效能

面对日益增长的公共服务需求和复杂多变的社会环境，政府必须不断提升自身的治理能力和水平，以确保公共服务的均衡、高效供给。这要求政府在制定和执行公共服务政策时，既要注重宏观规划与顶层设计，又要关注微观层面的实施细节与民众需求，实现上下联动、内外协同。同时，政府还需创新治理理念和方式，运用现代信息技术手段，提高公共服务的可及性和便捷性，增强民众的满意度和获得感。通过不断优化政府治理结构，提升政府工作人员的专业素养和服务意识，可以更好地推动区域基本公共服务的均等化与一体化。

（一）国家治理体系与治理能力现代化

国家治理体系，作为在党的领导下管理国家的制度体系，涵盖了经济、政治、文化、社会、生态文明等多个领域，其完善与否直接关系到公共服务供给的均衡性与效率。而国家治理能力，则是运用这些制度管理社会各方面事务的能力，是确保公共服务一体化顺利推进的关键所在。国家治理体系与治理能力现代化的核心在于制度创新与效能提升。要求人们在坚持和完善中国特色社会主义制度的基础上，不断优化公共服务供给机制，强化政府间、区域间的协同合作，打破行政壁垒，促进资源共享与优化配置。同时，还需加强法治建设，确保公共服务供给的公平、公正与可持续，维护社会稳定与和谐。在区域基本公共服务一体化的进程中，国家治理体系与治理能力现代化不仅体现为制度层面的创新与完善，更体现在实践层面的高效执行与灵活应对。通过不断提升政府的服务意识与治理能力，更好地满足人民群众对高质量公共服务的需求，推动区域经济社会协调发展。

（二）推动基本公共服务提质增效

推动基本公共服务提质增效，不仅关乎人民群众的切身利益，也是实现经济社会持续健康发展的必然要求。在国家治理体系与治理能力现代化背景下，推动基本公共服务提质增效需要从多个维度入手。首先，要优化公共服务供给机制，确保资源的合理配置和高效利用。这要求在坚持公平、公正原则的基础上，引入市场竞争机制，提高服务供给的多样性和灵活性，满足人民群众日益增长的多元化需求。其次，要加强公共服务设施建设，提升服务能力和水平。包括加大投入力度，改善基础设施条件，提高服务设施的覆盖面和便捷性。同时，还要注重技术创新和智能化应用，利用现代信息技术手段提升服务效率和质量。再者，要完善公共服务管理体系，提高治理效能。建立健全的监管和评估机制，确保公共服务的规范运行和持续改进。同时，还要加强政府与社会各界的合作与协同，形成共建共治共享的良好格局。总之，推动基本公共服务提质增效是国家治理体系与治理能力现代化的重要路径。通过优化供给机制、加强设施建设、完善管理体系等多方面的努力，不断提升基本公共服务的质量和效率，为人民群众提供更加优质、便捷的服务，促进社会的和谐稳定与持续发展。

（三）建立整体性公共服务体系

整体性公共服务体系已成为国家治理体系与治理能力现代化的重要标志和新篇章。旨在打破传统公共服务领域的碎片化状态，实现服务的全面覆盖、均衡发展和高效协同，以满足人民群众日益增长的多元化、高品质公共服务需求。整体性公共服务体系的建立，首先要求在国家治理层面进行顶层设计，明确公共服务的核心价值和目标导向。其次，强化政府间的协同合作。在中央政府的统一规划下，各级地方政府应形成合力，共同推进公共服务的均衡发展。这包括财政资源的合理分配、服务设施的共同建设以及服务标准的统一制定等。再者需要社会各界的广泛参与。政府应鼓励和支持社会组织、企业以及个人等多元主体参与到公共服务的提供中来，形成政府主导、社会参与的共建共治共享格局。最后，整体性公共服务体系的建立必须注重服务的提质增效。通过引入市场竞争机制、加强技术创新和智能化应用，不断提升公共服务的质量和效率，满足人民群众对美好生活的向往。

总之，建立整体性公共服务体系是国家治理体系与治理能力现代化的新篇章。这一体系的构建，不仅关乎人民群众的切身利益，也是实现经济社会持续健康发展的必然要求。通过顶层设计、政府协同、社会参与和提质增效等多方面的努力，共同打造一个更加公平、高效、便捷的公共服务体系，为人民群众的美好生活奠定坚实基础。

第四章

大数据驱动区域基本公共服务均衡化与一体化的逻辑耦合

耦合性是一个重要概念，它通常被用来描述两种或多种事物之间联系的紧密程度。这种关联性不仅体现在事物之间的相互依赖，更在于它们共同发展的过程与结果。当我们谈到大数据特征优势和区域公共服务一体化建设困境之间的耦合性时，实际上是在探讨这两者之间如何相互影响、相互依赖。

在当今信息化、数字化高速发展的时代背景下，大数据技术的应用为区域基本公共服务的均衡化与一体化提供了新的契机。大数据的深入分析，能够精准识别各地区的公共服务需求和供给差异，为政府决策提供数据支持，促进资源配置的均衡性。通过大数据的监测与评估，可以实时跟踪公共服务的实施效果，及时调整策略，以实现服务的一体化。大数据的核心优势在于其强大的数据处理和分析能力，能够快速捕捉和解析海量信息，揭示出公共服务在不同区域、不同群体中的实际需求和使用状况。这种精准化的数据分析，不仅有助于缩小区域间、城乡间的基本公共服务差距，还能推动相关政策的科学制定和有效执行，进而实现公共服务的全面优化和升级。

因此，大数据与区域基本公共服务均衡化、一体化的逻辑耦合，不仅体现在技术层面的学理逻辑，更在于通过数据驱动，实现公共服务的精准供给和高效管理的驱动逻辑、价值逻辑与实践逻辑。这种耦合关系是新时代社会治理创新的重要体现，也是提升公共服务质量和效率的关键所在。

第一节　大数据驱动区域基本公共服务均等化与一体化的学理逻辑

随着信息技术的迅猛发展和不断革新，大数据已经迅速崛起为当今社会进步的重要引擎。这一技术所具备的独特优势——体量大、运行快、价值高，不仅在商业领域产生了深远影响，而且为政府提供公共服务，尤其是为推动区域基本公共服务一体化带来了新的契机。

大数据的"体量大"意味着能够收集和分析海量信息，从而更全面地反映社会需求和存在的问题；其"运行快"的特性则使实时数据处理成为可能，为政府决策提供了更为迅速和准确的依据；而"价值高"则体现在通过深度数据挖掘，可以发现隐藏在数据背后的规律和趋势，为公共服务优化提供有力支撑。尽管目前区域基本公共服务一体化具有诸多优势，但在实际操作中仍面临诸多困境，如：合作互通不顺、跨域联动成本高、资金统筹困难，而这些困境正好在数字时代给予了发展、改善的契机。

一、大数据特点

学者们普遍采用"4V"来描述大数据的鲜明特征。首先是"体量大"（Volume），这意味着大数据能处理和存储的信息量是巨大的，远超传统数据处理能力。其次是"周转迅速"（Velocity），这体现了大数据处理的高效性，能迅速完成数据的分析和应用。再者，"种类多样"（Variety）展示了大数据的多元性，包含各种类型的数据，如文本、图像、音频等。最后是"价值密度低"（Value），强调在海量数据中，有价值的信息可能只占一小部分，但这一点丝毫不影响大数据的重要性。大数据的技术优势及其蕴含的价值，已经在全球范围内得到了广泛的认同和赞誉，预示着其在社会经济发展中的无限潜力和广阔前景。在区域公共服务均等化与一体化进程中，大数据的特征优势体现在以下三个方面。

（一）数据体量大

随着区域公共服务一体化建设的不断深入推进，数据的产生和流动变得日益频繁，每时每刻都有海量的数据被生成，这些数据不仅数量庞大，并涉及多个领域，极具多样性。在此背景下，大数据技术应运而生，展现出其强大的数据处理能力。大数据技术以其卓越的容纳能力，轻松收集并储存来自各供给主体的多领域、多方面的公共服务数据。这些数据经过高效地处理，迅速形成海量的多样性数据库，为公共服务领域提供了丰富的数据资源。这些数据库不仅规模庞大，并蕴含了重要的价值信息。基于这些数据库，"云上平台"的新型信息共享空间逐渐崭露头角。该平台开放性、公认性的特点，为各公共服务供给主体和需求客体提供了便捷的交互环境。在这个平台上，各类公共服务信息得以集中展示和分享，无论是政府机构、企事业单位还是社会公众，都能够轻松地获取所需信息。"云上平台"的形成，不仅促进了区域公共服务数据的一体化网络建设，更推动了主客体间的信息互通与合作互认。在这样的环境下，公共服务供给主体能够更加精准地了解需求客体的真实需求，从而提供更加贴合实际的服务。同时，需求客体也能更加便捷地获取到所需的服务信息，提高公共服务的可及性和满意度。

（二）运转速度快

大数据技术的运转速度明显优于传统数据处理方式，这一优势在现代信息技术的推动下愈发凸显。近年来，随着5G技术的迅猛发展和普及，大数据的处理与传输速度更是得到了质的飞跃。这种速度的提升，意味着大数据能够为区域公共服务一体化建设提供更为高效、迅速的解决方案。

在区域公共服务一体化进程中，大数据的高速运转使得政府和相应职能部门能够实时获取和分析各种数据，从而更准确地把握公共服务的需求和供给状况。这种快速反馈机制，不仅有助于政府及时调整服务策略，优化资源配置，还能确保公共服务的及时性和有效性。在传统模式下，跨区域的数据传输和共享往往受到诸多阻碍，不仅影响了公共服务的效率，还增加了不必要的成本。然而，在大数据技术的支持下，数据可以快速地在不同地区、不同部门之间传输和共享，极大地降低了跨区域的时空成本。比如，在公共卫生领域，通过大数据技术，全国各地的医疗机构能够迅速共享疾病数据。在过去新冠肺炎大爆发期间，大数据平台在短短几小时内就整合了来自不同省份的数百万条病例数据。这种跨区域的快速数据传输和共享，为区域公共服务一体化建设带来了前所未有的便利。政府可以利用大数据技术，实现不同地区、不同部门之间的信息互通和资源共享，从而推动公共服务的均衡发展。同时，这也有助于提高政府对突发事件的响应速度和处理能力，确保公共服务的稳定性和连续性。

综上所述，大数据技术的快速发展和5G技术的普及，为区域公共服务一体化建设提供了强大的技术支持。通过利用大数据的高速运转和跨区域传输共享能力，政府可以更加高效地提供公共服务，满足人民群众日益增长的美好生活需要。

（三）潜在价值高

大数据技术的潜在价值是不可估量的，这主要得益于其强大的全样本分析能力。在传统的数据分析领域，一般通常依赖于抽样调查和多元统计分析来解读数据背后的信息价值，这种方法虽然在一定程度上能够揭示数据的规律和趋势，但始终存在着样本偏差和解读深度的限制。然而，大数据技术的出现，彻底改变了这一局面。基于大数据的全样本分析技术，人们能够获取到更全面、更真实的数据信息，从而更准确地剖析出数据中的价值。不仅如此，大数据技术还为人们提供了更多高级的数据分析方法，如机器学习和智能算法等。通过机器学习，可以让计算机从海量的数据中自主学习和自动识别，进一步挖掘出隐藏在数据中的深层次价值。在基本公共服务领域，这种能力使得人们可以提前预测区域公共服务的精准、多元需求，为政府和相关机构提供有力的决策支持。此外，智能算法也在大数据分析中发挥着重要作用。通过这些算法，可以对数据进行更精细化的处理和分析，以最优值来统筹区域公共服务资源，这意味着，可以根据数据的实际需求和供给状况，动态地调整资源配置，确保公共服务的效率和公平性。

总的来说，大数据技术的潜在价值是非常高的。它不仅提高了处理和分析数据的能力，还为人们提供了更多高级的数据分析方法，更深入地挖掘数据价值，更准确地预测公共服务需求，更高效地统筹资源。这无疑为区域公共服务一体化建设提供了强大的技术支持和推动力。

二、区域公共服务均等化与一体化建设面临的困境

随着区域一体化进程不断的"提速加挡"，区域公共服务一体化建设也正迅猛推进。然而，在这一进程中，跨城际的公共服务一体化建设正面临着前所未有的挑战和困难。首先，府际之间合作互通的障碍成了一个显著的问题。不同城市之间在公共服务政策、制度和管理上都存有差异，这导致了在推进一体化时遭遇合作上的不顺畅；其次，跨域流动成本高也是一个亟待解决的问题。由于地域、经济和行政等多方面的因素，跨城市提供和享受公共服务往往需要付出更高的经济和时间成本；最后，资源统筹困难也是当前面临的一大难题。各个城市在公共服务资源上的分布不均，如何有效地整合和优化这些资源，实现公共服务的均衡和高效供给，是一个需要深入研究和解决的问题。总之，跨城际公共服务一体化建设虽然面临着多方面的困难，但这也是推动区域一体化向更高层次、更广领域发展的必经之路。

（一）区域府际之间合作互通不畅

在推进区域公共服务一体化过程中，其中最为突出的显著问题是区域内跨城际各公共服务主体间尚未建立起相互畅通、互相认证的渠道和平台。这一问题的存在，严重阻碍了公共服务资源的有效整合和优化配置。由于渠道不畅、认证不一，各地区和部门之间往往各自为政，形成技术壁垒，使得公共服务的质量和效率大打折扣。在这种状态下，各地区及相关部门在决策和实施过程中往往从自身角度出发，常持"各扫门前雪"的态度，在一定程度上，缺乏全局观念和协作精神。这不仅导致了公共服务资源的浪费和重复建设，还使得民众在享受公共服务时面临诸多的不便。"均等化"与"一体化"并非简单的均等化或同质化，而是涉及多个独立甚至竞争主体逐步融合的过程。这一过程需要在发展规划、资源配置、人力管理、利益共享等方面进行全面统筹考虑，以实现各发展领域的有机衔接和协同共进。因此，区域公共服务的均等化与一体化不仅要解决公共服务的均等化问题，即确保每个地区、每个人都能享受到基本均等的公共服务资源，还要解决区域公共服务的融合、合作问题。换句话说，就是不仅要关注公共服务"多"与"少"的问题，更要关注如何实现对接畅通、互相认证以及协作有序。为了实现这一目标，需要打破地区间、部门间的技术壁垒，建立起统一的标准和规范，促进公共服务主体之间的信息共享和资源整合。同时，还需要加强各地区、各部门之间的沟通与协作，形成合力，共同推进区域公共服务一体化进程。这既需要政府层面的顶层设计和政策支持，还需要社会各界的积极参与和共同努力。只有这样，才能真正实现区域公共服务的一体化，让民众享受到更加便捷、高效、优质的公共服务。通过建立起畅通的渠道、统一的标准和紧密的协作机制，才可以共同推动区域公共服务向更高水平迈进，为民众创造更加美好的生活环境。

（二）跨区域间城市联动成本高

在一个地域辽阔、人口密集的国家，实现城市群范围内的公共服务一体化无疑是一个十分巨大的挑战。过去，许多专家、学者所做的研究和文献都集中在如何实现城乡公共服务的均等化。然而，在如今全球化、区域化日益明显的时代，城市的发展已经不再是孤军作战，而是呈现出一种"抱团取暖""团队合作"的趋势。

以京津冀和长三角这两个城市群为例，这两个大的区域分别涉及 13 个（北京、天津、石家庄、保定、唐山、廊坊、沧州、秦皇岛、张家口、承德、邯郸、邢台、衡水等）和 27 个（上海、南京、无锡、常州、苏州、南通、扬州、镇江、盐城、泰州、杭州、宁波、温州、湖州、嘉兴、绍兴、金华、舟山、台州、合肥、芜湖、马鞍山、铜陵、安庆、滁州、池州、宣城等）城市，其地理范围之广、涉及城市之多，无不显示区域一体化发展的复杂性和挑战性。在这样的跨城际区域内，如果公共服务不能实现一体化，无论是个人异地办理事务，还是企业跨域经营，抑或是政府间的合作联动，都将面临巨大的成本。这不仅包括时间、金钱上的成本，还包括因信息不对等、流程烦琐等带来的隐性成本。为了实现跨城际区域的公共服务一体化，降低跨域联动的成本，必须进行准确的分析与高效的设计。这需要深入了解各个城市的实际情况，找出公共服务一体化的难点和痛点，然后有针对性地拟出解决方案。值得注意的是，单靠政府政策驱动和人力操作是不可能高效实现区域公共服务一体化的。因为这样的方法无法突破时间和空间限制，无法满足现代社会对公共服务高效、便捷的需求。因此，在这个信息技术日新月异的时代，必须充分利用先进的信息技术，如大数据、云计算、人工智能等，来推动公共服务一体化。通过信息技术，可以实现数据的实时共享、流程的自动化处理，从而大大提高公共服务的效率和质量。

总的来说，实现城市群范围内的公共服务一体化是一个复杂而艰巨的任务。但只要准确把握问题的本质，高效设计解决方案，并充分利用先进的信息技术，就一定能够突破时间和空间限制，推动区域公共服务一体化的实现。这不仅将大大降低个人、企业和政府的跨域联动成本，还将为区域经济的持续、健康发展提供有力的支撑。

（三）区域城市间资源统筹困难

在区域基本公共服务一体化进程中，城市间资源统筹问题显得尤为重要且复杂。这一困难主要体现在资源分配的不均衡、利益诉求的多样性以及合作机制的缺失等方面。

首先，资源分配的不均衡是资源统筹面临的核心问题。由于区域间各城市在经济发展水平、产业结构、人口规模等方面存在差异，导致资源需求和供给能力各不相同。一些发达城市资源丰富，而欠发达城市则资源匮乏，这种不均衡状态直接影响了区域整体的协调发展。为了实现资源的均衡分配，需要建立一个公平、透明的资源分配机制，综合考虑各城市的实际需求和发展潜力，确保资源能够流向最需要的地方。其次，利益诉求的多样性增加了资源统筹的难度。不同城市在经济发展、社会保障、环境保护等方面有着不同的利益诉求。这些差异使得各城市在资源分配上难以达成一致意见，甚至可能出现利益冲突。为了协调各方利益，需要构建一个多方参与、平等协商的平台，通过充分沟通和妥协，找到符合各方利益的资源分配方案。最后，合作机制的缺失也是导致资源统筹困难的重要原因。目前，许多城市之间缺乏有效的合作机制，导致资源在跨区域配置时遭遇诸多障碍。为了推动城市间的合作，需要建立起一套完善的合作框架和规则，明确各方的责任和义务，确保资源能够在城市间顺畅流动。同时，还需要加强城市间的信息共享和沟通协作，以便更好地了解彼此的资源需求和供给情况，为资源统筹提供有力支持。

总之，区域城市间资源统筹困难是一个复杂且亟待解决的问题。长久以来，各地政府在评估民众对公共服务需求时，主要依赖主观经验和传统方法，这种做法往往缺乏科学性和准确性。由此，公共服务供给常出现"短缺"与"过剩"的矛盾现象，既浪费了社会资源，又无法满足民众的真实需求。特别是在区域一体化的大背景下，城市间资源配置的不均衡和信息不对称问题变得更为突出。这种不均衡不仅影响了公共服务的效率和质量，也制约了区域一体化的深入发展。为了解决这些问题，政府需要转变传统的评估方式，引入更科学、更客观的需求评估机制，同时加强城市间的信息共享和资源配置的协同，以实现公共服务的均衡和高效供给。为了实现资源的优化配置和高效利用，需要建立公平的资源分配机制、协调各方利益的协商平台以及有效的城市间合作机制。只有这样，才能推动区域经济的持续健康发展，实现各城市间的共赢。

三、大数据驱动区域基本公共服务均等化与一体化的优势分析

利用大数据的优势处理复杂的跨城际区域公共服务事项，是现代社会治理的创新之举。大数据体量大，能够容纳海量信息，为跨区域合作提供了强大的数据支撑。其运转速度快的特点，使得信息处理更为迅捷，无论是合作渠道的构建还是问题的应对，都能实现实时高效的响应。此外，大数据的潜在价值高，通过深度挖掘，可以发现隐藏在数据背后的关联与规律，为解决

跨城际区域公共中的合作渠道不畅通、跨域成本高以及资源配置不均衡等问题提供了新的视角和方法。

通过大数据分析，可以更准确地识别出各种服务需求与资源的匹配程度，优化资源配置，降低跨域合作的成本。同时，大数据还能帮助我们及时发现并解决合作中的障碍，确保服务渠道的畅通无阻。这样，不仅提高了公共服务的效率，也使得区域间的合作更为紧密和高效。大数据的应用，无疑为现代公共服务体系注入了新的活力，推动了跨城际区域公共服务的持续创新与优化。

（一）大数据即时收集，形成动态数据网

在当今社会，区域内公共服务供给已经不再是单一主体供给，而是需要政府、社会、市场以及个人共同参与和协作的综合性工程。这一过程中，数据的收集、联通、交换、共享以及互认就显得尤为重要，它们不仅为各供给主体提供海量的数据资源，更是构建了一个能够全方位、多角度反映区域内实际情况的动态数据网络。这一数据网的形成源于多元化的渠道：各地政府在日常行政管理中积累的数据，如人口统计、城市规划等；社会组织在公益活动中搜集的信息，比如社区服务、慈善捐助等；市场主体在交易过程中产生的数据，如消费者行为分析、销售趋势预测等；以及个人在社交媒体、健康监测等方面留下的数字足迹。这些数据经过整合，就像一张巨大的网，覆盖了区域内的每一个角落，每一个动态变化都能在这张网上得到实时反映。这张动态数据网的价值在于，它搭建起了一个实时可靠的桥梁架构，有效地打通区域内公共服务供给主体间的障碍，使得原本各自为政、信息孤立的各个主体能够紧密连接起来。政府可以更准确地掌握市场需求，从而制定出更加科学合理的政策；市场主体可以依据数据分析调整经营策略，提高市场竞争力；社会组织则可以更有效地进行资源配置，提升服务质量。在这一基础上，可以采取更加智能化的手段来进一步优化服务流程。例如，利用大数据分析技术，可以精准预测某一地区对公共服务的需求量和需求类型，从而提前规划资源配置，避免资源浪费。同时，通过智能算法，还可以实现服务流程的自动化和个性化，提高服务效率和用户满意度。此外，这一数据网还能有效解决信息碎片化的问题。过去，各个主体之间的信息流通不畅，往往导致服务盲点的出现。现在，通过数据的共享和互认，各个主体可以更加清晰地了解到整个区域的服务需求和服务供给情况，从而协同合作，消除服务盲点，实现资源最大化利用。如在 2020 年初疫情暴发初起之时，"丁香医生"微信公众号就迅速推出了疫情地图与实时信息更新服务，接着百度、微信、支付宝以及人民日报的官方微博和微信等也陆续加入。这些平台都运用了大数据技术，实时汇总了来自国家卫健委、各省市区卫健委以及政府数据，制作出详细的疫情地图。这些地图不仅展示了全国各地的新增、现有以及累计的确诊、疑似、治愈和死亡病例数据，还保证了信息的及时性和透明度。此外，一些导航平台更是巧妙地融合大数据技术与自身的资源优势，为用户提供一系列实用的服务，如标识出高感染风险的场所、提供交通管控的及时提醒、展示存在感染者的小区地图以及定点医院的位置等。这些服务都是基于大数据的精准分析与数据汇总，不仅让居民能够随时掌握本地的疫情动态，还有效地降低了民众的感染风险，减少了不必要的恐慌。这种科技与公共卫生管理的完美结合，无疑为防疫工作带来了极大的便利。

（二）大数据高速运转，提高供给效率

大数据技术的显著特点之一就是其高速运转和跨区域传输的能力，这两大优势为区域公共服务一体化建设带来了全新的变革。在传统模式下，随着区域范围的逐步扩大，城市间的公共服务供给问题变得越来越复杂。依赖传统的人力手段去协调和解决这些问题，不仅过程烦琐，而且成本也居高不下。以异地医保结算为例，过去，如果一个人在非户籍所在地生病需要医疗服务，那么医保的报销流程就会变得相当复杂。患者需要先行垫付医疗费用，然后再回到户籍所在地进行报销，中间涉及大量的时间、精力和金钱的投入。同样，跨地区开具证明或办理各种手续，也常常需要居民亲自前往，这无疑增加了来往成本和时间消耗。对于商业活动而言，时间的延误可能会导致商机的错失，进而造成更大的经济损失。然而，大数据技术的引入，为这些棘手的问题提供了有效的解决方案。大数据的快速响应和流转能力，使得原本需要线下处理的公共服务业务可以轻松地转移到线上进行。这意味着，无论是医保结算、证明开具还是其他各类手续的办理，都可以通过网络平台高效完成，而无须居民亲自前往。更重要的是，大数据技术的运用打破了时间、空间及地域的限制。无论是白天还是夜晚，无论是身处城市的哪一个角落，只要有网络覆盖，人们都可以随时随地处理自己的公共服务需求。这不仅极大地减轻了区域公共服务体系的成本和压力，也显著提升了服务供给的效率和能力。

总的来说，大数据技术在区域公共服务一体化建设中的应用，不仅解决了传统模式下的一系列痛点问题，还为居民提供了更为便捷、高效的服务体验。在未来，随着大数据技术的进一步发展和普及，有理由相信，区域公共服务将变得更加智能化、个性化和人性化。

（三）分析挖掘大数据，实现精准供给

大数据作为当今时代的宝贵资源，其潜在的巨大价值正在被逐渐挖掘与释放。在区域公共服务领域，大数据的应用不仅提升了服务效率，更实现了资源的精准化和均衡化供给，这是公共服务领域的一次重大革新。

在传统模式下，区域内的公共服务主体往往各自为政，缺乏有效的协调与合作，这不仅导致了资源的浪费，还使得服务质量参差不齐。然而，大数据的互通互联打破了这一局面。通过巨量数据的共享与交换，各个服务主体得以在同一个平台上协同作战，共同应对区域内的公共服务需求。这种协同作战的方式，不仅消除了服务的重复性环节，还优化了区域公共服务资源的配置，使每一份资源都能得到最大化地利用。

大数据的价值并不仅仅体现在资源的优化配置上，更重要的是，它能够通过数据挖掘和数据集成等技术，精准地分析出不同群体的多元化需求。过去，由于信息的匮乏和技术的限制，人们对公众需求的了解往往停留在表面，而大数据的应用则能够深入到每一个细节，消除人们需求的模糊性和局限性。基于精准的需求分析，可以为公众提供更加多元化、人性化的服务，让每一个人都能感受到公共服务的温暖与关怀。同时，大数据的技术优势在提高公共服务供给主体对群众需求的预判和回应能力方面也发挥了重要作用。通过实时监测和分析大数据，服务主体能够及时发现并解决潜在的问题，确保公共服务的稳定性和连续性。这种预判和回应能力的提升，不仅增强了服务主体的应急处理能力，还为区域内整体资源的规划与调配提供了有力的指引。

总之，大数据驱动的区域公共服务一体化建设是一场深刻的变革。它不仅提高了公共服务的效率和质量，还实现了资源的精准化和均衡化供给。在这场变革中，让人们看到了大数据的巨大潜力和无限可能。未来，随着大数据技术的不断发展和完善，区域公共服务将迈上一个全新的台阶，同时满足公众对公共服务"数量"与"质量"的双重要求。

第二节 大数据驱动区域基本公共服务均等化与一体化的驱动逻辑

区域公共服务一体化的核心在于打破空间与行政界限，构建一个按需流动、高效连接、便利共享的全新服务体系。数字化技术的融入，为这一目标的实现注入了新的动力，有助于构建公共服务一体化的新型驱动机制，推动共享价值的形成，并提升系统的流动性与适应性。这一过程的驱动逻辑清晰且有力：首先，数字化技术能精确洞察和匹配公共服务的需求与供给；其次，通过数据的实时监控与分析，可以灵活调整服务策略，实现资源的高效配置；最后，数字化有助于构建互联互通的公共服务平台，推动服务的跨区域、跨部门共享。因此，数字化嵌入是推动区域公共服务一体化的重要力量，它将引领人们迈向一个更加公平、高效、便捷的服务新时代。

一、数字孪生

随着云计算、互联网、大数据与人工智能等新一代信息技术的迅猛发展，数据已经深度渗透到人们的生活之中，不仅改变了我们的交流方式，更在无声无息中重构整个社会的生产力和生产关系。如今，数据已经成为一种新的生产要素，一种强大的创新资源，正在以前所未有的速度推动着社会的进步。"数据不仅记录了社会现象，更旨在实现对社会存在的理性化改造，同时能够引导观念与意义系统的理性生产。"[1]这一观点揭示了数据在当今社会中的核心地位。数据的"碎片化"被逐渐联通，形成宏大且复杂的数据网络，其中每一个数据点都与其他数据点存在着千丝万缕的联系。这种联系的不断扩展，意味着"所有这一切都将被链接到网络中"[2]，构成一个错综复杂的数据生态系统。在这个生态系统中，数据成为连接各个节点和要素的关键纽带，推动信息、资源、服务和价值的高效流动与优化配置。数据的互联互通，打破了

---

① ［美］C.R. 劳. 统计与真理：怎样运用偶然性［M］. 李竹渝，石坚，译. 北京：科学出版社，2004.
② ［以色列］尤瓦尔·赫拉利. 未来简史：从智人到智神［M］. 林俊宏，译. 北京：中信出版社，2017：178.

时间和空间的限制，使人类社会的各种活动都可以在数字空间中进行模拟、延伸和扩展。

在大数据驱动的新时代，政府、企业和个体都面临着前所未有的机遇。数字化技术提供了突破性的工具和力量，使人们能够更好地融入数据流，与这个庞大的系统建立连接。在这个过程中，"链接比拥有更重要"成了一种新的价值观。数据资源已经被视为一种关键的生产要素和创新资源。据国际数据公司（IDC）预测，到2025年，全球数据总量将达到175ZB（1ZB＝1万亿GB）。这一巨大的数据增长不仅证明了数据的无处不在，更显示了数据在推动社会发展中的巨大潜力。在数字化的世界里，现实世界的各种事物都可以在网络空间、虚拟世界、数字世界中找到对应的数字孪生体系。这种"数字孪生"正是通过数字化的手段，在虚拟信息空间中构造出一个与物理实体相对应的虚拟世界。

数据资源作为一种新型的生产要素、创新资源与组织方式，已成为推动生产力发展的关键创新要素。在现实世界中，无论是物理实体还是抽象概念，都可以通过数据在网络空间、虚拟世界、数字世界中建构起相应的数字孪生体系。这一"数字孪生"的概念，实质上是以数字化手段在虚拟信息空间构造出与物理实体空间相对应的镜像世界，使可以在不干扰现实世界运行的前提下，对其进行模拟、监控、预测和优化。通过数字孪生技术，对物理实体进行实时监控、故障诊断、性能优化等操作，从而提高生产效率、降低运营成本、增强系统的可靠性和稳定性。数据的跨层级、跨地域、跨系统、跨部门、跨业务乃至跨国界的按需有序流动，已成为经济社会持续发展的关键要素，为各领域的创新与发展提供了无限可能。区域一体化发展的过程中，如数字信息技术与交通体系的深度融合，极大地缩小了空间阻隔和时间成本，提高各城市实体之间、城市与乡村之间的物质与非物质流动效率。这不仅促进了资源的高效配置，还扩展了中心城市的影响范围，加速了大都市区、城市群、大都市带以及世界城市等区域新发展空间格局的形成。数字信息技术的广泛应用，使区域间的信息交流更加便捷、资源共享更加充分、合作机会更加多样。同时，数字技术也驱动了区域公共服务的一体化进程，通过建立不同主体公共数据与数据之间的组合、整合、聚合等新型区域社会关系，实现公共服务的跨区域协同与共享，极大地提升了服务效率与质量，增强了公众的幸福感与满意度。数字化公共服务平台的建立，使居民可以更加便捷地获取教育、医疗、社保等公共服务，提高生活的便利性和幸福感。进一步而言，数据驱动的区域一体化还促进了政府治理模式的创新。政府可以利用大数据和人工智能技术，实现更加精准的政策制定与执行，提高公共服务的个性化与智能化水平。通过对海量数据的分析和挖掘，政府可以更加准确地了解社会需求和公众偏好，从而制定出更加符合实际的政策措施。同时，政府还可以利用数字化手段提高监管效能，对市场和社会进行更加精准的管理和服务。企业则能够依托数据平台，开展跨界合作，拓展市场，优化供应链管理，实现资源的优化配置与价值的最大化。数字化技术的应用，使企业可以更加高效地获取市场信息、优化生产流程、提升产品质量和服务水平，从而增强市场竞争力和实现可持续发展。

大数据正在以前所未有的方式重构人们的生活，已成为推动社会变革的核心力量。它不仅重构了人类的生活方式，还深刻影响了社会生产力和生产关系，促进区域一体化与公共服务创新，为构建更加智慧、包容、可持续的未来社会奠定了坚实的基础。

二、空间流动

数字化时代，数据资源已成为推动社会发展的重要资产。其独特的可流通性使数据能够轻松跨越地域和空间的限制，实现高效的共享与利用。这种流通性不仅促进了数据的集中与整合，更在区域合作与公共服务领域催生了深刻的变革。从实际来看，数据的跨区域流通，实际上是资源优化配置的过程。从分散到积聚，数据在流动中实现了区域间的有效协调与合作网络的构建。在这一过程中，原本孤立、分散的数据有机连接起来，形成一个庞大的数据网络。这一网络不仅提升了数据的利用效率，更为区域间的公共服务提供了便利。数据的流通与交换，进一步促成了新的社会公共资源的组织与匹配。数据的共享使得需求侧与供给侧之间能够实现更为精准的动态均衡。这不仅提高了公共服务的效率，也更精准地满足了民众的需求。

随着网络信息技术和数据信息技术的高速发展，"网络空间"已成为驱动各要素流动的关键力量。在"网络空间"中，资本、技术、信息、组织等要素得以高效流动，形成了"通过流动而运作的空间"①。这一空间的形成，正是数字化时代"流动空间"对区域社会结构重塑的生动体现。英国社会学家吉登斯曾提出，社会结构模式可以被理解为那些决定社会实践模式转换的规则和资源②。在网络化的"流动空间"中，数据成了关键的载体与"中介"，引导并驱动着社会实践的运作。数据的流动不仅创造了资源价值，更在流动中将区域内大量零散的、割裂的公共服务数据有机地关联起来，各主体与组织能够实现完全对接，形成合力，从而有效地释放出数据流动所带来的潜在价值。这种价值的释放，为区域公共服务的一体化提供了强有力的支持。

以人为原点的数字化驱动，更强调利用数据技术来深入分析区域公共服务一体化的动向与规律。通过数字化的网络协同，人们可以打造出高度关联的、横纵向都可流通的数据体系。这意味着，一旦公共服务领域内的基本信息数据可以依据人的流动而相互流通，那么这些数据就不再受行政区域的物理空间限制，实现不同领域、不同行业、不同部门之间的数据跨界积聚。这种积聚进一步促进了原本分散的、割裂的数据汇聚在一起，产生强大的聚合效应。这种聚合效应，与公共服务相关的各类数据得以组合、整合、聚合，进而推动形成一个共享、开放的区域一体化"数据池"。"数据池"的形成，无疑为公共服务领域带来了巨大的变革。它改变了传统的公共服务资源的生产、提供、分配方式，使服务更加高效、便捷。同时，它也渐趋打破了传统的公共服务信息不对称和数据流动障碍，为区域公共服务一体化的发展注入了新的驱动力。更为重要的是，这种数据的整合与共享，不仅优化了公共服务的流程，还推动了一体化制度的革新和发展。在数字化的推动下，可以预见到，未来的公共服务将更加智能化、个性化，更能满足民众多样化的需求。

数据的流动性已经成为经济社会持续发展的关键。据麦肯锡预测，数据流动量每增加 10%，将带动 GDP 增长 0.2%。预计到 2025 年，全球数据流动对经济增长的贡献将达到 11 万亿美元。根据经济合作与发展组织（OECD）测算，数据流动对各行业利润增长的平均促进率在 10%，在数字平台、金融业等行业中可达到 32%。在区域一体化的发展中，如数字信息技术与交通体

---

① ［美］曼纽尔·卡斯特. 网络社会的崛起 ［M］. 夏铸九，王志弘，等译. 北京：社会科学文献出版社，2006：210-218.

② ［英］安东尼·吉登斯. 社会的构成：结构化理论大纲 ［M］. 李康，李猛，译. 北京：生活·读书·新知三联书店，1998：176-179.

系深度融合，大大缩小空间的阻隔，降低时间成本，智能交通系统的应用，可以提高交通效率，减少拥堵。数字信息技术不仅提高了各城市之间、城市与乡村之间的物质与非物质流动效率，还进一步扩展了中心城市的影响范围。这一变化，正在驱动着大都市区、城市群、大都市带以及世界城市等新型区域发展空间格局的形成。在此过程中，数据不仅作为记录和分析工具，更成了推动区域发展的核心动力。同时，数据还在驱动着区域公共服务的一体化，通过建立不同主体公共数据与数据之间的组合、整合、聚合，新型的区域社会关系正在逐步形成。这种关系的建立，不仅提高了公共服务的效率和质量，还在一定程度上拉近了政府与民众、企业与客户之间的距离。

三、乘数效应

在当今社会，区域发展不平衡、不充分的问题仍然突出，而数字化转型被普遍看作是解决这一问题的关键途径。特别是在政府层面，数字化转型已然成为推动质量、效率、动力以及全要素生产率等多方面变革的不可或缺的力量[①]。这种变革并非一蹴而就，而是需要一个系统性、全面性的推进过程，其中，数据要素的集聚与流动显得尤为重要。

数据，作为新时代的"新石油"，其重要性不言而喻。在数字化转型的浪潮中，数据的集聚与流动不仅拉动了区域的物流、人流与资金流，使其得以更充分地流动。更重要的是，它扩大了各要素的释放深度，为区域空间的功能集聚提供了新的动力。人们可以清晰地看到，一个以数据为纽带，以数字化转型为驱动的区域协调发展新格局正在逐步形成。

数字化的乘数效应，可以从两个方面进行探讨。首先是数字化的倍增效应。与传统的生产要素如土地、劳动力、资本和技术相比，数据展现出一种独特的价值放大功能[②]。当数据与其他生产要素结合时，它能够在社会各行业的价值链流转中，将劳动力、资本等要素的价值进行倍数放大。这种倍增效果并非简单的加法，而是一种深度融合后产生的价值质的飞跃。数据就像是一种催化剂，能够连接不同的生产要素，使其产生化学反应，进而释放出巨大的能量。进一步说，数字化转型还带来了一种全方位的、革命性的重塑效

---

① 秦海林，张淑翠. 数据生产要素的时代内涵 [J]. 瞭望，2019 (52)：22–23.

② [日] 日本日立东大实验室. 社会 5.0：以人为中心的超级智能社会 [M]. 沈丁心，译. 北京：机械工业出版社，2020：191–195.

应。这种重塑不仅仅局限于公共服务和社会治理的智能化，更是对区域行政方式、体制机制的一种根本性变革。随着数字化的推进，将会看到社会运行流程、社会治理规则、城市运营生态以及区域城市功能等方面都发生了翻天覆地的变化。这种重塑效应具体表现在以下几个方面：一是公共服务的智能化水平得到显著提升，政府能够更高效地响应民众需求，提高公共服务的满意度。二是社会治理方式发生转变，数据驱动的决策模式使得社会治理更加精准、科学。三是区域行政方式和体制机制也在数字化的推动下进行创新与变革，使政府治理运行更加透明、高效。同时，数字化转型对城市的整体运营生态也产生了深远的影响。在数字化的驱动下，城市的交通、环境、能源等各方面都得到了智能化管理，这不仅提高了城市管理的效率，也使城市生活更加便捷、舒适。此外，数字化转型还推动了区域城市功能的优化与升级，使城市能够更好地满足人民日益增长的美好生活需要。

数字化转型是时代发展的要求，但并非一帆风顺。它需要克服技术、人才、资金等多方面的挑战。同时，还需要警惕数字化转型可能带来的风险，如数据安全、隐私保护等问题。因此，在推进数字化转型的过程中，需要制定科学的规划，加强顶层设计，注重人才培养和技术创新，以确保数字化转型能够真正为区域发展带来质量、效率、动力的变革。

数字化转型是推动区域实现多方面变革的关键性力量。通过数据的集聚与流动，能够拉动区域的物流、人流、资金流更加充分地流动，促进区域空间的功能集聚。而数字化的乘数效应则表现在倍增效应和全方位的革命性重塑效应上，为区域发展注入了新的活力。

第三节　大数据驱动区域基本公共服务均等化与一体化的价值逻辑

大数据技术的迅猛发展，为区域基本公共服务一体化提供了新的驱动力。通过大数据的精准分析与预测，政府能够更科学地制定公共服务政策，优化资源配置，从而提高公共服务的效率和质量；大数据的共享与交换，有助于打破区域间信息壁垒，促进不同地区公共服务的均衡发展，实现服务供给的均等化。大数据不仅提升了政府决策的科学性，也强化了公共服务的针对性和实效性，是推动区域基本公共服务一体化的关键力量。

一、人民福祉的增强

坚持以人民为中心是数字化发展的价值导向。数字化技术以其独特的优势，正在逐步渗透到人们生活的方方面面，而其发展的根本目的，正是为了更好地服务人民，持续增强人民的获得感、幸福感和安全感。数据，作为数字化时代的核心资源，对经济社会的发展起到了不可估量的重要作用。

大数据在当今经济和社会发展中有着不可替代的重要性。大数据正在重塑区域生产方式、消费模式和生活方式。在各个经济行业中，数字化技术的应用不仅显著提升了生产效率和资源利用效率，更为市场和消费者提供了更加个性化的产品和服务。例如，在零售业中，通过分析消费者的购物习惯和喜好，企业可以精准地推出符合消费者需求的产品和服务，从而提高销售额和客户满意度。同时，大数据在政府决策中也同样发挥着越来越重要的作用①。利用大数据进行政策模拟和预测，从而制定更为有效的政策，进而提升公共服务的针对性和实效性。

其次，数字化技术的另一重要价值在于能驱动更广泛的变革实践。数字孪生技术，作为数字化技术的一种，已经在经济和社会领域得到了广泛的应用。这种技术可以模拟真实世界的各种情况，为各领域的创新变革提供强大的支持。同时，随着数据的不断开放和使用方式的改善，可以预见一个更健康、更繁荣和更可持续发展的区域社会正在逐步生成。欧盟在《人工智能白皮书2020》中明确指出："欧洲当前和未来的经济增长以及社会福利的维持，将越来越依赖于数据创造的价值。"② 这一观点体现了数据在当今社会经济发展中的核心地位。为了充分挖掘数据的潜力，欧洲数字化战略致力于提升整个市场对于数据、数据赋能产品和服务的使用和需求。这一战略的实施，不仅有助于增强欧洲的生产能力和提高市场的竞争性，还能有效改善健康、福利、环境、透明治理和公共服务等多个方面。在中国，数字化技术同样展现出强大的驱动力，特别是在推动区域公共服务一体化方面，数字化技术发挥着举足轻重的作用。作为区域公共服务一体化创新网络的驱动力量，数字化

① 徐晓林，刘勇. 数字治理对城市政府善治的影响研究［J］. 公共管理学报，2006（1）：13-20，107-108.
② 欧盟发布《人工智能白皮书》［EB/OL］. 中华人民共和国驻欧盟使团，2020-02-20.

正通过信息、资本与公共服务的交互实现功能整合①。这种整合不仅提升了公共服务的效率和质量，还使公共服务更加充足、普惠、便利和均衡。

大数据驱动公共服务一体化的核心价值在于增进人民福祉和提升人民的获得感与幸福感②。通过数字化技术，可以更精准地了解人民的需求，从而提供更符合人民期望的公共服务。同时，数字化技术还可以帮助优化资源配置，提高公共服务的效率和覆盖范围，让更多的人享受到高质量的公共服务。为了充分发挥数字化技术的优势，需要不断推动数字化技术的发展和应用。这包括加强数字化基础设施建设，提升数字化技术的研发和应用水平，以及培养和引进数字化技术人才等。除此之外，还应关注数字化技术发展中的伦理和隐私问题。在收集和使用数据时，应严格遵守相关法律法规，确保个人隐私不受侵犯。同时，还应积极推动数据开放和共享，让更多的人享受到数字化技术带来的便利和福祉。

总的来说，数字化技术的发展和应用对于提升人民福祉和增强人民的获得感与幸福感具有重要意义。应大力积极推动数字化技术的发展和应用，不断优化公共服务模式，为人民提供更加优质、高效、便捷的公共服务。同时，还应关注数字化技术发展中的伦理和隐私问题，确保数字化技术的发展能够真正造福于人民。只有这样，才能在数字化时代不断增进人民福祉，提升人民的幸福感与安全感。

二、人口流动变革

如今，数字化浪潮席卷全球，以人为本的民生服务保障权利的便携流动性，已然成为数字化驱动一体化的核心价值取向。这种价值取向，不仅体现了对个体权利的尊重，也反映了社会发展和技术进步的必然趋势。特别是在中国这样一个流动人口众多的国家，如何确保公共服务能够随着人口的流动而流动，就显得尤为重要。根据全国第七次人口普查的权威数据显示，我国城镇化水平已经达到了令人瞩目的 63.89%，流动人口更是高达 3.76 亿人，

---

① CAMAGNI R, CAPELLO R. The City Network Paradigm： Theory and Empirical Evidence ［J］. Contributions to Economic Analysis，2004，266：495-529.

② KRÄTKE S, BRANDT A. Knowledge Networks as a Regional Development Resource：A Network Analysis of the Interlinks between Scientific Institutions and Regional Firms in the Metropolitan Region of Hanover, Germany ［J］. European Planning Studies，2009，17（1）：43-63.

其中乡城流动人口占比高达 66.3%①。这一数据不仅揭示了我国人口流动的巨大规模，也凸显了构建以人为本的公共服务便携流动机制的紧迫性和重要性。然而，反观现实，当前的公共服务体系仍然以地方统筹为主，以户籍作为服务提供的主要依据。虽然这一体系在某种程度上确保了服务的统一性和普遍性，但由于我国地域辽阔，区域发展水平和能力存在显著差异，直接导致了各地在公共服务提供上的不均衡。各区域在筹资标准、实际待遇、调控模式以及业务管理手段等核心环节上存在的差异性，无疑为民生服务保障"随人走"机制设置了重重障碍。为了打破这些壁垒，需要从系统角度出发，设计更为精细、合理的流动机制。这一机制的运行应以人口的自由流动为导向，充分利用数字技术带来的变革性力量，推动公共服务的流动适应性变革。

数字化技术的广泛应用，提供了前所未有的可能性，重塑并优化传统的服务提供模式。具体而言，就是通过数字化手段，打破传统的行政服务边界，实现跨组织边界的供需协同。利用泛在网络技术，更好地整合和优化资源，确保公共服务能够随着人口的流动而灵活调整。未来，数据资源的流动与交易，将成为推动区域规模化社会协同的关键力量。同时，数字化还将重构传统的公共服务供给体系。在这个新的体系中，数据和信息将作为一种极具价值的公共资源，深度参与到服务的分工与合作中。这不仅将极大地提高服务的效率和精准性，还将推动形成一个以共享为基本诉求的区域社会形态。在这样的形态下，传统信息不对称所带来的问题困扰将得到有效解决。同时，区域阻隔、不平等交易和公共资源浪费等现象也将大大减少。跨域居民在教育、医疗、就业、社保和养老等关键领域，将能够享受到更为便捷和一体化的公共福利。这不仅是对个体权利的充分尊重，更是社会公平和正义的具体体现。更进一步来讲，数字化驱动的公共服务变革，将为社会带来深远影响。它不仅能够提升人民的生活质量和幸福感，还能够促进社会的整体进步和和谐发展。在这样的趋势下，政府、企业和社会各界需要共同形成合力，推动数字化技术在公共服务领域的广泛应用和深度融合，从而构建一个更加公平、高效和便捷的社会服务体系。

综上所述，以人民为中心的民生服务保障权利的便携流动性，不仅是数字化时代的基本要求，也是社会发展和人民幸福的必要条件。这就需要充分

---

① 第七次全国人口普查主要数据情况［EB/OL］.国家统计局，2021-11-26.

利用数字技术，打破传统壁垒，重构服务体系，从而确保每一位居民都能够在任何地方享受到应有的公共服务。

三、共享共生

区域公共服务一体化作为推动社会公平与效率均衡发展的重要手段，其核心在于构建协同与共享机制。一体化指向的内涵，不仅是物质资源的共享，更深层面是信息与数据的共享。在数字化日益普及的今天，数据已成为一种重要资源，其有效流通与共享对促进区域公共服务一体化具有不可替代的作用。

区域公共服务一体化的"体制"构建，必须深入思考其背后的深层次社会利益关系。这一体制的建立，需要调节区域内的各种利益关系，最终目标是在实现公共服务一体化过程中，达到效率与公平的动态均衡。这种动态均衡不是一蹴而就的，而是需要在多个层面进行非常细致的考量与权衡。从区域基本公共服务供给的优先顺序来看，首先，第一要保障的是公民基本自由和权利不受侵害，这是一切基本公共服务的前提和基础。在此基础上，建立起基于公民身份平等共享的基本公共服务体系第二层次，这种公共服务体系，无论个体社会地位、经济条件如何，都应享有平等获得基本公共服务的权利。第三，资源与竞争岗位的机会也应当均等地向所有人开放。这不仅体现在公共资源的分配上，更体现在就业、教育等多个领域。竞争应当是公平的，不应受到任何非能力因素的影响。第四，还需要特别关注社会中的弱势群体，提升他们参与社会竞争和享受服务的能力。通过提供必要的扶持，不仅可以促进社会公平公正，更有助于社会的整体进步。在实现上述基本公共服务的基础上，还应考虑为公民提供个性化的"额外"产品。这些产品可能不是每个人都需要的，但对于某些特定群体来说，却是不可或缺的。这种个性化的服务，也是公共服务一体化中不可或缺的一部分。无论是上述哪个层次，数字化技术的镶入，在这一过程中都扮演了至关重要的角色。其高效能、精准化、流通性与共享性的特点，使公共服务能够更加便捷、准确地触达每一个需要的个体。数字化不仅提升了公共服务的效率，更在很大程度上保障了服务的公平性。

然而，回到现实，数字化资源的流动与共享并非易事。需要建立起多方参与的共建共治共享新格局体系。利他与共生是驱动数字化资源的流动与共享的前提。在数字化时代，传统的供给模式已经越来越难以满足日益多样化的公共服务需求。这就需要更多的主体参与到公共服务的提供中来，形成共建共治的新局面。数据作为新型资源，在驱动公共服务共享方面具有变革性的核心力量作用。其易复制、易传播以及边际成本为零的特点，让其能够在短时间内被大量的人所共享和使用。2021年8月欧洲议会委员会通过的《数据治理法》中就得到了明确的体现。在该法案中，第一次引入了"数据利他主义"的概念，同时，鼓励那些基于公共利益收集数据的个人和组织积极捐赠数据，以此促进数据的共享和流通。数字化、政府与治理三者的互动关系正在重塑区域发展的新空间和新动能。这三者之间的关联深度和广度，以及相互嵌入的程度，将直接推动区域公共服务一体化的发展新格局。政府在这一过程中扮演着引导者和规范者的角色，而数字化技术则为这一过程的实现提供了强有力的技术支持。

总体来看，区域公共服务一体化的实现是一个复杂而系统的工程。它需要人们不断地探索和实践，以找到最适合当前社会需求的公共服务模式。而数字化技术的加入，提供了更多的可能和选择。通过充分发挥数字化技术的优势，构建一个更加高效、公平、共享的公共服务体系。这不仅是对政府治理能力的考验，也是对社会整体发展水平的体现。

第四节　大数据驱动区域基本公共服务均等化
与一体化的实践逻辑

在大数据时代的浪潮下，区域基本公共服务一体化的运行呈现出前所未有的特点。大数据全景式全过程再现现实民众需求，能够精准把握不同地区、不同群体的服务需求变化，为政策制定提供科学依据。大数据系统运行不仅优化了资源配置，更建构了区域空间的新形态。它打破了区域壁垒，促进区域间信息的自由流动，为区域一体化发展提供了强大支撑。在大数据的驱动下，区域之间的关系也从传统的竞合模式向共生模式转变。共生关系强调区域间的互利共赢，通过大数据平台的共享与协同，实现了资源的优化配置和高效利用，推动了区域基本公共服务的均衡化发展。

一、居民现实需求动态描绘

数字化在区域治理中的作用日益凸显，就像强大的催化剂①，为公民提供了高效率、低成本和高透明的一体化服务。在当今快速发展的信息化社会中，数字化技术的重要性不言而喻，已经深深渗透到公共治理的方方面面，成为推动区域协调发展的关键力量。

数字化可以被视为区域协调发展的"神经系统"。在公共治理领域，数字化技术的运用能够实时、准确地收集和传输信息，让治理主体能够及时掌握各种资源和需求变化情况。通过数字化技术，可以将有限的资源进行合理配置，实现资源最大化利用。从而有效地解决了跨区域供给的难题。例如，在应对突发事件或自然灾害时，数字化技术可以迅速调动和分配资源，确保救援物资和人员能够及时到达受灾地区。数字化技术的另一巨大优势在于全范围覆盖、全要素连接、全过程记录和全景式评估的能力，数字化技术能够全面渗透到公共治理的各个环节中，极大地改进了治理效率。通过数字化技术，治理主体也可以更加便捷地获取多维度、高颗粒度的社会现实信息，进而扩展治理的边界和范围。这不仅提高了治理的精准度和有效性，同时让公共服务更加贴近公民的实际需求。以人民为中心的大数据分析是数字化技术在公共治理中的重要应用之一。通过收集和分析公民的各种数据，治理主体便可更加准确地刻画区域公共服务的多样需求。这种分析不仅可以帮助治理主体提供更为精准、个性化的公共服务，还可以更好地预测公众的行为和意见。例如，在教育领域，通过大数据分析可以了解学生的学习习惯和需求，从而为他们提供更加个性化的教学方案；在医疗领域，大数据分析可以帮助医疗机构更好地了解患者的健康状况，提供更加精准的诊断和治疗方案。数字化技术还极大地提高了区域治理主体的预测预判能力。通过对个人偏好和公众满意度的数据分析，治理主体可以更加准确地把握民众的需求和期望，进而提供更加符合民众期望的公共服务。同时，手机信令数据的运用对社会个人日常现实活动轨迹的描述，全景式、全过程刻画现实需求，极大地提升府际政府跨界共享公共服务能力与水平。这种刻画不仅有助于政府更好地了解民

---

① JANOWSKI T. Digital Government Evolution：From Transformation to Contextualization［J］. Government Information Quarterly，2015，32（3）：221-236.

众的日常生活轨迹和需求变化，还可以为政府决策提供更加科学、精准的依据。

数字化技术的运用还极大地提升了府际政府跨界共享公共服务能力与水平。在传统的治理模式下，不同地区、不同部门之间的信息共享和协作往往存在诸多障碍。而数字化技术的运用打破了这些障碍，使得不同地区、不同部门之间可以更加便捷地共享信息和资源，进而提供更加高效、便捷的公共服务。例如，在应对跨区域的环境污染问题时，不同地区的环保部门可以通过数字化技术进行实时的数据共享和协作，共同制定和执行环保政策。

总的来说，数字化技术在区域治理中发挥着举足轻重的作用。它不仅提高了治理的效率和有效性，还通过全景、全过程刻画公民现实需求，使公共服务更加贴近民众的实际。未来随着技术的不断进步和应用场景的不断拓展，数字化技术将在公共治理领域发挥更加重要的作用。

然而，数字化技术全方位动态描述与刻画人民需求也面临着一些挑战和问题。例如数据安全性和隐私保护是最为需要重点关注的问题之一；同时如何确保数据的准确性和完整性也是一个重要的议题；此外数字化技术的推广和应用还需要克服一些技术和经济上的障碍。

为了充分发挥数字化技术在公共治理中的优势并解决相关问题，需要采取一系列措施：首先加强数据安全性和隐私保护相关的法律法规建设；其次提高数据质量管理和校验的技术水平；最后加大数字化技术的研发和推广力度降低其应用成本和提高普及率。通过这些措施的实施我们可以更好地利用数字化技术推动区域治理的现代化进程。

二、重构区域空间形态

随着数字化技术的迅猛发展，在区域公共服务治理即将迎来全新的区域空间形态——数字化驱动下的区域公共服务一体化空间。过去传统的、单纯依赖线下实体空间的一元形态正逐步被线上虚拟与线下实体紧密结合的二元空间形态所取代，这种转变不仅重塑了人们的生活方式，也为公共服务提供了新的可能性和挑战。

在传统一元的线下实体空间中，区域发展往往呈现出"核心—边缘"的形态。核心区域集聚了大量的资源和服务，而边缘地区则相对匮乏。然而，随着线上与线下的深度融合，地理空间与互联网信息空间趋向于均质化，形成了一种网络化的新形态。在这种形态下，线上虚拟空间对线下实体空间产生了一定程度的替代效应，使得公共服务可以更加灵活地覆盖到更广泛的区域，但与此同时也带来了空间结构的复杂化和多层级化。

在上述背景下，大数据、物联网和区块链等前沿技术的引入，极大地拓展了对区域公共需求识别的广度和深度。这些前沿技术似一双双敏锐的眼睛，让之前难以察觉的公共服务复杂性需求变得清晰可见，更易于被社会所认知和理解。数字化区域城市的构建，离不开信息系统的全面整合与协同。这种整合首先体现在"大综合"的理念上，即将城市治理与服务的各个领域——经济、社会、文化、政治和生态等进行全面综合，同时也将城市的基础设施、信息资源、应用服务、安全体系、标准规范和体制机制等结构进行综合。这种大综合的思路，打破了传统领域中各自为政的格局，为城市治理与服务提供了更为宏观与全面的视角。

在大综合的基础上，进一步采用科学的系统集成方法，实现各个领域的信息系统的有机衔接与互联互通，构建出"大集成"的数字化体系。这一体系不仅提升了信息系统的整体效能，还为城市治理与服务提供了更为强大的技术支撑。然而，仅仅有大综合与大集成还不够，还需要在城市数字化体系中推动形成各个系统之间可协作、可扩展、开放性的高效处理各类公共事务的"大协同"机制。这种机制能够确保各个系统在处理公共事务时能够高效协作，共同应对各种复杂情况，从而大大提升城市治理与服务的效率和效果。具体来说，必须通过数据流和数据资源，构建一套完善的数据交换、开发利用、动态利益分配和精准追溯责任的体制。这套体制将确保数据资源的合法、高效和安全利用，为数字化城市的建设提供坚实的数据基础。

总之，数字化驱动下的区域公共服务一体化空间新形态，不仅改变了人们的生活方式，也为城市治理与服务带来了新的机遇和挑战。通过大综合、大集成和大协同的理念和方法，能够更好地应对这些挑战，把握住这些机遇，从而推动城市的持续、健康和全面发展。未来，更多的城市充分利用数字化技术，实现公共服务的一体化和高效化，让每一位市民都能享受到便捷、高效的公共服务。此外，这一转变也对区域公共服务一体化的空间结构和管理模式提出了新的要求。随着线上虚拟空间的融入，传统的空间边界变得模糊，公共服务的提供不再受限于特定的地理区域。这种变化要求对公共服务的管理和提供方式进行创新，以适应新的空间形态。

数字化技术不仅改变了公共服务提供方式，更在深层次上影响了的社会治理模式。在数字化的推动下，公共服务将更加精准、高效和便捷，从而更好地满足人民的需求，推动社会的持续进步。数字化驱动下的区域公共服务一体化空间新形态，是社会发展的重要趋势。

三、从竞争到共生

一体化推进过程中，区域间的关系正经历着一场前所未有的深刻变革。随着社会发展的需要与进步，传统的区域竞争型政府正逐步向区域服务共生型政府转变，这一转变不仅彰显政府治理理念的升级，更是区域协调发展的有力推动。传统各区域之间往往以竞争为主导，各自为政，追求自身利益的最大化。然而，随着全球化的深入和社会经济发展的需要，这种竞争模式逐渐显露出其局限性。为了提升整体竞争力，实现资源共享和优势互补，区域间开始寻求更为紧密的合作关系。这一合作不仅体现在经济领域，更延伸到社会治理与公共服务的各个方面。

在这一背景下，区域竞争与合作的重心发生了显著变化。传统的以 GDP 增长为核心目标的竞争观念逐渐被摒弃，取而代之的是对府际政府治理能力的完善与提升。这不仅包含政府内部管理效率的提升，更涉及政府如何更好地服务于民众。如何优化区域合作生态，以适应劳动力和资本等生产要素流动性提高的发展趋势。数字化技术迅猛发展为这一转变提供了强大的技术支持。大数据的驱动不仅催生了物理维度与信息维度的深度融合，更推动了城市治理模式的根本性变革。

通过数字化技术，将原本静态、物质性、边界化的城市管理，转变为动态、人本、全周期的数字化运营模式。从孤立封闭的物理空间管理，向全方位、多层次的数据交互与协作转变，实现部门、层级、地域、系统及业务之间的无障碍数据连通与深层合作，通过机制构建，塑造集社会管理与公共服务为一体的区域共同体，进而形成和谐共生的公共服务新模式。

数字化是以数据、算力、算法模型为核心，构建一套完整的数据采集、存储、处理、分析和应用的体系。通过算法模型，能够实现对城市运行状态的实时监控和预测，进而为政府决策提供科学依据。同时，数据安全与治理机制的建立，确保数据的真实性、准确性和可靠性，为跨部门、跨层级、跨地域、跨系统、跨业务间的数据互联互通提供了坚实基础。在这一基础上，进一步利用智能合约等先进技术，构建安全可信的数据交换平台。这一平台不仅能够打破区域间的信息壁垒，实现数据资源的共享与利用，更推动了区域公共服务的"数据驾驶舱"建设。通过"数据驾驶舱"，政府可以实时掌握各区域的公共服务需求与供给情况，从而进行更为精准和高效的资源配置。此外，数字化驱动的区域治理与公共服务一体化决策驾驶舱的打造，也是这一变革的重要成果。这一驾驶舱不仅整合了各部门、各层级、各地域的数据资源，还通过算法模型对数据进行深度挖掘和分析，为政府决策提供了更为科学、全面和及时的依据。同时，基于智能合约的数据交换平台，也确保了数据的安全性和可信度，为区域间的深度合作提供了有力保障。从宏观角度看，这一变革不仅提升了政府治理的效率和效能，更推动了区域经济的持续健康发展。通过数字化技术，实现资源的优化配置，提高生产效率，降低运营成本，从而增强区域的综合竞争力。同时，数字化技术也为政府提供了更为便捷、高效的公共服务手段，提升民众的幸福感和获得感。

总的来说，数字化驱动的区域一体化进程正在深刻改变着区域间城市格局和民众生活。从竞争到协调，从物理空间到数字世界，从区隔化治理到跨部门协同，这一系列转变都体现了政府对时代发展趋势的敏锐洞察和积极响应。同时，需要认识到，数字化驱动的区域一体化并非一蹴而就。它需要人们不断探索和实践，持续完善和优化数字化技术在城市治理和公共服务中的应用。只有这样，才能真正实现区域的协调发展，让民众享受到更为美好的生活。

第五章

大数据驱动区域基本公共服务均等化与一体化理论框架构建

在当今信息化时代，大数据技术的迅猛发展为区域基本公共服务一体化提供了新的契机。本章试图构建以大数据为驱动力的区域基本公共服务均等化与一体化理论框架，以网络平台、府际之间的联动及社会多元参与为核心要素，共同推动公共服务的均等化和高效化。

网络平台，特别是大型网络平台和大数据技术，是区域基本公共服务一体化的技术基石。这些技术不仅实现了海量数据的收集、存储和处理，还能通过数据分析和挖掘，为政府决策提供科学依据。在这个框架下，大数据成了连接各个服务环节的纽带，使公共服务的供给更加精准、及时。府际联动则是区域基本公共服务一体化的主要推动力。在大数据的支持下，各级政府能够打破行政壁垒，实现跨部门、跨地区的信息共享与资源整合。这种联动不仅提高了政府间的协同效率，也确保了公共服务政策的连贯性和一致性，从而推动了区域公共服务体系的一体化进程。社会参与是区域基本公共服务一体化的关键力量。大数据技术的应用，使公众能够更加方便地参与到公共服务的评价与反馈中，这不仅能够提升服务的质量和透明度，还能够增强民众对政府的信任感。同时，通过大数据分析，政府可以更好地了解和响应民众的需求，形成政府与民众之间的良性互动。

第一节 网络平台：区域基本公共服务均等化与一体化的技术基础

网络平台作为大数据应用的重要支撑，承载着数据的整合、处理与交互的重要任务。在现代信息技术的推动下，网络平台如同一个巨大的信息处理中心，汇聚着海量数据资源，为公共服务领域提供坚实的技术后盾。大数据，作为时代的宝贵资产，正是大平台得以高效运作的关键资源。二者紧密结合，为区域公共服务一体化的实现奠定了坚实的技术基础。网络平台和大数据虽然在公共服务中所起的具体作用有所不同，但二者的结合却能够释放出强大的潜能。大平台提供了广阔的数据处理与交互空间，使府际之间和多元主体能够在同一平台上高效协同工作。而大数据则提供了深入洞察民众需求、服务效果及政策影响的可能性，使公共服务能够更加精准、个性化。

在当今的信息化社会，人们清楚地意识到网络平台与大数据在提升公共服务质量和效率方面的巨大潜力，并在政策与实践层面积极推动相关建设。这不仅体现在区域政府对大数据技术的投入和应用上，还表现在对大平台的持续优化和升级上。从实践经验来看，网络平台与大数据在公共服务跨层级、跨府际联动创新中展现出了显著的优势。通过数据共享和资源整合，打破传统行政层级的限制，使区域政府能够更快速地响应民众需求，更有效地协同提供服务。同时，大数据的分析结果也为政策制定者提供了科学的决策依据，使公共服务更加精准、高效。

一、公共服务平台建设取得的重要进展

为了更好地迎接挑战并抓住宝贵机遇，国家已经发布了一系列具有前瞻性的政策，旨在促进大数据与公共服务区域与跨层级的深度融合。这些政策不仅为大数据在公共服务领域的应用提供了明确的指导，还激发了地方政府对大平台建设的积极响应。目前，各级地方政府正致力于构建和完善大平台，以推动公共服务供给的现代化和高效化。在国家的政策引导和地方政府的共同努力下，大平台在公共服务供给方面已经取得了初步的、令人鼓舞的进展，为民众提供了更为便捷、精准的服务。

（一）国家层面推进的公共服务平台建设

我国公共服务平台建设的时间可以追溯到 2004 年，这一年可视为公共服务平台建设的萌芽期。当时，国务院办公厅转发了科技部等部门的《2004—2010 年国家科技基础条件平台建设纲要》，这份政策文件着重强调了信息网络和现代技术在公共服务平台建设中的核心地位。这不仅为平台建设提供了明确的方向，更为继续发展奠定了坚实的技术基础。在随后的 6 年里，主要专注于技术建设和基础夯实，不断探索如何将先进的技术应用到公共服务中去。

2010 年，公共服务平台建设开始进入新的阶段，行业和地方小规模试点逐步展开。大平台作为政府提供公共服务的重要技术工具开始崭露头角，而试点的主要对象集中在企业层面。

2011 年 9 月，国务院办公厅转发了《关于开展依托电子政务平台加强县级政府政务公开和政务服务试点工作的意见》。这份政策的出台，标志着大平台开始在政务服务与政务公开两方面得到应用，试点对象也从单纯的企业扩大到了更为广泛的公众政务服务领域。尽管此时的试点主要集中在县级政府政务服务平台，但其影响和意义却不容小觑。两类政策在试点对象上的差异，为接下来的大平台建设做了充分的铺垫和准备。这一阶段性的探索和尝试，为我国公共服务平台建设的全面铺开积累了宝贵的经验。

2015 年，国务院办公厅印发了《整合建立统一的公共资源交易平台工作方案》，这标志着公共资源整合平台、公共服务平台开始正式进入大范围、大规模的建设阶段。随后，在公共服务的其他领域，如医疗、政务、社区服务等，也相继出台了相关政策，推动了大平台建设的全面加速。在医疗领域，如表 5-1 所示，2016 年 6 月 24 日，《国务院办公厅关于促进和规范健康医疗大数据应用发展的指导意见》的发布，明确提出要加快建设统一权威、互联互通的人口健康信息平台。这不仅为医疗平台的建设指明了方向，也确立了明确的建设目标。在政务服务领域，2018 年 7 月发布的《国务院关于加快推进全国一体化在线政务服务平台建设的指导意见》，更是明确规定了要加快建设全国一体化在线政务服务平台，全面推进政务服务"一网通办"的部署。这无疑是我国在公共服务平台建设上迈出的重要一步。2019 年 9 月，人力资源和社会保障部印发了《人力资源社会保障部关于建立全国统一的社会保险公共服务平台的指导意见》，意见指出要建立全国统一的社会保险公共服务平台，提升社会保险公共服务均等化和便捷化水平。2019 年 10 月，党的十九届四中全会明确提出科技在社会治理体系建设中的重要作用，以及科技与社会基层融合的趋势。在这一方针的指引下，社区也开始向智慧化的方向大步发展。2024 年 1 月，国务院印发了《国务院关于进一步优化政务服务提升行政效能推动"高效办成一件事"的指导意见》，该意见旨在优化政务服务，推动"高效办成一件事"，提升行政效能。

总之，近 5 年来，我国一直继续积极探索与深化公共服务平台建设。在教育领域，国家推动了教育信息化平台的建设，旨在提供更加便捷、高效的教育资源和服务。在环保领域,国家建设了环境监测与数据共享平台,以实时监测环境质量并提供公开透明的数据。在交通领域,智能交通管理平台的建设也取得了显著进展,通过大数据分析和智能化管理,有效提升了城市交通的效率和安全性。

表5-1 国家出台的一系列关于公共服务大平台建设的部分重要政策文件

序号	发布时间	文件名称	主要内容
1	2004.07.03	《2004—2010年国家科技基础条件平台建设纲要》	着重强调了信息网络和现代技术在公共服务平台建设中的核心地位。
2	2006.05.08	《国家信息化发展战略（2006-2020年）》	提出了推进信息化建设的战略目标和任务,包括加强信息基础设施建设,提升公共服务信息化水平等。
3	2006.05.26	《2006-2020年国家信息化发展战略》	强调利用信息技术提升公共服务水平,构建电子政府体系,提高政府公共服务能力。
4	2006.03.19	《国家电子政务总体框架》	明确了电子政务建设的目标、原则、架构和任务,旨在通过信息化手段提升政府公共服务效能。
5	2012.05.05	《"十二五"国家政务信息化工程建设规划》	规划了政务信息化工程建设的目标和任务,旨在提升政务服务水平,加强政府公共服务能力。
6	2012.07.09	《国务院关于印发"十二五"国家战略性新兴产业发展规划的通知》	涉及新一代信息技术产业,包括加强信息基础设施建设,推动信息化与公共服务深度融合。
7	2015.01.06	《国务院关于促进云计算创新发展培育信息产业新业态的意见》	鼓励云计算在公共服务等领域的应用,推动云计算与各行业深度融合,提升公共服务水平。
8	2015.07.04	《国务院关于积极推进"互联网+"行动的指导意见》	旨在将互联网技术与公共服务深度融合,推动公共服务模式创新,提高公共服务效率和质量。
9	2016.06.24	《国务院办公厅关于促进和规范健康医疗大数据应用发展的指导意见》	明确提出要加快建设统一权威、互联互通的人口健康信息平台。

序号	发布时间	文件名称	主要内容
10	2016.12.20	《"互联网+政务服务"技术体系建设指南》	推动"互联网+政务服务"技术体系建设，提升政务服务效率和便捷性，优化公共服务流程。
11	2018.07.31	《国务院关于加快推进全国一体化在线政务服务平台建设的指导意见》	旨在打造全国一体化在线政务服务平台，提升政务服务的规范性、便利性和效率。
12	2019.09.24	《人力资源社会保障部关于建立全国统一的社会保险公共服务平台的指导意见》	要建立全国统一的社会保险公共服务平台，提升社会保险公共服务均等化和便捷化水平。
13	2024.01.16	《国务院办公厅关于进一步优化政务服务提升行政效能推动"高效办成一件事"的指导意见》	优化政务服务，推动"高效办成一件事"，以提升行政效能和公共服务质量。

（二）国家公共服务大平台建设不断完善

随着信息技术的迅猛发展和政府治理体系的现代化转型，国家公共服务大平台的建设日益成为提升政府服务效率、优化公民办事体验的关键举措。近年来，我国在这方面取得了显著的进展，公共服务大平台的功能不断完善，服务范围逐步扩大，为民众提供了更加便捷、高效的服务。

从宏观角度来看，国家公共服务大平台的建设体现了我国政府在新时代背景下对服务型政府建设的深刻理解和实践。通过构建一个集信息发布、在线办事、互动交流等多功能于一体的大平台，政府能够更好地整合资源，提供一站式服务，减少群众和企业的办事环节，从而有效降低行政成本和社会成本。从中观层面来讲，公共服务大平台的完善表现在多个方面。首先是服务内容的丰富。2021年底初基本建成的"国家一体化政务服务平台"，整合了各级政府的服务资源，提供了包括户政、社保、教育、就业等多个领域的在线服务，几乎涵盖了民众日常生活的各个方面。在技术创新方面，平台通过引入大数据、云计算等先进技术，实现了服务的智能化和个性化，比如通过数据分析为用户推送可能感兴趣的服务信息，提高了服务的精准性和用户的满意度。据统计，截至 2023 年年底，"国家一体化政务服务平台"注册用户数已超过 10 亿，办事效率和民众满意度均显著提升。此外，平台的互动交流功能也得到了民众的广泛参与，政府通过收集用户反馈不断优化服务流程，形成了良性互动。除了上述的成效外，公共服务大平台还在推动政务公开、促进政府决策的科学化和民主化方面发挥了积极作用。平台不仅及时发布政策法规、通知公告等政府信息，还通过设置在线调查、民意征集等栏目，广泛收集社情民意，为政府决策提供了重要参考。从实际成效来看，如表 5-2 所示，自 2015 年起，国家开始推进超大云数据中心项目，这一举措标志着大数据中心建设的开端，实现了数据的异地传输与备份功能。这一功能的实现，不仅保障了数据的安全性，还为后续的数据分析、应用提供了坚实的基础。2018 年 9 月，国家进一步探索并建立了"互联网+监管"平台。平台通过网上收集问题线索、政民互动监管事务、公开绩效考评结果等手段，大大提高了监管的透明度和效率。2019 年 11 月 8 日，国家一体化政务服务平台正式上线试行，这一举措更是推动了政府服务模式的转变，从政府供给导向转变为群众需求导向，实现了"网上办"和"协同办"，解决了长期困扰群众的"线下跑"和"分头办"问题，从而全面推进了"一网通办"。

国家级大平台的建立，不仅体现在其高标准上，更体现在我国政府在信息化时代的治理理念上。高标准要求体现在对其管理与运行的严谨性，平台不仅需要具备高效的数据处理能力，还需要确保数据的安全性和隐私性。同时，为了满足不同领域的需求，平台还需要具备高度的灵活性和可扩展性。例如，在"互联网+监管"平台上，政府需要实时响应民众和企业的需求，及时调整监管策略，确保市场的公平与公正。而在一体化政务服务平台上，政府更需要以民众需求为导向，提供便捷、高效的服务，确保民众在办理各类事务时能够享受到"一站式"服务。

平台的建设不仅提高了政府的服务效率，还拉近了政府与民众之间的距离，使政府能够更加精准地了解民众的需求，从而提供更加贴心的服务。同时，通过大数据、云计算等先进技术的应用，政府还能够更加科学地制定政策，提高决策的精准性和有效性。

总的来说，国家级大平台的建设在我国政府治理体系中扮演着举足轻重的角色。其多样化和高标准的特点不仅体现了我国政府对于公共服务质量的追求，还展示了我国在信息化时代政府治理的创新与进步。未来，随着技术的不断进步和民众需求的日益多样化，国家级大平台还需要不断创新和完善，以更好地服务于民众和企业，推动我国政府治理体系的现代化转型。同时，政府也需要持续关注数据安全、信息保护等问题，确保国家级大平台能够在安全、高效、便捷的环境下为民众提供优质的服务。

表5-2　国家大数据平台建设情况

序号	年份	名称	详细描述
1	2015 年	国家大数据中心	国家开始建立大数据中心，以实现数据的异地传输与备份功能，标志着大数据平台建设的开始。
2	2018 年	"互联网+监管"平台建立	实现问题线索网上收集、监管事务政民互动、绩效考评结果公开，提高了监管效率和透明度。
3	2019 年	国家一体化政务服务平台上线试行	加速政府服务模式转变，实现"网上办"和"协同办"，推进"一网通办"。

（三）地方公共服务平台建设稳步提升

在国家大平台日益完善的背景下，地方公共服务平台的建设也呈现出积极的发展态势。这主要体现在以下两个方面：首先，地方政府在建设大平台时，越来越注重突出地域特色，打造具有地方特色的公共服务。其次，地方政府大平台的服务内容和形式逐渐多样化和精准化，更能满足民众的差异化需求。这为大数据技术在公共服务领域的深度应用奠定了坚实的技术基础，推动区域公共服务一体化的服务创新。通过地方政府大平台，能够更有效地整合和利用大数据资源，提升公共服务的质量和效率，从而更好地回应民众的需求和期待。

在特色化方面，随着信息通信技术的飞速发展，地方公共服务平台建设也迎来了全新阶段。据中国信息通信研究院的公开资料显示，我国各大城市已逐渐从传统单纯的政务平台转变为积极推动城市大平台建设。城市级平台意味着数据的整合与应用将会更加符合各个城市的具体特点和需求。在这样的背景下，各地纷纷开展更为精准和特色化的大平台建设。这种特色化建设不仅体现在政务服务领域，更延伸到了与民众生活息息相关的交通、医疗、养老等多个服务领域。各地根据自身资源和技术条件，建设各具特色的大平台。比如，始于2016年4月以交通为突破口的杭州城市大脑，已形成相对成熟的"531"逻辑体系架构："5"即"五个一"：打通"一张网"，一张确保数据无障碍流动的网，通过统一标准，支撑"城市大脑"的数据资源需求；做大"一朵云"，一朵将各类云资源链接在一起的"逻辑云"；汇聚"一个库"，形成城市级数据仓库，同时做好数据治理，确保数据鲜活、在线；建设"一个中枢"，作为数据、各系统互通互联的核心层，实施系统接入、数据融合、反馈执行；建强"一个大脑"，在全市实施统一架构、一体化实施，彻底打破各自为政的传统建设模式，实现市、区两级协同联动，防止重复建设。"3"即"三个通"：第一个"通"是市、区、部门间互联互通。第二个"通"是中枢、系统、平台、场景互联互通。第三个"通"是政府与市场的互联互通。"1"即"一个新的城市基础设施"。"城市大脑"通过全面打通各类数据，接入各业务系统，实施融合计算，将为城市建设一个会思考、能迭代进化的数字化基础设施。如今应用场景不断丰富，已形成11大系统、48个场景同步推进的良好局面。

地方公共服务平台建设的过程中，多样化与精准化已成为两大显著趋势。多样化主要体现在服务领域的拓展和服务形式的创新上。如今，各地大平台的建设已经不仅仅局限于政务服务领域，更延伸到了智慧社区、医疗服务等多个方面。以智慧社区为例，上海陆家嘴就成功打造以大平台建设为主的智慧社区管理模式，通过引入先进的技术和管理理念，不仅提升了社区管理的效率和质量，更为社区居民提供了更为便捷和高效的服务。智慧社区管理模式的出现，标志着公共服务领域正在逐步多样化。同时，医疗服务领域的多样化也表现得尤为突出。例如，南京江北新区与深圳华大基因科技有限公司就共同打造了健康医疗大数据中心、基因科技研发与应用示范基地等大平台。这些平台不仅为患者提供了个性化的诊疗方案，更为医疗科研和技术创新提供了强大的数据支持。在多样化发展的同时，地方大平台建设也正在逐步精准化。过去传统广而泛的建设模式已经逐渐被更为细致、精准的服务模式所取代。如今的大平台建设已经深入到了智慧社区、智慧医疗等多个细分专业领域，为民众提供了更为精准和个性化的服务。

二、公共服务大数据汇总聚集应用技术稳步提升

在国家政策的积极推动下，大数据应用已经取得了初步成效。大数据，作为大型平台的核心资源，在公共服务跨区域、跨层级平台使用上，主要体现在数据的整合、聚集、深度分析和公开。换句话说，就是数据的互换共享

及开放运用。目前，大数据在公共服务跨区域、跨层级平台的应用成果，已经通过数据交换共享和开放利用得以显现并逐步走向成熟。这种成熟不仅体现在技术的完善，更在于数据的高效流通与利用，使得公共服务能够跨越不同层级与区域，实现更为广泛的服务覆盖和更深入的服务层次。大数据正在逐步改变公共服务模式，使其更加智能化、高效化。

（一）国家层面制定政策引导公共服务大数据的应用

国家层面在公共服务大数据应用上的政策制定，对推动数据资源的整合与优化至关重要。通政策引导，可以促进大数据技术在公共服务领域的广泛应用，进而提升服务效率和质量。从国家层面而言，近年来关于大数据方面的政策文本较多，以政策发布的时间为轴，如表5-3所示，可以清晰地看到大数据在我国公共服务领域的应用逐步深化。早在20世纪90年代，我国便开始了在政府部门和公共服务中运用数据的探索，但那时主要集中在人口普查、地理测绘以及卫星数据收集与部门间的数据关联上。在这一阶段，数据主要被视为一种基础资源，用于记录和统计。大数据的真正崛起和应用始于2014年3月，当时"大数据"被首次写入政府工作报告，标志着大数据应用开始进入快速发展的轨道。此时，大数据不再仅仅被视为一种政策工具，上升到国家战略高度，在政策工具、价值体现与应用领域之间得到了很好的平衡。在大数据国家战略地位的指导下，2016年开始，大数据的应用广泛扩展到更多领域。例如，6月份发布的《国务院办公厅关于促进和规范健康医疗大数据应用发展的指导意见》，将健康医疗大数据确定为政产学研结合的关键领域，至此，大数据不再仅仅是作为一种静态的资源或工具被使用，而是开始与公共服务领域深度融合，实现数据的整合、开放与广泛应用。这一转变不仅提升了公共服务的质量和效率，也为政府决策提供了更为科学、精准的依据。

表5-3 国家大数据相关政策、动态及内容

年份	政策文件	内容
2014.03	政府工作报告	大数据首次写入政府工作报告；报告中提出"设立新兴产业创业创新平台，在新一代移动通信、集成电路、大数据等方面赶超先进，引领未来产业发展"。

续表

年份	政策文件	内容
2015.03	政府工作报告	提出"制定互联网+行动计划,推动移动互联网、云计算、大数据等与现代制造业结合"。
2015.07	《国务院办公厅关于运用大数据加强对市场主体服务和监管的若干意见》	大数据作为政策监管工具应用于市场监管与服务。
2015.08	《促进大数据发展行动纲要》	大数据正式上升至国家战略层面。
2015.10	十八届五中全会	大数据第一次写入党的全会决议。
2016.03	政府工作报告	提出"促进大数据、云计算、物联网广泛应用"。
2016.03	国家"十三五"规划	大数据首次被写进五年规划中。
2016.06	《国务院办公厅关于促进和规范健康医疗大数据应用发展的指导意见》	健康医疗大数据作为政产学研的关键领域。
2016.12	《大数据产业发展规划（2016—2020年）》	全面部署"十三五"时期大数据产业发展工作。
2021.03	"十四五"规划	大数据标准体系的完善成为发展重点。
2021.03	工信部发布《新型数据中心发展三年行动计划（2021—2023年）》	提出数据中心的发展目标和算力要求,以推动大数据产业的进步。

（二）公共服务大数据共享稳步发展

数据作为大数据应用不可或缺的基石,其交换与共享的重要性日益凸显。目前,数据共享交换已逐步显现出成熟的态势。

从数据交换与共享的深度和广度来看,已经初步构建了完善的数据交换共享目录、共享平台及相应的管理办法。如表5-4,2017年底,全国政务信息资源目录体系已初具规模,部分关键政务信息系统已经实现了信息的互联互通。2018年6月,国家数据共享交换平台、已基本达成了各部门与各地方的数据联通、这一里程碑式的发展,不仅彰显了我国在大数据领域的进步,更为未来的数据驱动的决策提供了丰富的资源。

表5-4 大数据共享交换国家级平台建设情况

序号	时间	项目名称	主要功能描述	在体系中的地位
1	2016.09	政务信息资源共享管理暂行办法	提供制度框架，保障地方与部门数据整合共享。	政务信息共享的"管理基石"。
2	2017.12	国家政务信息资源目录	全面统领和分类管理全国各部门、各地方的数据资源。	政务信息资源的"分类大纲"。
3	2018.06	全国政务信息共享网站	作为一个集中的平台，实现各地方和各部门数据的共享。	政务信息共享的"访问入口"。
4	2018.06	国家数据共享交换平台	实现全国各地方、各部门数据的联通，并进行数据的共享与交换。	政务信息共享的"交换中心"。

从逻辑上来看，大数据交换共享的推进逻辑相当缜密，以"总枢纽、总门户、总要求与总目录"为核心，形成一套行之有效的体系。这一体系的实施，使原本静态、孤立的数据资源向动态、联动的大数据转变，从而激活了数据的生命力。具体地说，"总枢纽"就像大数据交换共享的心脏，负责数据的核心处理和分发；"总门户"是数据的统一入口和出口，保证数据的规范流通；"总要求"为整个交换共享流程提供明确的标准和指导；"总目录"则像是一本清晰的账本，记录着每一笔数据的来源与去向。

从应用角度看，大数据共享交换已渗透到公共服务的多个领域。如浙江省"浙里未来社区在线"应用以"1326N"为总体框架，构建全省统一的"社区—小区—住宅（设施）—居民"等基础数据底座，对照未来邻里、未来交通、未来治理等九大场景，重点关注百姓身边小事，打造邻里交往、智慧通行、报事报修等基础应用，集成落地"浙里康养""浙有善育"等数字社会应用，将社区政务服务、家门口服务实现了一站式打通，不断完善未来社区场景应用功能，切实提高居民使用体验。该项目通过精心打造的社区数据门户，实现了对数据的全面管理和高效利用，不仅提升了居民的生活质量，还有效解决了电子政务中的资源共享难、互联互通难、业务协同难等长期存在的问题。

这些成功案例充分展示了大数据交换共享在推动公共服务创新方面的巨

大潜力，也证明了"总枢纽、总门户、总要求与总目录"这一推进逻辑的实效性和前瞻性。随着技术的不断进步和应用的深入，大数据必将在更多领域发挥其独特的价值。

（三）公共服务大数据开发利用迅速

大数据的开放与利用是以大数据的交换与共享为前提，进而不断优化和发展。目前，大数据开放与使用的进步主要体现在三大方面：首先，数据开放的相关功能和平台正日益精进和完善；其次，随着大数据的日益重要，大数据管理中心的建立也日渐增多，以满足不断增长的数据管理需求；最后，公共服务领域的关键数据也逐步实现了更广泛的开放和利用，以推动社会公共服务水平的提升。这三个方面的发展，共同展现了我国在大数据开放与使用方面的显著进步。

1. 地方数据开放平台逐步完善

根据表5-5所示的信息，我们可以清晰地看到，截至2024年5月，我国36个主要城市，已经全部建立了提供数据开放功能的平台。这一现象充分表明，地方政府对数据开放平台建设的重视程度日益提高。同时，这些平台也在不断完善和优化中。数据开放不仅促进了信息的共享与流通，还为城市的智能化管理提供了有力支持。这一进步体现了我国在大数据时代的积极探索和实践，预示着未来数据开放将更加广泛、深入地应用于各个领域。

表5-5　我国36个主要城市中大数据平台建设情况

序号	城市	数据开放平台	管理机构
1	北京	北京市公共数据开放平台	北京市大数据管理局
2	上海	上海市公共数据开放平台	上海市大数据中心
3	天津	天津市信息资源统一开放平台	天津市大数据管理中心
4	重庆	"重庆数据"平台	重庆市大数据应用发展管理局
5	广州	广州市政府数据统一开放平台	广州市政务服务数据管理局
6	深圳	深圳市政府数据开放平台	深圳市政务服务数据管理局
7	杭州	-依托浙江政府数据开放平台	杭州市数据资源管理局
8	南京	南京市政务服务网	南京市大数据管理局

续表

序号	城市	数据开放平台	管理机构
9	成都	成都市公共数据开放平台	成都市网络理政办大数据管理处
10	武汉	武汉市公共数据开放平台	武汉市大数据管理局
11	西安	西安时空大数据生态开放平台	西安市大数据资源管理局
12	沈阳	沈阳市政务数据开放平台	沈阳市信息中心（沈阳市大数据管理中心）
13	济南	济南市公共数据开放网	济南市大数据局
14	合肥	合肥市政府数据开放平台	合肥市数据资源局
15	福州	福州市政务数据开放平台	福州市大数据发展管理委员会
16	长沙	长沙市政务公开平台	长沙市数据资源管理局
17	郑州	依托河南省公共数据平台	郑州市大数据管理局
18	大连	大连市大数据中心	大连市大数据产业发展研究院
19	哈尔滨	哈尔滨市政府数据平台	哈尔滨市工业和信息化局大数据管理处
20	长春	长春市数据资产服务平台	长春市政务服务和数字化建设管理局
21	南昌	南昌市政务服务数据平台	南昌市大数据发展管理局
22	南宁	南宁市公共数据开放平台	南宁市大数据发展局
23	昆明	昆明市公共数据开放平台	昆明市工业和信息化局大数据管理处
24	石家庄	石家庄政府数据共享开放平台	石家庄市数据资源管理局
25	太原	依托山西省公共数据平台	太原市大数据应用局
26	呼和浩特	呼和浩特市公共数据开放平台	内蒙古自治区大数据发展管理局
27	兰州	兰州政务数据–资源共享平台	兰州市大数据管理局
28	银川	银川城市数据开放平台	银川市网信办大数据管理科
29	西宁	暂无	青海省大数据有限责任公司

续表

序号	城市	数据开放平台	管理机构
30	乌鲁木齐	乌鲁木齐市政务数据开放平台	乌鲁木齐工业和信息化局（大数据发展局）
31	贵阳	贵阳市政府数据开放平台	贵阳市大数据发展管理局
32	拉萨	拉萨市政务信息公开平台	西藏自治区经济和信息化厅大数据管理处
33	海口	依托海南省政府数据统一开放平台	海口市科工信局信息化推进处
34	厦门	厦门市大数据安全开放平台	厦门市工业和信息化局大数据管理处
35	宁波	宁波市数据开放平台	宁波市大数据发展管理局
36	青岛	青岛市公共数据开放网	青岛市大数据发展管理局

2. 大数据管理机构日益增多

随着我国大数据战略的深入推进，大数据管理机构如雨后春笋般在全国各地涌现，这标志着大数据的开放与使用正在逐步规范化与完善化。自2014年广东省政务服务数据管理局的率先成立后，杭州、南京、上海、广州等地也紧随其后，纷纷成立了自己的大数据管理机构。这一趋势不仅彰显了各地政府对大数据发展的高度重视，也为大数据的规范管理和有效应用奠定了坚实基础。特别是在2018年机构改革的大背景下，各省级政府为了响应国家大数据战略，纷纷设立或升级了大数据管理机构，以提高数据管理能力并推动数字经济的发展。这些机构多数为政府直属机构，具有较高的专业性和独立性，负责全省大数据领域的主要管理工作。

2023年3月，中共中央、国务院印发《党和国家机构改革方案》（简称方案），部署组建国家数据局，负责协调推进数据基础制度建设，统筹数据资源整合共享和开发利用，统筹推进数字中国、数字经济、数字社会规划和建设等，由国家发展和改革委员会管理。方案还明确：省级政府数据管理机构结合实际组建。2023年10月25日，国家数据局正式揭牌。紧接着，2023年12月31日，国家数据局等17部门联合印发《"数据要素×"三年行动计划（2024—2026年）》，数据管理机构的设立和运营将更加规范化和系统化。这将更有助于推动大数据、算力服务、人工智能等相关产业的高质量发展。

据统计，截至 2024 年 1 月，全国已有 30 个省（直辖市）建立了专门的大数据管理机构。这一数字的增长，不仅代表了量的扩张，更体现了质的提升，表明我国在大数据管理和应用方面正迈向更加专业化和系统化的新阶段。

3. 重要公共服务领域大数据利用逐步加强

在公共服务领域，大数据的开放与使用已经变得日益重要。以医疗领域为例，自 2017 年起，许多大型医院纷纷将临床数据中心作为建设的核心项目，这标志着大数据在医疗行业的应用进入了新的发展阶段。医院大数据中心不仅提升了管理效率，更为患者提供了更为精准和个性化的诊疗服务。不仅仅是在医疗领域，大数据在社区管理上也得到了全面发展。上海市陆家嘴社区便是典型的个例，社区通过构建"数岛"数据门户，实现高效的数据管理与开放，为社区居民提供了更为便捷的服务，同时也提升了社区管理的智能化水平。

特别自 2016 年大数据上升为国家战略后，从中央到地方，各级政府和部门都出台了一系列政策，以推动大数据在公共服务中的广泛应用。如图 5-6，如中国气象局在 2017 年发布的《气象大数据行动计划（2017—2020 年）》，就是旨在利用大数据提升气象服务的准确性和时效性。杭州市在 2018 年发布的《杭州市城市数据大脑规划》，就是通过大数据技术来优化政务服务，提高政府工作效率，更好地服务于民。2019 年，大数据更是被视为社区和交通运输领域的一股强大科技力量，受到社会各界的高度重视。可以说，大数据已经成为推动公共服务各领域进步的关键因素。

5-6 重要公共服务领域大数据应用标志性事件

序号	领域	政策（或法规、会议）	时间
1	气象	《气象大数据行动计划（2017—2020 年）》	2017.12.11
2	医疗	中国国际健康医疗大数据大会	2017.04.13
3	医疗	《国家健康医疗大数据标准、安全和服务管理办法（试行）》	2018.07.12
5	政务	政务数据治理与创新高端研讨会	2017.07.26
6	政务	《杭州市城市数据大脑规划》	2018.04.24
4	交通	《推进综合交通运输大数据发展行动纲要（2020-2025 年）》	2019.12.09

续表

序号	领域	政策（或法规、会议）	时间
7	社区	《中共中央关于坚持和完善中国特色社会主义制度 推进国家治理体系和治理能力现代化若干重大问题的决定》	2019.10.31

三、大数据驱动区域公共服务均等化与一体化的主要路径

公共服务平台与大数据的融合应用，浙江、广东、江苏和上海等省市展现出了显著成效，更为长三角公共服务区域创新联动开辟了新的道路。借助大数据与大平台的创新力量，显著提升区域内公共服务的便利性和精准度。大平台的建设不仅促进了各级政府间及区域政府间公共服务的顺畅衔接，更实现了一体化服务的新模式。数据的交换与共享，成了推动联动式公共服务创新的关键，各级政府和部门能够更高效地协同工作，为民众提供更加优质的服务。同时，数据的开放和利用也催生了开放式公共服务的创新，使公共服务更加透明、便捷。苏浙沪的成功经验，为其他地区提供了可借鉴的路径，也预示着大数据将在未来的公共服务中发挥更大更强的作用。

（一）大平台建设助推公共服务一体化

公共服务供给领域的问题仍是目前民众关注的热点。尽管技术进步和管理理念的更新使得公共服务水平有了一定提升，但"办事难、办事久"的问题依然困扰着基层民众。这其中的种种现象，如政务服务中的"证明困境"和医疗服务中的"挂号难"，都折射出公共服务在跨区域、跨部门、跨层级协作上的不足。究其根源，很大程度上在于数据交换共享、开放利用与整合的困难。在公共服务的各个环节中，不同部门、不同主体、不同系统之间相互封闭，导致信息不对称、数据无法有效共享，格式也难以统一。这种"信息孤岛"现象不仅影响了公共服务的效率，还增加了民众办事的难度和时间成本，从而降低了公众对公共服务的满意度。

从电子政务角度来看，信息化手段为解决这些问题提供了可能。特别是大数据平台的一体化建设，能够有效打破信息孤岛，促进多方主体参与，提供更为便捷、高效的公共服务。如表5-7，浙江、江苏和上海等长三角地区在大数据方面的探索和实践颇具借鉴意义。以上海为例，通过搭建全流程一体化在线政务服务平台，实现政府服务的线上化、远程化和自助化。不仅整

合了各部门的数据资源，还通过优化服务流程、提升服务质量，为用户提供更加高效、便捷的一体化政务服务。这种模式的成功实践，充分证明了大数据平台在推动公共服务一体化方面的巨大潜力。然而，要解决公共服务供给中的根本问题，还需要进一步转变理念，以"政府即平台"为指导思想，将公众需求放在首位。这意味着政府需要更加注重数据的共享与交换、开放与利用，以此为基础构建一个跨区域、跨层级联动式、社会力量广泛参与的公共服务开放式一体化平台。这样的平台不仅能够解决当前公共服务中的种种不便，还能够推动政府治理体系和治理能力现代化。通过数据整合和共享，政府可以更加精准地了解民众需求，提供更加个性化的服务。同时，社会力量的广泛参与也能够激发市场活力，推动公共服务领域的创新发展。

表5-7 江苏、浙江、上海公共服务供给模式与大数据、大平台建设情况

地区	发展模式	一体化平台	数据交流与共享	数据开放及利用
江苏	不见面审批	一体化大数据中心	省市县统一是政务服务网络、跨省域公共数据"无差别"共享。	政府数据资源统筹管理，提高公共服务水平。
浙江	最多跑一次	"一窗受理"信息平台	公共数据资源一览，数据"高速公路"、建立省市、县、乡、村五级联动。	培植数据"沃土"，开辟价值创造新空间。
上海	一网通办	全市、全网、单窗通办	政务数据资源共享共用，建立市、区、街镇三级"一网通"栏目。	强化公共数据交换共享，推进数字政府建设。

2. 数据交换与共享推动区域公共服务一体化服务创新

大数据的应用，正在逐渐从静态"资源"转变为动态"工具"，这一转变不仅提升了数据的价值，更为公共服务体系的创新与升级铺平了道路。公共服务体系碎片化管理导致了诸如多头审批等效率瓶颈。通过大数据的交换与共享，可将分散的资源进行有效整合，从而推动公共服务实现联动式创新。数据交换与共享是连接各个部门、各个地方的桥梁，使原本孤立的资源得以汇聚，形成合力。因此，建立一体化平台就成为关键环节。但要实现这一目标，并非一蹴而就，需要层层递进，步步为营。首先，数据资源的整合是基石。在日常行政管理与服务过程中，各部门、各地方与各层级都积累了大量

的数据资源。这些数据资源，如果得到有效整合，将形成一座富矿，为公共服务提供强大的数据支撑。因此，建立统一的数据资源、信息资源管理目标，形成各自的信息资源平台，是迈向数据共享的第一步。其次，通过打通这些孤立的信息资源平台，可以消除信息壁垒，实现数据信息的全面联通。这不仅仅是技术问题，更是管理问题。需要各个部门、地方和层级之间的密切协作，共同构建统一的数据共享交换平台。这样的平台，是整个公共服务体系中的"大脑"，负责调配和整合所有数据资源。如表5-7，以江苏省，"不见面审批"为例，该省将省市县三级的数据资源进行有效整合，通过政府服务网站这一平台，实现数据的统一管理和共享。同样，浙江省通过数据管理中心，成功将省、市、县、乡、村五级的数据资源进行整合。全方位数据整合，能够更加精准地满足公民的需求，实现服务的联动和升级。再来看表5-8，长三角公共服务一体化的全面开放实行，使区域内人员流动等更加自如、方便，而这一切，也同样离不开强大的政务云平台，它为数据的实时对接和有效性提供了坚实的保障。

表5-8　长三角公共服务一体化政策动向及内容

时间	政策方向	具体内容
2018 年	长三角一体化发展上升为国家战略	支持长三角一体化发展（包含公共服务），并将其上升为国家战略。
2018—2020 年	长三角地区一体化发展三年行动计划	明确了长三角一体化发展（包含公共服务）的任务书、时间表和路线图。
2020 年	共建共享公共服务项目清单（第一批）	涵盖多个公共服务领域，促进长三角地区公共服务的共建共享。
2022 年	共建共享公共服务项目清单（第二批）	包含卫生健康、医疗保障、教育等领域的13 项公共服务项目。
2023 年	推动长江三角洲区域公共资源交易一体化发展	努力在长三角区域建成信息深度共享、市场充分开放的公共资源交易市场体系。

3. 数据开放利用助推开放式公共服务创新

数据开放性的缺失，已成为当下公共服务领域不可忽视的深层次问题。大家知道，数据的共享与交流，仅仅是信息化进程中的重要一环，真正的挑战在于如何通过数据开放，吸引更多的社会主体共同参与到公共服务的管理中来。公共服务长期在封闭的环境中发展，就会形成以部门为中心的"信息孤岛"或是部门自己唱"独角戏"。在这种封闭体系下，首先容易形成以"部门为中心"的工作模式。各部门各自为战，数据和信息流通受阻，仿佛一座座"信息孤岛"。这不仅阻碍了公众参与和与政府沟通的渠道，更导致公共服务难以精准对接民众需求。正如马亮在2016年所指出的，缺乏开放性的公共服务往往无法精准满足民众需求，服务质量大打折扣。再者，公共服务在这种封闭环境下，很容易变成政府部门的"独角戏"。公众被动接受服务，而无法主动参与到服务的管理与改善中来。社会力量的介入和参与变得几乎不可能，这无疑削弱了公共服务的多元性和创新性。

如今，人们生活在以"开放"为核心理念的互联网时代。这个时代带来了前所未有的思想观念、技术体系和产业生态的创新大爆炸。这种"开放"理念不仅改变了人们的生活方式，也为公共服务领域带来了新的启示。政府部门应当从中汲取灵感，将"开放"的理念融入其中去，推动政府部门间的数据开放与共享，进而促进多元主体参与到公共服务创新中来。以广东成立的数字公司为例，该公司以"数字政府"为发展模式，大胆进行数据开放，从而吸引多元主体的参与。这不仅提高了公共服务的精准度，还大大提升了服务效率和质量。这种模式的成功实践，为我们提供了一个可借鉴的范例，展示了数据开放在公共服务领域的巨大潜力和价值。为了更广泛地推广这种开放模式，政府部门还需加强与社会各界的沟通与合作，共同构建一个开放、透明、高效的公共服务体系。同时，政府部门也应不断提升自身数据开放和处理能力，确保数据的准确性和安全性，为公共服务创新提供坚实的数据支撑。在这个过程中，应关注到数据开放可能带来的隐私和安全问题。政府部门需在保障个人隐私和数据安全的前提下，稳步推进数据开放工作，以实现公共服务的最优化。

第二节　府际联动：区域基本公共服务均等化
与一体化的主要形式

在大数据与大平台的支持下，政府公共服务正迎来革新。大数据的交换、共享与开放功能，让各级政府能够更高效地获取、分析和利用数据，进而优化服务决策。大平台的一体化特性，则为政府提供了跨区域、跨层级、跨部门的协同工作能力。通过这一技术基础，各级政府整合各自的功能、资源与数据，建立动态联动体系，公平分配资源，打破信息孤岛。

一、大数据驱动区域基本公共服务均等化与一体化的主要形式

在区域高质量发展一体化背景下，府际联动是新时代政府治理的新模式，通过大数据平台的搭建，实现区域各级政府间的高效联动。在大数据的驱动下，各级政府能够跨区域、跨层级地整合与联动各自的功能、资源与数据，进而形成一种动态的、高效的联动机制。这一机制不仅使各级政府的职责划分更加明确，还能实现资源配置的最优化，确保数据流动更为顺畅。这种跨区域、跨层级的联动方式，正是大数据驱动公共服务创新的重要体现。通过这样的联动，政府能更快速地响应公众需求，提供更精准、更高效的服务。可以说，大数据不仅为政府治理带来了新的技术手段，更为公共服务创新注入了强大的动力。

（一）功能联动：大数据驱动基本公共服务均等化与一体化职责优化

长期以来，公共服务供给显现出诸如服务内容、流程和职责等分散性上的"碎片化"特点。凸显在多个部门之间对于同一项公共服务的交叉管理与重复劳动。不仅导致了行政效率的低下，更造成了资源的浪费，这一问题的改善，在一体化背景下，急需各级政府进行职责优化，跨层级、跨区域功能联动成为可行的方案。通过理顺各层级政府的公共服务职责，打通区域间空间物理位置的隔阂，可以从更高的规划层面来审视并解决实际存在的职责交叉问题，进而实现公共服务在功能层面的高效联动。

每一级政府在功能联动时都有其独特的层级特征。如何将这些特征与功能联动结合起来，使各级政府在协同工作时能够形成合力，而非相互掣肘，成为一个值得深入探讨的课题。

从跨层级来看，以浙江省"数字政府"改革为例，这一改革以省级政府为主要推动力。利用其可以进行大范围、大规模统筹规划的优势，主动构建了"整体协同"的业务架构。而市县政府则在这一架构下，进行更为具体的配合、执行与落实工作。这种公共服务供给形式，不仅提高了行政效率，还使服务更为精准和高效。此外，上海市陆家嘴智慧社区也是值得借鉴的案例。该社区通过建立综合治理指挥平台，对社会保障、社会创新和社会动员等公共服务内容进行了明晰的权责划分。这种划分不仅提高了服务效率，更使每

一项服务都能得到有效的落实与跟进。

从跨区域来看，以苏浙沪的长三角为例，在长三角一体化的发展战略下，区域府际间的功能联动显得尤为关键。这种联动不仅体现在经济层面的协同合作，更深入到社会、文化乃至生态环境的全方位整合。通过府际间的有效沟通与协作，建立互通的统一公共服务平台，形成一股强大的合力，共同应对全球化带来的各种挑战。这种合力，不仅提升了区域的整体竞争力，也为实现可持续发展奠定了坚实基础。在功能联动的过程中，各城市充分发挥自身优势，通过资源共享、优势互补，共同推动产业升级、科技创新和生态保护。同时，这种联动还促进了区域内的均衡发展，缩小了城市间的差距。以长三角"政务服务一网通办"为例：长三角地区依托全国一体化政务服务平台，共同建立了"1+1+X"的协同推进工作体系，实现了跨区域服务的线上"单点登录、无感切换、全程网办"，以及线下"收受分离、异地代收、就近可办"，大大提高了政务服务的效率。同时，在其他方面，如交通一卡通，长三角地区实现了社会保障卡"一卡通"，可以在不同城市乘坐公共交通工具，为居民提供了极大的便利；长三角地区在医疗服务方面实现了一体化，包括异地就医结算和医保经办服务一站式等。这使居民在长三角地区内能够享受到更加便捷的医疗服务；在文化旅游方面，长三角地区通过图书通借通还、文化配送服务以及旅游惠民服务等方式，实现了文化旅游资源的共享，丰富了居民的文化生活。此外，长三角公共服务一体化还涵盖了教育、体育、养老等多个领域，通过一系列的项目合作和共建共享，推动了长三角地区公共服务水平的整体提升。

总的来说，长三角公共服务一体化的功能联动体现在多个方面，旨在提高居民生活的便利性和幸福感。通过加强区域合作和共建共享，长三角地区正在逐步实现公共服务的均等化和高质量发展。但这种联动因区域各种资源不同，功能联动还无法涵盖到长三角居民的方方面面，在联动的平台建设中，还刚刚处于初步阶段。

（二）资源联动：大大数据驱动基本公共服务均等化与一体化配置优化

随着人们生活水平的不断提升，有限的公共资源与日益增长的公共服务需求之间不平衡成为公共资源供给的核心矛盾。这一矛盾在当今社会愈发突出，尤其是在大数据时代背景下，如何高效、合理地配置这些资源，成了公共服务创新的重要议题。首先，必须认识到公共资源的有限性。无论是财政资金、人力资源还是物质资源，都是社会经济发展的稀缺品。若这些资源未能得到妥善配置，便可能出现诸如"花钱不办事""出力没结果""不需要的反复给"等资源浪费现象。这些现象的存在，不仅损害了公共资源的有效利用，也影响了公众对公共服务的满意度和信任度。同时，由于各地经济发展水平和公共服务资源配置能力的差异，公共服务资源的分配也存在不均等现象。一些地区可能因经济实力雄厚而拥有丰富的公共服务资源，而另一些地区则可能因经济发展滞后而资源匮乏。这种资源分配的不均衡，也进一步加剧了公共服务供给的矛盾。为了解决这些问题，大数据技术的引入成了驱动公共服务创新的关键。

大数据不仅能够帮助梳理和整合资源，还能实现资源的优化配置。在梳理和整合资源方面，大数据技术的运用使原本琐碎、复杂的公共资源变得清晰可见，便于进行统一管理和调配。例如，长三角公共服务一体化在医保合作、政务服务、省际毗邻区域协同发展、基本公共服务均等化、新型基础设施建设、公积金和异地就医结算以及干部交流学习等方面都做出了积极的努力，并取得了显著的成效。以"政务服务一网通办"为例：长三角地区依托全国一体化政务服务平台，共同建立了"1+1+X"的协同推进工作体系，实现了跨区域服务的线上"单点登录、无感切换、全程网办"，以及线下"收受分离、异地代收、就近可办"，大大提高了政务服务的效率。医疗服务方面，主要是县级及以下公共资源不均。由于低一层级医院优质人力资源匮乏，因此上一级医院的优质资源的倾斜、共享与帮助就显得尤为重要，浙江省人民医院便采取了创新资源共享模式，通过托管的方式将上级医院的优质资源共享给下级医院，实现了从上往下的资源整合。这种模式不仅提高了下级医院的医疗服务水平，也缓解了公共资源分配不均的问题。智慧社区的建设也是大数据技术应用的一个重要领域。以上海市陆家嘴智慧社区为例，该社区通过建立社区信息库，将人财物资源进行有效整合，并以信息库和目录的形式进行留存和管理。这不仅提高了社区管理的效率，也为居民提供了更为便捷、高效的公共服务。

然而，资源的整合只是大数据驱动公共服务创新的第一步。更为重要的是如何实现资源的优化配置。在大数据平台的支持下，人们可以更加精准、有效地进行资源配置。例如，在政务服务领域，长三角"政务服务一网通办"建设中便建立了决策支持系统。该系统运用数据分析的方式，能够更为精准和有效地在决策层面实现公共资源人财物的配置。这种数据驱动的配置方式，不仅提高了资源的利用效率，也使得公共服务的供给更加符合公众的实际需求。在医疗服务领域和智慧社区领域，大数据同样发挥着重要作用。浙江省人民医院依托整个医联体平台，在整体的基础上实现资源的优化配置。而上海市陆家嘴智慧社区则通过智慧城市卡来管理资金、商户、卡片等系统，从而实现人财物的优化配置。在进行公共服务跨区域跨层级资源配置时，各层级政府的考虑重点也会有所差异。省级与市级政府在优化资源配置时，更注重资源配置的公平与效率，致力于实现公共服务资源的均等化配置。而县（区）级政府作为基层政府，其公共服务范围相对较小，因此在进行公共服务资源优化配置时更注重如何精准化地进行公共服务资源配置。这就要求在进行跨层级资源配置时，必须综合考虑各级政府的侧重点和需求差异，从而提供联动的公共服务并动态地进行资源配置优化。

由此可见，大数据技术在公共服务跨层级供给的资源联动中发挥着举足轻重的作用。通过大数据的梳理与整合功能以及优化配置功能的应用，可以更加高效、合理地利用有限的公共资源，满足日益增长的公共服务需求，从而推动公共服务的持续创新与发展。

（三）信息联动：大数据驱动基本公共服务均等化与一体化动态优化

传统公共服务供给方式，像一块块分隔的田地，各自为政，信息传递就像田的涓涓细流，慢慢流淌。这种方式称之为"点对点"传播，但它的效率并不高，速度也相对较慢。更为关键的是，这种传统方式没有建立起完善的反馈系统，让民众的声音能够上传，同时，也缺乏从上到下的信息收集渠道。有效改善这一问题的核心手段便是运用大数据驱动公共服务创新，实现跨区域跨层级的信息联动。就像是将曾经分隔的田地通过水渠连接起来，形成一片片广阔的水田，让信息像水流一样自由流淌，从而实现"点到面"的快速传播。"点到面"的裂变式传播，不仅提高了信息传播的速度和效率，更重要的是能够实现实时的动态管理和服务优化。一方面，它改变了过去层级分明、各自为政的信息传递方式，实现了纵向和横向的信息全面联动。另一方面，通过这种方式，可以更加准确地了解民众的需求，从而提供更为精准、实时的公共服务。

以政务服务为例，浙江省"数字政府"项目就是典型实践。项目从四层面入手，分别是"集约共享"的应用层、应用支撑层、数据服务层和基础设施层。这四个层面就像四条大渠道,将各级政府、各部门的信息汇聚到一起,实现信息的全面共享和联动。能够更加准确了解民众的需求,提供更加贴心的服务。

在医疗服务方面,浙江省人民医院值得借鉴。通过双向转诊系统,实现上下级医院之间的信息联动。不仅可以实时了解各医院的医疗任务和患者情况,还能更加精准地安排医疗服务,让患者得到更好的治疗。智慧社区建设方面,上海市陆家嘴智慧社区就是一个成功的案例。通过建立社区信息库、社区民情数据库等方式,打通各级政府、社区组织之间的纵向沟通渠道。同时,通过智慧城市卡等方式,实现各部门、各系统之间的横向信息联动。这样,社区就能更加全面地了解居民的需求,提供更加贴心的服务。这些实践案例,通过大数据驱的公共服务创新,不仅提高了信息收集、处理和反馈的效率,也使得公共服务更加精准、实时。通过大数据技术的应用,可以更好地了解民众的需求和反馈,从而提供更加贴心、高效的服务。这种变化,不仅仅是技术层面的进步,更是政府服务理念的一次深刻转变。

二、大数据驱动区域基本公共服务均等化与一体化的意义

在区域一体化高质量发展过程中,推动基本公共服务均等化与一体化显得尤为重要,它指的是不同地区和不同行政层级之间的协同合作。各省市县等层级在公共服务中各有特色与定位。这种联动不仅涉及功能的互补,还包括资源和信息的共享。如今正处于大数据时代,公共服务也在不断创新,力求实现服务的标准化、均等化和精细化。跨区域跨层级的合作,正是推动这些目标实现的关键力量。通过联动可以更好地整合资源,优化服务流程,确保公共服务的全面覆盖和高效供给。

(一)跨区域跨层级功能联动助推公共服务标准化

随着社会的进步,人们对公共服务的质量与范围都有了更多更广的要求,传统的公共服务管理模式,低效而重复,已经不再适应时代的发展。在经济发展一体化发展的时代背景下,公共服务跨区域跨层级联动已经成为政府提升服务质量与服务效率的重要手段。然而,在实际操作中,常常会遇到"碎片化"管理所带来的问题,如多头服务、条块分割等。这不仅影响了公共服务的连贯性和效率,更可能导致资源的浪费和公众的不满。为了全面提升与解决诸类问题,公共服务部门尝试跨区域跨层级联动的重组与协调,以期达

到更高效、统一的服务标准。这不仅涉及各级政府之间的紧密合作，更包括对服务流程、标准、规定的全面整合。通过这种方式，可以更有效地解决公共服务中前后不衔接、标准不统一的问题。

然而，跨区域层级联动的实施并非易事。最大的挑战来自各级政府在服务标准、规定上的不一致。这往往导致服务流程中的混乱和冲突，严重影响了公共服务的效率和质量。因此，制定统一标准就成为解决传统"碎片化"管理的关键。但统一标准不仅意味着在一定时期内，各政府需要遵循一套稳定、一致和普遍适用的标准和规范，更意味着在面对公共服务供给的分散与混乱时，能够有一套行之有效的应对策略。只有这样才能提升服务效率，保障服务的公平性和一致性。

跨区域层级联动在制定统一标准的基础上，更要做好区域府际之间或层级之间的协调合作。协调是在稳定的基础上，根据实际情况进行具体与动态的调整。各层级政府可根据自身的特点、公共服务类型的需求进行灵活处理，以更好地满足公众需求。这种协调不仅保障了服务的灵活性和针对性，更让各级政府在提供服务时能够充分发挥其主动性与创造性。

为了实现跨区域跨层级之间的统一与协调，需要构建完善的沟通机制和合作平台。通过平台，各政府可以实时共享信息、资源，共同解决问题，从而提升公共服务的整体效能。同时，还需要加强对公共服务人员的培训和教育，提升其专业素养和服务意识，确保能够在跨区域跨层级联动中发挥更大的作用。

总之，公共服务跨区域跨层级联动是解决"碎片化"管理问题的有效途径。通过统一标准与规定，以及各府际之间的紧密合作与协调，可以为公众提供更加高效、优质、连续的公共服务。这不仅是政府的责任和义务，更是社会进步和发展的重要体现。

(二) 跨区域跨层级资源联动助推公共服务均等化

公共服务均等化，体现的是社会的公正与平等。本意是无论身处哪个地区、哪个群体，每一个人都应享受到机会均等、水平均等和结果均等的基本公共服务，这是社会进步的重要标志，更是政府不断努力的方向。然而，由于各地经济发展水平和公共服务供给能力存在差异，在很大程度上就导致了公共服务供给的不均等。东部沿海与西部内陆、城市与农村，地域性的不均衡现象尤为明显。为了实现公共服务的均等化，需要各级政府综合考虑各自的特点与资源现状，共同努力，构建公共服务跨区域或跨层级联动，这不仅仅是行政手段，更是资源配置的策略。从公共资源配置的价值与逻辑上深入思考时，不难发现，公共服务均等化的实质就是在公共资源配置过程中寻求效率与公平的动态平衡过程。如何做到这一点呢？大数据就提供了全新的视角和方法。大数据技术的应用，使资源在公共服务平台上得到更为高效的整合与配置。过去，资源的分配可能更多地依赖于人工和经验，而现在，通过大数据分析，可以更为精确地知道哪些地区、哪些群体更需要哪些资源，从而实现资源的最优配置。而公平是公共服务资源优化配置追求的目标。大数据技术提供了大平台，使资源可以进行线上分配，这样，优势地区可以更为便捷地帮助弱势地区，缩小地域之间的差异，省市县三级政府在实现公共服务均等化的过程中，应该充分发挥各自的优势，形成合力。省级政府可以从宏观上进行规划和指导，市级政府则可以根据本地区的实际情况进行资源的整合与分配，而县级政府则更为接近基层，可以更为直接地了解和反馈民众的需求。

当然，大数据驱动公共服务跨区域跨层级联动创新，还涉及诸多技术、政策和法律等方面的问题，需要专家学者们进一步深入研究和探讨。但无论如何，大数据都为实现公共服务均等化提供了有力的支撑。

总的来说，公共服务均等化不仅是一种理念，更是实践的目标。在大数据的驱动下，人人都能感受到公平与温暖，共同创造和谐、美好的社会。跨区域跨层级的资源联动，不仅仅是一种行政手段或策略，它更是对公平与效率的追求，是对每一位公民的尊重和关怀。

（三）跨区域跨层级信息联动助推公共服务精细化

跨区域跨层级的信息联动在区域一体化高质量发展中发挥着日益重要的作用，特别是在公共服务领域。以大数据和大平台为技术支撑，信息联动不仅实现信息的动态实时管理，更推动公共服务的"精、准、细、严"。从而提升基层群众的获得感，也使公共服务更加贴近群众实际需求。

"精"，主要是指公共服务供给的质量问题。传统的公共服务供给模式，由于信息不对称与缺乏实时反馈机制，公共服务往往难以精准对接群众需求。然而，借助跨区域跨层级的信息联动，可以实时收集并分析群众的需求数据，从而提供更加精准、高质量的公共服务。这种以群众需求为导向的服务模式，不仅提高了群众满意度，也体现出"以人为本"的执政理念。"准"是指为群众提供规范化的公共服务。通过大数据分析，能够更准确地把握群众的需求偏好，动态关注和回应这些需求变化。这种精准化的服务方式，确保了公共服务的规范性和有效性，让群众真正感受到政府的用心与关心。"细"，包含两个层面的含义。一方面，公共服务供给主体需要细致精确，避免出现服务"碎片化"问题。信息联动通过建立纵横向的联动渠道，使各服务主体之间能够紧密协作，形成合力，为群众提供更为细致周到的服务。另一方面，"细"还体现在对群众民情和需求的深入了解上。通过信息收集和分析，更加细致地了解群众的实际需求，从而提供更加贴心的公共服务。"严"是指严格的监管和评估机制，"严"是确保公共服务质量的重要保障。信息联动通过提供客观、可视化的数据和信息，为严格落实公共服务创造了有利条件。这使人们能够对公共服务的流程和内容进行严格的监管和评估，确保按照既定标准严格执行。这种严格的管理方式，不仅提升了公共服务的整体水平，也增强了群众对政府的信任感。

总的来说，跨区域跨层级的信息联动在推动公共服务精细化和精准化方面发挥着举足轻重的作用。它以大数据和大平台为技术支撑，实现了信息的动态实时管理和精准对接群众需求。这不仅提升了公共服务的效率和质量，也让群众切实感受到了政府的用心与关心。未来，随着技术的不断进步和应用场景的拓展，跨区域跨层级的信息联动将在公共服务领域发挥出更加巨大的潜力。

（四）跨区域跨层级联动助推区域公共服务质量与水平提升

在大数据驱动的公共服务创新浪潮中，各级政府（省、市、县）在提供公共服务时表现出了明显的层级差异。以省级政府或以直辖市为例，其服务覆盖的地理空间广泛，服务对象众多，这种宏大的服务范围往往使省级政府在确保公共服务质量上面临挑战。相对而言，市级政府的服务范围虽然较省级小，却仍比县级政府广泛，服务对象也相应减少。然而，当服务对象数量仍然较多时，服务质量的精准度可能受到影响。因此，市级政府通常扮演着承上启下的角色，既要接收上级任务，又要将资源下沉至县级。县级政府的服务范围最为局限，服务对象也相对较少，但正是这种局限性使县级政府能够在公共服务供给上做得更为精细和准确。

跨地域跨层级联动机制的引入，有效地整合了各级政府在公共服务提供上的差异与特性。通过协调各级政府的资源和力量，形成一股向上的合力，从而显著提升公共服务的整体质量和水准。这种联动还可通过智慧化的管理方式，增强居民的获得感和满意度。以政务服务领域为例①，广东省提出了"管运分离"的建设运营模式，负责统一规划、监管和考核，起到了统筹规划管理的重要作用。市级政府则更多地承担起资源整合和任务实施的角色，对接各种系统和平台，同时还肩负着指导县级政府实施任务的责任。而县级政府则主要负责具体任务的落实和执行。这样的三级联动，显著提升了政务服务的整体质量。

在医疗服务领域，跨层级联动的优势同样得到了充分体现。以浙江省人民医院为例，该院结合地方实际，率先进行区域试点，与蒲江县医院建立托管式医疗联合体。在这个过程中，市级医院主动改进医疗服务，省级政府提供统筹支持，县级医院则积极配合。这种以市级带动县级、以强带弱的模式，有效提升了省市县医疗服务的综合水平。在社区公共服务供给方面，上海市陆家嘴智慧社区的大联动也是一个值得借鉴的案例。该社区以区级（县级）政府为主导，形成了"区、街道、居（村）委"三级管理模式。这种管理模式不仅优化了资源配置，还提高了公共服务的效率和质量，使跨层级公共服务供给更加顺畅和高效。

综上所述，各级政府在提供公共服务时，能够充分发挥各自的优势和特性，通过跨区域跨层级联动，实现资源的优化配置和高效利用。联动机制不仅提升了公共服务的整体质量和水准，还增强了居民的获得感和幸福感。未来，随着大数据技术的不断发展和应用，跨区域跨层级联动将在公共服务领域发挥出更加重要的作用，推动我国公共服务体系不断完善和创新发展。

第三节　社会参与：区域基本公共服务
均等化与一体化的关键力量

如今，在互联网、云计算、大数据及人工智能等技术的推动下，政府治理与服务理念也正在发生深刻变化，逐渐从生产导向型转为服务导向型。在

---

① 广东省在推进"数字政府"建设中，就充分考虑了省、市、县三级的特性。省级政府通过出台《广东省"数字政府"建设总体规划（2018-2020年）实施方案》。

技术环境与治理理念双重影响下，催生出新的治理模式，大平台的构建成为社会力量参与公共服务的新途径。大平台不仅实现了大数据的整合与共享，更促进了跨区域、跨层级、跨部门和跨主体的公共服务联动。企业、社会组织和公众利用大数据，利用大平台，积极参与到公共服务中，推动着服务供给的多元化。为公众提供了个性化和精准化的服务，真正体现出公共服务"以人为本"的理念，大数据也成为推动公共服务跨区域、跨层级创新的核心动力。

一、大数据驱动区域公共服务均等化与一体化的社会参与

社会力量参与政府公共服务供给，有多种表现形式，既有私营企业与政府的紧密合作，如企业主导或政企联合的供给模式；也有公共部门积极联合其他主体，如非政府组织、社区等，共同探索公共服务新路径，使服务更加贴近民众需求。此外，专业化社会组织在公共服务供给中也同样发挥着不可或缺的作用，凭借专业知识和实践经验，为公众提供更为精准的服务。社会公众的广泛参与，不仅增强公共服务的民主性和透明度，服务内容也更加符合公众期待。

在技术工具方面，大数据技术正成为公共服务供给的重要支撑。通过大数据分析，可以更为精准地捕捉公众需求，实现公共服务的个性化和高效化。实践表明，无论是政府间的横向与纵向联动，还是政府与社会力量的整合，这种协同供给模式都显示出其相较于政府单主体供给的明显优势。特别是在一体化供给框架下，大数据资源优势得以充分发挥，不仅打破了时间和空间限制，还为公众提供了更加精准、现代化的服务体验。

（一）私营企业合作公共服务供给

政企合作，作为企业参与公共服务的主要途径，体现了政府与企业在公共服务领域中的深度互动与协同。这种合作不仅促进了公共服务的创新与发展，还推动了政界、商界等多元公共服务供给格局的形成。在当前社会背景下，随着公众对公共服务质量和效率要求的不断提高，政企合作的重要性愈发凸显。目前政企合作的两种主要模式：市场化模式和政企合作模式。

市场化模式，顾名思义，是以企业为主导，政府主要扮演配合与引导的角色。这一模式，政府通过外包和合同的方式，将公共服务项目委托给具有专业能力和高效服务的企业。企业通过竞标获得公共服务供给的主导权，利

用其在技术和人才方面的优势，为公众提供智能化的公共服务。这种模式不仅实现了公共服务的高效供给，还让企业能够在服务公众的同时，达到经济和社会效益的双重目标。在具体项目实施时，企业进行深入的实地调查研究，了解公众在公共服务过程中可能遇到的难题或存在的短板，并及时提出创新的解决方案。例如，在交通领域，企业利用大数据和物联网技术，实现交通流量的实时监测和调度，提高交通运行效率。在医疗领域，企业可构建涵盖电子病历、远程医疗和健康管理等方面的信息平台，为公众提供更加便捷、高效的医疗服务。此外，市场化模式还注重推动公共服务智慧供给的生态圈发展。通过建设示范区、吸引相关产业集聚，或组织专家研讨等方式，促进公共服务领域的技术创新和产业升级。例如，上海市陆家嘴智慧社区的建设便是这一模式的典型例子。上海泽阳智能科技有限公司与上海东方网联智慧信息技术有限公司联合，利用先进技术建设智慧社区，为居民提供个性化的社区公共服务和治理方案。这一项目的成功实施，不仅提升了社区居民的生活质量，还为智慧城市的建设提供了有益的借鉴。

而政企合作模式则更加注重跨部门、跨级别甚至跨区域的联动与信息共享。这一模式关注公众需求的多样性，强调政企协作在公共服务供给中的重要性。在政企合作模式下，地方政府会利用政策优势来吸引高新技术企业和智慧产业，同时引入技术人才并开展相关的技术培训。企业在政府的支持下，建立公共服务集成平台和数据共享中心，实现信息的贯通和服务供需的对接，从而提升公共服务的数据互通和服务水平。政企合作模式的成功实施需要政府和企业之间的紧密合作与协同。政府需要制定明确的政策导向和规划，为企业提供有力的支持和引导；企业需要积极响应政府的号召，发挥自身的技术和人才优势，为公共服务供给提供创新性的解决方案。在国内，杭州智慧政务项目、南京板桥新城"一站式"智慧民生服务，以及宁波海曙区的81890服务平台等都是政企合作模式的成功案例。这些项目的实施，不仅提升了当地公共服务的水平和效率，还为政企合作在公共服务领域的应用提供了有益的探索和经验。

政企合作的两种模式各有特色，但共同的目标是推动公共服务的创新与发展。市场化模式注重发挥企业的主导作用和技术优势，通过竞标和外包等方式实现公共服务的高效供给。而政企合作模式则强调政府与企业之间的协同与联动，通过政策引导和技术支持推动公共服务的跨界创新和升级。这两种模式的有机结合，为现代公共服务的多元供给体系提供了有力的支撑和保障。随着社会的不断发展和公众需求的不断变化，政企合作将在公共服务领域发挥更加重要的作用。政府需要继续深化与企业的合作，推动公共服务供给体系的不断完善与创新。企业需要积极响应政府的号召，发挥自身的技术和人才优势，为公共服务供给提供更加智能化、个性化的解决方案。

（二）公共部门协同公共服务供给

公共部门协同公共服务供给涉及多方主体联动。大数据技术和大平台为公共服务全面整合与智能化提供奠定坚实的技术基础。首先，公共部门会与各级政府部门形成联盟，通过统一制度、统一系统与平台标准，实施管理策略，促进资源整合与信息共享。其次，为提高服务效率，公共部门与企业深度合作，连接企业系统实现用户基本信息管理。同时，在企业协助下，公共服务形式也可采用"线上+线下"结合模式，提供更加便捷服务。此外，公共部门与政府部门合作，开发延伸性公共服务内容，挖掘数据价值。最后，为了推动公共服务在供给形式、体系和制度上的创新，公共部门还可与高校合作，借助高校科研和学术力量进行创新研究。

与单一主体提供的公共服务相比，公共部门与多元主体之间跨区域跨层级合作具有显著的联动优势。公共部门拥有海量专属领域资源、设施设备与国家专项资金支持，在公共服务智能化提供中具有独特价值。与私营企业相比，公共部门不受营利驱动；与公众相比，公共部门具有更强的组织能力和专业优势。因此，公共部门参与公共服务的提供，更有助于降低成本并提高效益。

实践中，有许多公共部门协同提供公共服务的成功案例。如，北京市东城区通过大数据统一网格平台，实现对社区服务的精准提供。在基层文化服务方面，杭州图书馆与社会保障局共享数据，接入市民卡管理系统，并与芝麻信用合作，简化市民借阅图书的流程，提供更高效的图书服务。在医疗领域，南京市54家公立医院通过共享医疗数据到智慧医疗大数据平台，显著改善医疗服务在医疗保障、远程问诊等多个方面的良好表现。

（三）社会组织介入公共服务供给

社会组织作为社会力量的组织形式，人员构成主要为自发参与的社会大众，具有从群众中来到群众中去的特点，社会组织在供给公共服务的过程中结合群众需求精准化供给，改变过去由于决策权和执行权均汇集在政府手中出现的由供给主导公共服务的局面。

社会组织的公益性，在社会中具有一定声望，社会组织参与公共服务有多种模式，如"政府+社会组织""政府+企业+社会组织"等。社会组织联合多方主体，在政策和资金的支持下，以专业化技术和专业化团队提供教育、金融、扶贫、产业开放、社区等多方面的公共服务。在大数据技术支持下，收集用户数据，并上传数据系统进行数据分析与比对，进一步分析数据得出有价值的公共服务信息，形成公共服务供给决策。社会组织参与公共服务供给创新，有利于缓解市场逐利行为所引起的市场资源配置失灵现象，弥补政府人员短缺和专业性不强的短板，实现各方主体资源共享、优势互补，推动公共服务供给创新，提高政府公共服务供给的效率和质量。例如，2009 年，小金县脱贫攻坚领导小组办公室与社会组织"蜀光"合作发展当地农村产业，进行社区建设，为村民提供公共服务，这是"政府+社会组织"的合作模式在扶贫领域内的应用与创新。"科普中国+百度"是中国科学技术协会和百度合作的科学普及项目，社会组织借助互联网公司的技术特长，借用政府开放数据，向社会大众提供文化领域公共服务①。这一实践既能使科普中国的专业优势充分发挥，又能借助企业科技特长，通过科普大数据平台向社会公众提供摆脱千篇一律的科普服务。

（四）社会公众参与公共服务供给

社会公众是社会力量中的广泛存在，调动社会公众在公共服务参与上的热情，推动供给主体由伞形结构向网状结构转变，是公共服务供给创新的一大特点。社会公众通过政府、企业等公共服务供给主导力量搭建的平台和渠道参与公共服务。如，在城市治理问题上，市民通过公共服务平台向政府反馈诉求，进而参与城市问题治理过程之中。在改善公共服务层面上，百姓通过政府开放共享的公共服务大数据，改善公共服务建言献策的机会。在公共服务监督上，市民通过拍照举证、投诉举报方式随时随地参与到市政设施、环境卫生、综合执法、渣土管理、园林绿化、工地管理等六大城市管理与服务的方方面面。这些智能化平台有效地实现了群众和政府部门的实时互动，

---

① 王法硕，王翔. 大数据时代公共服务智慧化供给研究：以"科普中国+百度"战略合作为例 [J]. 情报杂志，2016，35（8）：179-184，191.

让社会公众在享受政府提供的及时公共服务信息的同时，以公民诉求为导向，打造更优质的服务型政府，提供更精准的社会公共服务。

社会公众参与公共服务供给，有效改善过去公共服务"一刀切"所带来的缺陷。大数据大平台的搭建，不仅对公共服务信息的共享不仅具有正向推动作用，也能影响私人闲余资源的流通，为社会公众参与公共服务提供了便利。如杭州交警APP借助移动互联技术与大数据分析技术，为人们提供最新道路拥堵及车辆违规等交通信息，社会大众也可通过APP对道路行车违法违规行为进行举报。政府利用大数据平台精准推送服务，而根据自己的需要获取公共服务信息，这改变了过去公共服务标准化、千篇一律的现象，使公共服务供给因人而异、因事而异。

二、大数据驱动区域基本公共服务均等化与一体化的意义

大数据技术信息平台为社会力量参与公共服务供给开辟了新路径。通过多种形式如政企合作、公共部门协同等，社会力量积极投身公共服务领域。政社合作模式打破了过往政府主导的单向供给方式，推动了公共服务向多样化、需求导向的转变。在大数据与大平台的支持下，社会力量能够更顺畅地融入公共服务体系，推动政府向"智能政府"和"服务型政府"转型。这不仅整合和优化了社会资源，还使公共服务资源的流动更加合理、精细，从而更好地满足了公众对个性化公共服务的需求。

（一）响应政府创新转型，构建服务型政府

随着政府向智慧化转型的推进，公共教育、医疗、交通等领域的智慧技术日新月异。特别是"互联网+"与公共服务的深度融合，极大地推动了公共服务供给的创新，形成了"互联网+公共服务"的新型供给模式。各层级部门与各领域纷纷建立数字化、智能化技术平台，为公共服务的跨区域跨层级联动创新提供坚实的技术支撑。依托大数据平台，政府通过数据分析挖掘有价值的公共服务信息，并与社会主体协同创新，提供精准公共服务，推动电子政府向智能政府、智慧政府转变。同时，也促使了以"政府为主导"的公共服务供给模式的转变。在传统模式下，政府占据主导地位，公共服务呈现单链条式的垄断供给。在大数据技术助力下，社会力量直接地参与公共服务供给。多元主体供给模式不仅有效解决政府公共服务供给与公民需求之间的错位问题，还能形成多向的服务供给格局。此外，这种转变还促进了政府向服务型政府的转型。相较于过去"一刀切"产品供给导向模式，多元主体模式更适应公共服务供给内容的复杂性和面向群体广泛性等特点。同时，它也体现了社会力量在社会事务中的价值。社会力量的参与能够在一定程度上规避政府因政绩工程和绩效考核而忽视公民服务需求、提供同质化的公共产品的弊端。这不仅能促使政府公共服务得到注重质量的社会群体的认可和接受，还能更好地满足公民多样化、个性化的需求，推动服务型政府的建设。

（二）推进以人为本的公共服务，提升服务质量

公共服务与公民的日常基本生活紧密相连，提升公共服务质量是贯彻"以人为本"理念的基础。日常生活中，无论是交通信息、证件办理等日常事项，还是婚嫁、生育和养老等重大事项，都与政府有着千丝万缕的密切联系。在互联网、大数据和云计算等新技术支持下，政府职能正努力向"服务型"政府转变，而以人为本、关注公众需求是实现这一转变的关键。政府与社会力量之间的互动以及公众对政府公共服务的反馈和回应将有助于深化公共服务创新并创造更大的社会价值。这将有助于打破传统政府在公共服务中的观念和体制束缚，推动多元化主体协同发展，共同提升公共服务质量。社会力量汇集民意的体现，与政府合作能够推动公共服务供给更贴近民情。私人企业、社会组织等社会力量本身就是部分民意的来源。这些主体在参与公共服务供给时，能够更贴合多方主体的利益和诉求，从而提升公众对社会公共服务的满意度。

大数据技术在公共服务中的应用，可以精准识别群众需求，提升服务质量。一方面，政府可以通过大数据技术优化服务流程，减少服务环节，提高服务效率。另一方面，可以通过数据分析发现公共服务中的薄弱环节，进行针对性改进。以宁波市为例，宁波市政府通过建立大数据平台，对市民的交通出行、医疗健康、教育等数据进行综合分析，优化资源配置，提升公共服务质量。宁波市还推出了"智慧医疗"项目，通过大数据技术，实现了医疗资源的合理配置和高效利用。例如，通过对医疗数据的分析，宁波市政府可以预测各大医院的就诊高峰期，合理安排医生的出诊时间，减少患者的等待时间。数据显示，2022 年宁波市的医疗服务满意度提升了 12 个百分点。在教育方面，杭州市利用大数据技术建立了教育资源共享平台，实现了教育资源的公平分配。通过对学生成绩、教师资源等数据的分析，杭州市政府能够更精准地分配教育资源，缩小不同学校之间的教育差距。2022 年杭州市教育满

意度提升了 10 个百分点，学生和家长的满意度显著提高。此外，杭州市还利用大数据技术实现了公共安全管理的智能化。例如，通过对犯罪数据的分析，杭州市政府可以预测犯罪高发区域，合理安排警力进行巡逻，提升社会治安水平。数据显示，2022 年杭州市的社会治安满意度提升了 14 个百分点，市民安全感显著增强。

（三）打破条块分割，实现跨区域跨层级联动

社会力量参与有助于整合多元主体资源，推动公共服务供给一体化联动创新。采用大数据技术和集成化信息平台，公共服务供给智慧系统集成海量数据并融合各区域、各部门以及私营企业等多元供给主体。该系统强调多主体之间的服务协同与信息交流，并关注信息资源和协作系统在不同区域、不同层级政府间的整合以及政府与外部的整合。打破现有"条块分割"和"碎片化"供给现状，整合各地资源，实现优势互补，提升公共服务的均衡性和公平性。提高分工效率和明确责任主体，推动供给创新。例如，长三角地区是中国经济最发达的区域之一，区域内各城市通过建立大数据共享平台，实现公共服务的信息互通和资源共享。在医疗服务方面，长三角地区实现了医保卡的跨区域通用，极大地方便了区域内居民的就医需求。通过大数据分析，区域内各城市可以实现医疗资源的共享和调配，提升了整体医疗服务水平。在交通管理方面，长三角地区的交通部门通过大数据平台实现了交通信息的实时共享和协同管理。通过对交通流量数据的分析，各城市可以合理规划交通路线，减少交通拥堵，提升交通管理效率。2022 年，长三角地区的交通满意度提升了 15 个百分点，市民出行更加便捷。此外，长三角地区还通过大数据技术实现了环境治理的跨区域联动。通过对环境监测数据的实时分析，长三角地区各城市能够及时发现并解决环境污染问题，形成区域联动的环保机制。数据显示，2022 年长三角地区的环境满意度提升了 13 个百分点，居民生活环境得到了显著改善。

（四）优化社会资源，缓解社会矛盾

调动各方资源流动与融合，发挥公共服务供给主体的资源互补优势。在公共服务供给过程中，各参与主体拥有不同的资源优势。政府等公共部门享有财政资金和基础设施等资源的支配权，企业、社会组织和公民等具有技术、人力资源及专业能力等优势。通过统一网格平台实现公共服务协同化供给促

进了政府间跨层级联动的互通以及政府与社会力量之间的沟通。有效整合各方资源优势并实现资源共享与流动，从而提高公共服务供给效率。

此外，优化资源分配还能促进社会和谐发展。通过政府购买、合同承包与委托等形式转换政府与社会力量之间的责任分配，能够让不同的社会力量活跃起来并更好地整合社会资源，实现资源的均等化、精准化分配，并最大限度地发挥资源价值。同时，社会力量的参与还能保证群众公共服务参与权，使公共服务更加精确地满足人民群众需求，在改进服务质量的同时，切实解决社会大众的难题并提高公众满意度，进而有助于化解社会矛盾并推动和谐社会发展。如，杭州市通过建立大数据分析平台，对就业市场进行实时监测和分析，及时调整就业政策，提供精准的就业服务。杭州市政府通过大数据分析发现，某一时期某些行业存在就业缺口，政府及时通过职业培训和就业指导，帮助失业人员找到合适的工作。据统计，2022 年杭州市的就业率提升了 8 个百分点，失业率显著下降。在社会保障方面，杭州市通过大数据技术实现了社会保障数据的共享和分析，提升了社会保障服务的效率和精准度。通过对社会保障数据的分析，杭州市政府能够及时发现社会保障服务中的薄弱环节，进行针对性改进，提高了社会保障服务的覆盖面和满意度。此外，杭州市还通过大数据技术实现了住房保障的智能化管理。通过对住房需求和供应数据的分析，杭州市政府能够精准掌握住房市场动态，合理分配保障性住房资源，提升住房保障服务的效率。数据显示，2022 年杭州市的住房保障满意度提升了 11 个百分点，居民住房问题得到了有效解决。

第四节　大数据驱动区域基本公共服务均等化与一体化的理论框架

针对现实情况，借助当前信息技术研究流行的社会-技术框架，构建以大数据为驱动的区域基本公共服务均等化与一体化理论框架，在社会层面，注重考虑区域各级地方政府之间的层级架构，以及区域府际之间的横向联结，用行政手段推动公共服务纵向与横向整合，以提升民众实际幸福感为核心目标。在技术层面，通过对大数据的整合、联结、共享、协作、联动与应用，在同一层级与不同层级网络平台中实现高效流通，以期达到区域基本公共服务统一智能化管理和协同供给的目标。在该框架内，力求通过优化公共服务流程，提升民众对公共服务的感知与满意度。技术层面则侧重数据的流动性与高效利用，以期通过大数据技术的应用，推动公共服务向智能化、协同化方向发展。两个层面相辅相成，共同构建了大数据驱动区域公共服务一体化的理论体系。具体见图5-1。

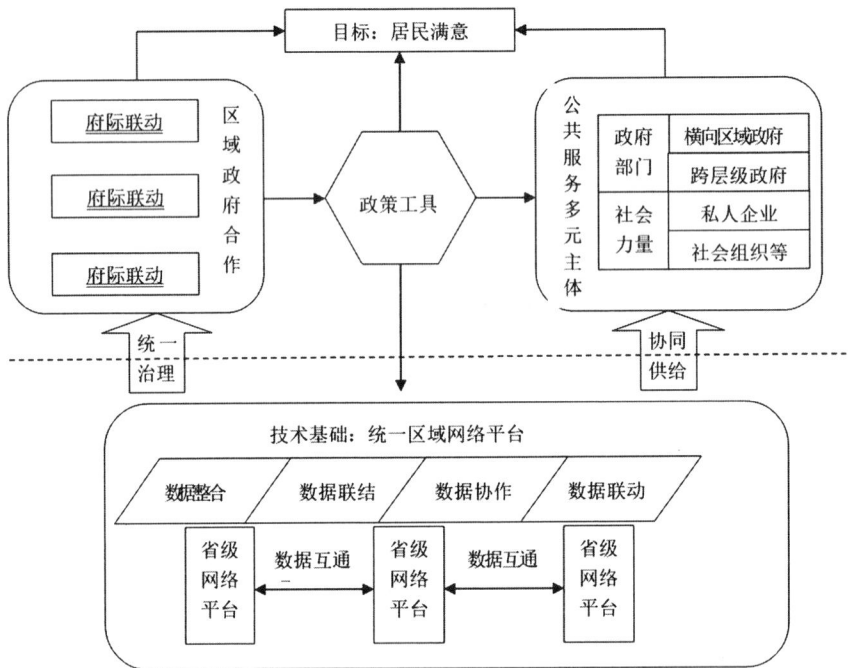

图 5-1 大数据驱动区域基本公共服务均衡化与一体化理论框架构建

一、区域基本公共服务均等化与一体化的终极目标：提升居民幸福感

社会矛盾的演变，人们对公共服务的需求也随之变化，规范、均衡、细致的服务体验成为民众的追求。这种新期待，进一步推动了公共服务区域一体化的合作与创新。而一体化的最终目标，便是切实提升居民的获幸福感、获得感和满意度。大数据驱动的区域公共服务一体化所展现的独特优势，使政府部门能够更全面、更迅速、更便利地响应公众多元的需求。

（一）区域公共服务均等化与一体化的公众诉求

提高居民的获得感与幸福感是社会稳定发展的核心任务。伴随生产力的显著提升，人们物质和精神生活都得到了前所未有的丰富，同时，也带来了人民需求的多样化。党的十九大报告指出，当前我国社会的主要矛盾已经转化为人民日益增长的美好生活需要和不平衡不充分发展之间的矛盾。这一矛盾解决的核心在于党和国家始终坚持以"人民为中心"的发展思想，并努力满足人民的根本利益和切身需求。

在公共服务方面，居民对公共服务供给的期待也发生了显著变化，不仅要求公共服务能够全面覆盖文化、教育、医疗、交通、就业等日常生活的多个方面，更期待服务质量的全面提升。具体来说，即公众期望公共服务的各个领域和供给主体都能遵循统一、标准的服务规范，来确保服务的整体性和高效性，避免出现因服务分散化、碎片化而导致的效益和效率低下问题。同时，公众对公共服务的均衡性也提出了更高要求。希望公共服务能够在不同地区、不同社会群体及城乡之间都能实现相对均等化的供给。此外，精细化服务也成了公众的新期待。这意味着政府需要更加重视和回应公众的多样化需求，提供更加贴心、周到的服务，以提升公共服务的整体供给效果。为了满足公众新期待，各层级政府须深度互通与联动，在充分考虑地方实际情况基础之上，制定出既符合国家标准又体现地方特色的公共服务规范。同时，各级政府应积极响应国家基本公共服务体系建设的号召，打破地区和行业壁垒，推动公共服务的均衡供给。更为重要的是，政府需要将"以人为本"作为公共服务供给的核心理念。这意味着政府需要从传统的重管理轻服务的模式，向更加注重服务质量和群众满意度的现代服务型政府转变。通过政府间的跨区域跨层级联动以及政府与社会资本的深度合作，实现公共服务的整体性供给，推动公共服务资源的合理流动与高效配置。

总的来说，随着社会矛盾的转变和公众需求的升级，公共服务供给正面临着前所未有的挑战与机遇。只有通过一体化的跨区域层级联动创新，才能更好地回应公众诉求，这不仅是政府的责任所在，也是社会和谐稳定发展的重要保障。

（二）区域公共服务均等化与一体化对公众诉求的回应

公共服务供给跨区域跨层级一体化是提升政府服务效率、满足公民多样需求的关键手段。层级联动主要包含两个形式：一是政府联动，包括同一部门层级政府的纵向协同或同一层级职能部门间的横向互联；二是政府与社会力量的广泛联动。相比过去各自为政、服务分割化、碎片化的状况，跨层级联动表现出其独特的优势，能够更全面、更及时、更便捷地回应民众诉求。

区域公共服务一体化跨层级联动的内容具有全面性特点。通过统一网络平台，不同功能和层级政府部门有效整合资源，实现信息共享交流。这一变革打破了部门间的信息壁垒，缓解了原本信息的不对称。政府能够及时获取所有公共服务的反馈，综合部门信息，查缺补漏，进行完善、改进。同时，社会力量的加入更丰富了信息的来源广度。社会力量深入群众，收集各行各业公共服务数据，经过分析加工为公共服务决策提供支持，从而更全面地满足公民多样化诉求。

公共服务一体化跨层级联动在时间上具有及时性。公共服务供给主体间的实时联动大幅缩短了信息传递的时间，减少了回应公众诉求的时滞。这意味着，当社会大众对公共服务提出需求或反馈时，政府能够在第一时间作出响应，满足公众的需求。更重要的是，政府、企业和社会组织等供给主体掌握着群众对公共服务反馈一手原始数据。通过跨层级联动，能够迅速流动与共享，各主体通过数据分析、比对，及时形成改进决策，从而高效回应公众诉求。

跨层级联动在回应公众诉求方式上具有便捷性。公共服务涉及领域广泛、内容复杂、主体多元，这往往导致公民在办理公共事务时需要咨询多个部门、经过多道程序。然而，通过跨层级联动和网络化管理，公共服务信息和资源得到有效整合，供给主体之间实现紧密联动。不仅减少了公民办事过程中的流程复杂性和重复审批等问题，还极大地避免了权责划分不明确、责任主体缺位的现象。

基于以上优势，推动公共服务跨区域跨层级联动创新的一体化显得势在必行。通过网络大平台实现联动，充分利用平台数据信息分析公众需求，及时对公共服务进行改进。大数据驱动的区域公共服务跨区域跨层级联动创新模式不仅兼顾了供给的公平与效率，还有效提升了服务产品的质量与效益。

二、网络平台：大数据驱动区域基本公共服务一体化的技术基础

区域一体化高质量发展，为公共服务一体化的跨层级联动奠定了坚实的基础。平台之间的互联互通，共同构建了统一的网络平台，为一体化的跨层级联动提供了关键的技术支撑。在统一的网络平台中，多元主体能够集中、共享、开放和利用各类数据资源。而数据的顺畅流动则成为实现跨区域跨层

级联动的核心技术要素，不仅连接了各级政府与各类社会力量，还推动了公共服务供给主体之间形成网络化的联动形态。不仅提升了公共服务的效率，还加强了各主体之间的协同合作，从而更好地满足公众的需求。

（一）互联互通：大数据驱动公共服务一体化联动创新的技术前提

近年来，在国家政策的大力推动和地方政府的积极响应之下，我国的公共服务平台建设取得了显著的进展。不同部门、不同层级的公共服务平台已逐渐构建起完善的体系。根据中国信息通信研究院 2023 年的权威数据，全国 36 个直辖市、省会城市和副省级城市已经基本建立城市公共服务平台。2020 年已基本完成全面联动人口健康信息平台。

一系列不同服务领域网络平台建设，不仅体现了政府对公共服务质量提升的决心，也为公共服务跨层级联动创新提供了坚实的平台基础。互联互通的一体化公共服务平台涉及从中央到地方不同部门、不同层级、不同区域、这种跨层级，跨部门的合作与联动，正是实现高效公共服务的关键。以浙江省为例，已经成功建立起覆盖省、市、县、乡、村五个行政层级的政务服务平台。早在 2017 年，浙江省政务服务平台就已基本实现了与 76 个市级平台和 27 个县级平台的有效对接，与 24 个不同部门在 40 余项业务上实现联动，不仅提升了公共服务效率，也极大地改善了公民在办理各类事务时的体验。特别是在杭州市，通过打通市民综合联通服务平台、公共事务一体化经办平台以及杭州政务服务网的系统和信息库，实现查询服务和反馈意见的综合一站式办理。该服务模式的创新，正是基于公共服务统一网络平台的多方主体汇集与信息共享。公共服务统一网络平台聚集政府、企业、第三方部门等多方主体参与，各自承载不同领域的不同功能与作用。通过这一平台，各主体明确各自权责边界，实现资源的有效配置和信息的实时联动，从而推动公共服务供给向更加精细化和均等化的方向发展。

（二）数据有序流动：大数据驱动公共服务一体化的技术实现

在数字化时代，数据有序流动已成为推动公共服务跨层级联动创新的重要关键技术力量。数据流动不仅是数字的传输，更是信息、知识和智慧的交汇与融合。政府、企业、社会组织等都掌握着大量的数据资源。

从纵向维度来看，省、市、县级政府由于层级和管辖区域不同，所掌握的数据范围自然也有所差异。这些差异不仅体现在数据的量上，更体现在数据的质上。高层级政府可能更侧重于宏观数据的把握，而基层政府则更贴近民生，掌握大量与民众生活息息相关的微观数据。在横向角度上，不同政府部门承担着各自的职能，从教育、卫生到交通、环保等，每个部门都在其职责范围内收集和处理着特定类型的数据。这些数据内容上的差异，为跨部门的数据整合和互通提供了丰富的素材。从不同主体角度来看，政府与社会力量在数据收集上也有着本质不同。社会力量，包括企业、非营利组织等，在公共服务领域的数据收集往往更加灵活多样，一定程度上，能够补充政府数据在某些方面的不足。

为了实现多样化数据的有效整合与互通，数据需要在不同主体间、不同维度和不同方向进行有序流动。流动过程包括数据的汇集、共享、开放和利用等多个环节，各环节都环环相扣，共同构筑数据流动的完整链条，推动公共服务供给主体的协同和联动。

大数据的共享与交换，有效地打破了数据孤岛现象，实现了不同来源、不同格式数据之间的深度融合与互联互通。这不仅极大地提升了数据的实时性与准确性，使数据能够更快速地反映实际情况，还进一步推动了数据资源从静态存储向动态应用的转变。通过实时更新、分析与应用，数据资源能够更好地服务于公共服务的跨区域、跨层级联动，促进各级政府和部门之间的协同合作，共同提升公共服务的效率与质量，满足民众多样化、多层次的需求。

信息的开放与利用，进一步深化了多方力量主体在公共服务供给过程中的协同作用。信息的开放，打破了公共服务长期以来的封闭发展体系，转变了过去以部门为中心的"信息孤岛"局面，促进了信息资源的共享与互通。这不仅打通了社会公众参与公共服务的渠道，增强了公众的参与感与满意度，还改变了政府单向主导公共服务的传统模式，推动了政府与社会力量的共同治理。信息的利用，特别是依托大数据分析技术挖掘出的有价值信息，能够更贴切地反映民众的真实需求与偏好。使得公共服务供给主体能够根据这些信息精准地提供服务，实现服务的个性化和高效化，满足民众多样化、多层次的需求。同时，通过信息的开放与利用，不同层级间的主体能够实现实时联动，共同应对公共服务中的挑战，公共服务效率因此得到明显提升。

三、府际联动：大数据驱动区域基本公共服务一体化的政策抓手

统一网络平台在公共服务领域的应用，有效地整合多元化的供给主体和

各种资源，为提升服务质量与效率奠定了坚实基础。然而，在复杂的行政体系中，不同层级政府和部门间的关系纷繁复杂，利益纠葛和潜在的冲突在一定程度上制约了政府间的顺畅协同与信息交流。这就导致了公共服务供给中可能出现的"信息孤岛"，影响服务的连贯性和高效性。为了打破"孤岛"状态，构建和谐的府际关系尤为重要。府际关系的优化是推动政府实现跨层级联动的关键前提。在这一背景下，政策工具成为调和府际关系、促进协同合作的有力抓手。通过行政力量的引导和推动，可以实现公共服务的纵向整合，加强不同层级政府之间的联动效应，从而显著提高公共服务资源的利用效率。

整合过程不仅要求技术层面的衔接，更需要在制度和管理层面进行深层次的改革和创新。通过合理的政策设计和实施，可以逐步消除政府间的信息壁垒，促进资源共享和优势互补，最终实现公共服务体系的整体优化和升级。

（一）府际关系：政府纵向联动的关系建构

府际关系，指政府之间的关系，即中央与地方间的多层次互动关系[①]。在现行科层结构中，中央与地方在公共服务职能上虽各有侧重，但权责重叠导致服务供给的碎片化，妨碍了跨层级联动创新的推进。因此，优化府际关系，化解层级间、部门间可能存在的矛盾冲突，促进协同合作与顺畅沟通，对构建有效的政府联动机制至关重要。这不仅有助于提升公共服务效率，也是推动政府治理体系现代化的重要途径。

横向层级间的政府联动是实现公共服务一体化跨层级联动创新的核心内容。在公共服务供给框架体系中，各级政府与部门都不是孤立存在的，需要与其他层级、部门或地区进行深度沟通与协调。协调一致的一体化联动不仅有助于克服本位主义，还能避免服务供给的碎片化与分散化。为了实现更全面、高效的基本公共服务，各地区、各层级和各部门政府必须携手合作，构建紧密和谐的公共服务网络。通过层级间的政府联动，可以有效地解决因公共服务供给不平衡而引发的社会问题，进一步满足人民群众对优质公共服务的需求。

（二）政策工具：行政力量推动下的公共服务纵向整合

政策工具是人们为解决某一社会问题或达成一定的政策目标而采用的具

① 刘晓燕. 智慧住区：实现信息化管理 [J]. 中国建设信息化，2019（9）：40-41.

体手段和方式的总称。在推动区域基本公共服务一体化府际层级联动中起重要的推动作用。基于我国社会主义特色，政策工具成为实现府际间合作治理的关键桥梁。包括互动式政策工具组合与结构式政策工具组合两种，两种政策工具相辅相成，共同作用于政府公共服务合作的推进。政策工具性的重要作用是以正式的书面协议、具有法律效力的政策或口头协定的形式，明确规范各政府层级和部门之间的合作内容、形式和标准，从而构建一个协同高效的政府间协作机制。公共服务治理工具的主要特点是广泛适用性。该工具不仅涵盖了各级政府部门，还延伸到企业和社会力量等多元执行者，形成庞大而复杂的合作网络。其广泛的涵盖范围使公共服务政策能够更全面地满足社会各方需求，提升整体的服务质量。同时，这些政策工具还具有灵活性。它们能够根据实际情况，因地制宜、因时制宜地进行调整和优化，确保政策的实施能够紧跟时代步伐，满足不断变化的社会需求。在拥有法律强制力的同时，公共服务政策工具还非常注重协商共识。这种双重特性使这些工具在解决公共服务供给上的特定问题时，既能够确保政策的权威性和执行力，又能够充分考虑到各方的利益和需求，达成更广泛的共识。这种平衡和折中的处理方式，无疑增强了政策的有效性和可接受性。从宏观角度来看，公共服务政策工具在推动公共服务纵向整合方面也展现出显著优势，能够有效串联起各级政府与社会力量，形成庞大的紧密合作网络，共同致力提升公共服务的质量和效率。该整合不仅有助于优化资源配置，减少浪费，还能够提高政府服务效能，更好地满足人民群众的需求。

行政力量在推动公共服务纵向整合上起着不可忽视的重要作用。中央政府作为政策工具的扩散者，负责制定和推广相关政策，确保各级政府和部门能够统一行动，形成合力。地方政府各部是政策的主要执行者和落实者，负责将政策转化为具体的行动和服务，确保政策能够真正落地生根。这种上下级关系，使政府治理工具具有一定的强制性，因此，确保了政策的执行力和执行效果。统一的政策工具借助行政力量，进一步规范了各层级政府与各部门公共服务供给行为。明确了服务供给的主体、形式和内容，各级政府能够各司其职，各尽其责。这种规范化操作不仅促进了不同层级政府间的沟通与对话，还在一定程度上缓和了错综复杂的府际关系和政府间的利益冲突所引发的公共服务供给碎片化、分散化问题。在行政力量的推动下，政策工具如同一条红线，将各级政府紧密串联在一起，形成一个跨层级、跨部门的网络化政府形态。该形态打破了政府间"各自为政"的现象，减少了资源浪费和互相推诿的状况，使政府间的合作更加紧密、高效。借助行政力量，政府间的纵向联动得以打通，公共服务供给中的漏洞得到了有效弥补，为人民群众提供了更加优质、高效的服务。

四、多元供给：大数据驱动区域基本公共服务一体化的组织协同

区域基本公共服务一体化跨层联动创新是公共服务体系的重要革新。不仅包括府际之间的横向联动与府际之间的纵向联动，还包含各种社会力量的协同合作。要实现多元供给模式，必须首先明确政府、企业、社会组织和公众在公共服务中的角色与定位，并从政策制定和实践操作中不断验证有效性。在此基础上，深入探索公共服务多元供给的协同路径，确保各主体能够高效协同，共同推动层级联动创新，从而优化公共服务体系，更好地满足社会公众需求。

（一）公共服务多元供给的主体关系

公共服务的多元主体协同供给，是信息时代背景下公共服务实现跨层级联动创新的重要组织形式。这一模式不仅展现了新时代公共服务的发展趋势，更体现了社会进步和科技发展对公共服务模式的深刻影响。过去，政府在公共服务领域长期扮演着唯一供给的主导角色。然而，随着经济社会的快速发展，个体间的需求差异愈发显著，传统的政府单一供给模式已难以适应社会多元化的需求。在这一背景下，政府角色的转变显得至关重要。政府需要从单纯的服务。

公共服务供给的多元化在推动基本公共服务一体化跨层级联中发挥着重要价值。传统以"政府为中心"的公共服务单一供给模式，往往导致公共服务的同质化、雷同化，难以满足社会大众日益多样化的需求。而企业、公共部门、非营利组织以及公众的参与，推动了公共服务供给主体的多中心化。在这种供给模式下，不仅增加了服务的多样性和灵活性，还提高了服务的精准度和满意度。多中心供给模式的优势在于能够充分发挥各主体的特长和优势，实现资源优化配置。如企业灵活的管理制度和高效的运作模式，能够有效地弥补政府行政体制相对僵化和层级审批效率相对低下的不足。社会组织的公益性和自律性，则能够填补可能出现的市场失灵情况。而社会公众的参与，不仅有利于实现政府与公民的互动，还能够实时监督和反馈公共服务质量，成为改进公共服务质量的重要推动力。在公共服务统一网络平台上，多

方主体共同汇集信息，实现实时联动。这不仅能够明确各方的权责分配，还能够实现信息资源共享，从而确保服务的精准供给，极大地提升公共服务的效率和质量，满足社会大众日益多样化的需求，推动社会和谐与发展。

（二）公共服务多元供给的协同路径

基本公共服务作为社会进步的重要标志，其协同供给模式的多样性与灵活性日益受到重视。实现公共服务主体间的协同，不仅有助于提升服务效率，更体现出社会的整体进步和协作精神的提升。目前，这一领域的实践正逐步深入，基本公共服务协同供给模式创新层出不穷。如，企业主导模式，一些具有技术积累和资金实力的企业，正逐渐成为公共服务创新的引领者。通过建设智慧平台，不仅提升自身服务社会的能力，也带动了相关产业链的发展。比如，有的企业建立了智慧产业示范区，通过集聚效应，吸引更多相关企业和创新资源，共同推动公共服务的技术进步和模式创新。政企合作模式是政府与市场的有效结合。政府通过合同委托、业务外包等方式，将部分公共服务的供给权力下放给企业。这样不仅减轻了政府的行政负担，也使企业能够发挥专业优势，提供更加高效、专业的服务。公共部门介入通常利用财政资金，将部分公共服务项目外包给专业部门，从而实现资源的最优配置。社会组织的协同供给，凭借专业技能和人力资源优势，联合相关企业，为特定领域提供专业化的公共服务。社会组织的参与，不仅丰富了公共服务的供给主体，也提升了服务的专业性和针对性。公众的参与，通过智慧平台、智慧系统以及智能移动终端，公众可以更加及时、便捷地参与到公共服务的决策、监督等程序中。

在以上多种协同供给模式中，"智慧化"扮演着至关重要的角色。借助大数据、云计算等现代信息技术，各个主体能够更加高效地实现资源共享、信息互通和协同工作。智慧化的推动，不仅提升了公共服务的质量和效率，也促进了政府与社会资本之间的深度合作。为了实现跨层级联动的组织协同，必须打破"碎片化"供给现象，推动公共部门和私营部门之间的资源互通。通过建立公共服务数据共享中心和统一化的网格平台，各个主体能够更好地取长补短，形成合力。这种整体性的治理模式，不仅有助于提升公共服务的整体效能，也符合国家对推动公共服务多元化主体协同供给的要求。此外，多元公共服务供给主体在统一的大数据平台下实现了非线性的联动与合作。在这种网络化的结构中，各个主体能够完成点对点的对话与互动，共同解决问题，推动公共服务的持续优化。

第六章

大数据驱动区域基本公共服务均等化与一体化动机—能力分析

大数据驱动的区域公共服务一体化跨层级联动创新，需要密切关注各参与主体的动机与能力。借助动机—能力理论，建立分析框架，来阐释大数据驱动区域基本公共服务一体化创新的动因和实施能力。从心理学角度来看，动机分为外部动机和内部动机，能力涵盖财政与政策支持、资源的管理与分配、跨层级的协调合作、信息基础的建设与运维，以及数据治理等多个维度。通过这一框架，更加清晰地探讨政府在公共服务创新方面的潜力和意愿。大数据不仅是技术工具，更是打通层级壁垒、实现协同合作的关键。大数据是新时代解决公共服务供给问题的一把金钥匙。通过建立动机—能力分析框架，能够更好地理解政府在此类创新中的潜力和动力，进而推动公共服务的协同与整合，以满足人民日益增长的美好生活需求。

第一节　大数据驱动区域基本公共服务均等化与一体化的动机—能力框架构建

"动机—能力"理论起源于心理学研究领域。近年来，在公共管理领域形成一股"动机—能力"理论研究热潮，通过借鉴其他学科智慧，旨在探讨公共管理领域中管理创新的动机因素及相关能力。随着公共管理领域研究不断地深入与发展，"动机—能力"理论的价值与内涵不断扩大与延伸。在区域经济高质量发展的时代背景下，将"动机—能力"理论引入到区域基本公共一体化发展的跨层级服务公共管理之中进行建构，具有十分重要的创新与发展意义。

一、"动机—能力"理论的内涵

能力动机理论（competence motivation theory）是美国心理学家 R. w. 怀特 1959 年提出的一种人格动力理论，探讨人的内驱力与行为能力之间的关系。怀特认为，驱使个体活动的动机不是驱力降减，而是个体相信自己能胜任某项工作的动机。从心理学视角来看，该理论阐释了个体行为的起始、方向、持续与强度，并强调了能力动机—追求在某领域达到专业水准，以完成高质量工作的内在驱动力。也就是说，它关注的是如何提升个体行动效率，以更好地实现组织设定的目标。能力，在这里，不仅指的是完成某项任务所必需的技能和力量，更是个体在执行活动中展现出的全面素养。而动机，作为行动的源泉，引导并维持着个体的行为。目前，这一理论已经跨越了心理学的边界，被广泛应用于教育学、组织行为学、企业管理学以及公共管理学等多个领域。在这些领域研究领域中，动机—能力理论的内涵得到了持续的丰富与完善，这也为理解和提升个体与组织效能提供了有力的理论支撑。

在企业管理领域，Christensen 等学者 2004 年指出，将动机—能力框架置于企业创新的语境中时，其深层次的含义便逐渐明晰。1999 年，Kim 团队的研究认为，企业创新能力是指企业能够敏锐地发现、寻找、获取、吸纳以及运用技术知识的能力。然而，仅仅有创新的热情和动力，并不能确保创新的成功。毕勋磊在 2011 年的研究中指出，真正决定企业在创新创业道路上能否走得更远的是其创新能力。也就是说，企业的创新之路需要两大支柱：创新能力和创新动机。两者紧密相连、互为影响。缺乏强大的技术能力，企业很难捕捉到创新的机会。创新能力是实现创新动机的基石，而创新动机则为创新能力提供了有力的补充。动机和能力两者缺一不可，共同构成了企业创新的核心要素。

Christensen 等人在 2004 年提出的动机—能力框架，通过坐标图展示，有助于我们理解和分析不同行业在创新方面的动力和实力。第一象限——"优势区"表明，行业内外都拥有强烈的创新动机和出色的创新能力。以早期的计算机驱动器行业为例，行业内充满了活力和创新精神，各种创新层出不穷。第二象限是"退路区"。在该区域虽然存在创新机会，但将这些机会转化为实际收益却需要企业付出巨大的努力。这是因为市场规模有限或增长前景不明，导致行业的吸引力不足。比如，某些电信行业就受限于政府的管制政策或市场竞争的激烈程度。第三象限代表的"盲区"显示，创新的动机和能力都显然不足，行业可能陷入停滞不前的状态，缺乏有效的创新驱动力。第四象限——"潜能区"表明，行业内有强烈的创新意愿，但受限于各种因素，他们的创新能力受到制约。例如，在无线电行业中，尽管有许多创新的想法和需求，但由于政策和市场环境的束缚，这些创新往往难以实现。总的来说，动机—能力框架提供了全面视角来评估和理解不同行业在创新方面的挑战和机遇。

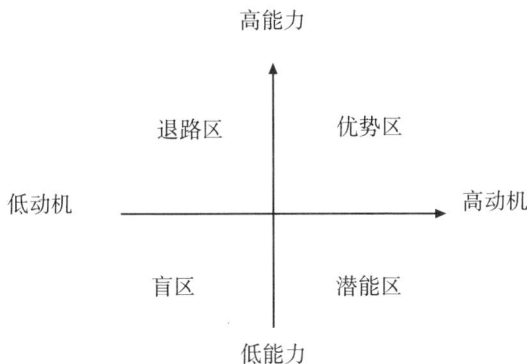

图 6-1　动机—能力理论框架图

二、动机—能力理论在公共管理服务领域中的创新与应用

"动机—能力"理论最初是从心理学领域诞生的，在企业管理中，随着经济社会的发展，科学管理理念所呈现的"把人当作工作机器"的不足也慢慢突显出来。随着"行为科学"思想的广泛传播，企业管理的方式方法也发生了较大的改变，转而更多地从员工的行为动机入手，以提升工作效率。由此，"动机—能力"理论在企业管理中的应用也越来越广泛。20 世纪 80 年代开始，由于政府职能的不断扩张，财政压力的日益增大，导致政府面临着巨大的财政困境。为了解决这一问题，西方国家开始了新一轮的新公共管理理论改革，提倡在公共服务领域引入市场竞争机制和企业管理的方法。由此，原本在企业创新领域使用的"动机—能力"框架，也逐渐被引入到公共服务创新领域中。简单来讲，企业管理理念的转变以及政府公共服务的创新改革，共同推动了"动机—能力"理论在更广泛的领域中开始应用。

　　"动机—能力"理论在公共服务中的应用创新主要体现在两个方面：一是在政府大数据管理方面，该理论与大数据推动公共服务创新紧密相连；二是该理论在公共服务供给模式中的研究。就政府大数据治理方面，根据马亮的研究，政府采纳大数据的驱动力主要来自动机和能力①。对于有意愿但缺乏相应能力的公共管理部门，无法利用大数据，而"动机—能力"这一分析架构，就有助于理解政府部门采纳大数据的深层原因。而余静雯的研究，从"动机—能力"视角出发，探讨了地方政府在大数据治理中面临的挑战及应对策略。她指出，在"压力型"体制下，地方政府受到多重因素的影响，虽然治理动机强烈，但治理能力却显不足②。具体来说，地方政府在数据统筹、数据权限获取以及数据思维方面存在短板。她进一步剖析了影响动机与能力关系的要素，提出通过循证决策等方式来提升地方政府的资源禀赋能力，以此平衡动机与能力之间的关系，最终提出了针对性的大数据治理方案。

　　在公共服务供给行为模式研究中，丁辉侠从"动机—能力"理论视角出发，分别从能力和动力两个方面，深入剖析地方政府在公共服务供给方面所面临的挑战。他将公共服务能力分为财政能力、分配能力、管理能力及合作能力等四大具体能力。同时，将公共服务动力区分为内部动力和外部动力两个方面，并据此提出了增强地方政府公共服务供给能力和动力的有效措施③。杨芳等对"邻避运动"中，地方政府的反应过程进行了研究，她发现动机和能力是解释地方政府回应行为的关键因素④。特别是在"邻避运动"中，政府的动机主要涉及政绩追求和规避问责风险，而能力则主要体现在维稳能力与治理能力两个方面。朱侃等学者在探讨新乡贤提供公共服务的触发机制时，进一步丰富了动机—能力理论的内涵。他们认为，"认知—动机—能力"机制是新乡贤提供公共服务的前提条件和内在驱动力⑤。王文彬等则从动机和能力

①　马亮．公共部门大数据应用的动机、能力与绩效：理论述评与研究展望 [J]．电子政务，2016（4）：71-74.

②　余静雯．地方政府大数据治理的挑战及应对路径：基于"动机—能力"的视角 [J]．石家庄铁道大学学报（社会科学版），2018，12（3）：27-32.

③　丁辉侠．地方政府提供公共服务的能力与动力分析 [J]．河南社会科学，2012，20（9）：30-32.

④　杨芳．邻避运动治理：台湾地区的经验和启示 [J]．广州大学学报（哲学社会科学版），2015，14（8）：53-58.

⑤　朱侃，郭小聪，宁超．新乡贤公共服务供给行为的触发机制：基于湖南省石羊塘镇的扎根理论研究 [J]．公共管理学报，2020，17（1）：70-83.

两个角度，深入分析了地方政府参与 PPP（公私合作）项目的差异性，指出动力和能力对地方政府参与 PPP 项目的程度有着显著影响。从全国范围来看，能力比动力对 PPP 参与度的影响更为显著，同时，这种影响还存在地区间的差异①。

综上所示，本部分内容试用"动机—能力"框架为基础，融入公共服务创新实践应用，进而将该分析框架引入大数据驱动的区域基本公共服务一体化的研究中。深入探讨政府在大数据应用与区域基本公共服务一体化跨区域跨层级联动背景下的公共服务模式创新，分析参与主体的动机与能力要素。这一探讨不仅深化对政府大数据运用和公共服务创新的理解，更为地方政府如何高效、优质地提供公共服务提供了理论支撑。

三、大数据驱动区域基本公共服务一体化的"动机—能力"框架构建

公共服务的不充分与不平衡发展，已成为新时期我国面临的主要社会矛盾之一。为了推动公共服务的均等化与高质化发展，大数据技术和跨层级联动机制显得尤为重要。大数据不仅为公共服务的协同供给提供了有力的技术支撑，更是优化信息资源分配、提升决策质量的关键。同时，跨层级联动作为推动创新的动力机制，能够促进各级治理主体之间的有效合作与资源共享。早在 2020 年 4 月，《中共中央国务院关于构建更加完善的要素市场化配置体制机制的意见》中，就强调了"推进政府数据开放共享"的重要性，这是培育数据要素市场的核心关键环节。数据的开放与共享，让数据更高效地流通，从而实现数据的增值和公共服务的优化。在这一过程中，如何让大数据在国家、省、市、县、乡镇等各级治理主体间顺畅流动以及跨区域流动，就成了关键问题。大数据治理与跨区域跨层级联动之间存在着既独立又统一的关系。大数据治理侧重于通过技术手段提升数据的使用效率与价值，而跨区域跨层级联动则更注重于通过机制创新促进各级治理主体之间的协同合作。只有深刻理解和把握两者之间的关系，才能更有效地调动各层级供给主体的积极性，充分利用大数据的优势，优化信息资源的分配，进而支撑高质量的决策制定，从而进一步推动公共服务向更高质量、更均衡的方向发展。

---

① 王文彬，唐德善，许冉. 动力和能力双重视角下地方政府 PPP 参与差异性研究［J］. 建筑经济，2020，41（1）：58-65.

大数据驱动的公共服务一体化跨层级跨区域联动,政府创新是核心要素。马亮指出,区域公共服务一体化中,政府创新就涉及政府创新动机和创新能力[1]。但要强调的是,在推动组织创新的过程中,能力虽是关键,却非万能。地方政府的偏好,实际上为组织注入了创新的活力,这也成了影响公共服务供给的重要因素[2]。当深入剖析大数据如何驱动公共服务一体化跨层级跨区域联动创新时,必须审视政府是否有意愿创新,是否具备创新能力,以及这些动机与能力是如何共同作用的。通过引入"动机—能力"这一分析框架,能够更系统地研究大数据背景下公共服务跨区域跨层级联动的创新动机与能力,如图6-2所示。这一框架不仅有助于理清政府创新的内外在驱动力,还能为如何更有效地利用大数据推动公共服务创新提供有益的视角。

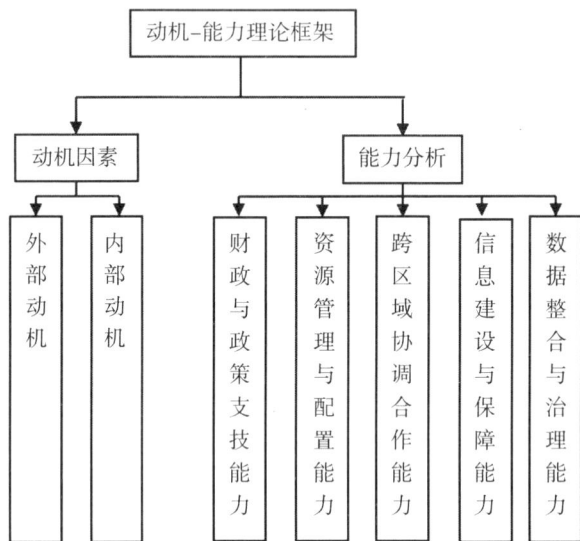

图6-2 大数据驱动区域基本公共服务一体化"动机—能力"分析框架

动机,作为推动创新的动力源,随着时间和环境的演变而不断调整。当人作为动机主体时,公共服务动机就呈现出动态变化的特点。个体的创新动机不仅包含自我利益的追求,也体现了对他人利益的关注。特别是在政府和

---

[1] 马亮. 大数据治理:地方政府准备好了吗?[J]. 电子政务,2017(1):77-86.

[2] 丁辉侠. 地方政府提供公共服务的能力与动力分析[J]. 河南社会科学,2012,20(9):30-32.

公益机构，工作人员的信念、价值观和态度更倾向于关注更广泛的政治实体利益。这种深层次的信仰和价值观，能够在适当的情境下，激发个体采取符合集体、地方、国家或全人类利益的行动。因此，利用大数据技术实现跨层级的公共服务联动，成为重要动机之一。

从自利性角度来看，公共服务的需求者期望获得更高效、更便捷的服务，随着公民参与政治决策的热情日益高涨，政府不仅需要促进公民的民主参与，还要加强大数据技术运用，以提升跨层级服务联动的效率。同时，私营企业在向政府提供技术服务时，也体现了自利性动机，既增加了企业利润，又提升了行业竞争力和社会影响力。当组织作为动机的主体时，其创新动机由时代特征、环境变化和组织特性共同塑造。在中国特色社会主义新时代背景下，发展的不平衡不充分问题促使政府部门不断探索公共服务提供新模式。现代治理理念为公共服务创新提供了新视角，而大数据技术的兴起则为创新提供了技术支撑。此外，推动区域一体化高质量发展作为政府的内在使命，也是驱动公共服务创新的重要因素。

大数据驱动的公共服务跨区域跨层级联动创新，蕴含着内外两方面的推动力量。外部驱动力主要来自服务的需求方与供应方。随着公众对高品质公共服务需求日益强烈，为联动创新提供了强大的市场拉动力。同时，私营企业为扩大市场份额及提升利润空间，积极推动服务创新。此外，非营利机构在扩大服务规模的同时，面临着绩效考核的压力，同样促使寻求创新。互联网企业为保持竞争优势而应对激烈的市场竞争，同样对公共服务创新产生浓厚兴趣。这些因素共同形成了推动大数据在公共服务一体化发展中应用的外部动力。从内部动机来看，政府部门亟须解决新时代的社会主要矛盾，是推动公共服务创新的根本动力。同时，政府为优化与社会各方关系，积极推进相关改革。此外，为加快高质量发展的区域一体化，政府部门同样需要借助大数据等技术手段提升服务质量。更重要的是，随着数据价值的日益凸显，政府部门也认识到挖掘平台数据价值的重要性，这也是推动公共服务创新的关键因素。

政府能力，指的是政府获取资源并转化为产品或服务，并向公众提供的能力。它体现了政府部门内部资源储备与行为模式，涵盖了一系列利用各类资源的常规操作流程，决定政府能否有效执行任务，这是政府行动的核心支撑。在事件发展过程中，政府能力成为一个重要的影响因素。为了实现正向的发展，需要有策略性的引导，而强大的政府能力则是制定和实施策略、解决问题的基石。在做出行为选择时，必须充分考虑自身能力。很多学术专家学者对此也做了深入的研究。以李明的观点为例，他强调公安部门近年来在灾害信息能力方面的提升，为经济社会的发展提供了有力的信息资源支撑①。学术界普遍认为，政府部门的管理需要具备灵活性、学习力及创新力②。郎玫和史晓姣也强调了从政府创新能力的构建角度来探讨创新深化的重要性③。从上分析可知，政府能力不仅深刻影响着政府的行为模式，而且政府的创新能力对于推动公共服务创新具有深远的意义。

大数据推动公共服务一体化跨区域跨层级联动创新是资源整合的过程，需要大量的人力、物力与财力，离不开坚实的政策扶持和财政基础，而这两者共同构成了创新能力的基础。政府部门在公共资源管理与配置上的效能，直接关系到资源分配的合理、效率及品质。此外，考虑到我国公共服务的提供主体具有层级性与跨区域的特点，其数据的顺畅共享与沟通，以及职能上的协同合作，成为影响创新能力的核心要素。信息基础设施的建设与维护能力，为大数据在公共服务跨层级联动创新中的应用提供了技术和平台的坚强后盾。最终，为了充分释放大数据所蕴含的巨大经济与社会价值，必须提升数据治理能力，以有效激发数据的内在潜能。

动机与能力就像一对孪生姊妹，并非孤立存在，而是相辅相成、相互影响，两者都是政府创新的关键因素，缺一不可。动机为创新提供源源不断的动力，而能力则是有效利用创新资源、满足公众需求④。简而言之，动机是创新引擎，能力是实现手段，二者共同促进政府的有效行动。需要强调的是，政府服务能力强，并不等同于其一定拥有创新动机。以公共服务模式创新为例，即便政府拥有强大能力，也并不意味着会倾向这类创新。譬如，上海市政府便是一个典型的例子，虽然它具备出众的政府服务能力，但由于缺乏相应动机，其推行的 PPP 项目数量并不多。反之，有些地区虽有强烈的 PPP 实

---

① 李明. 大数据技术与公共安全信息共享能力 [J]. 电子政务，2014 (6)：10-19.
② 郁建兴，黄飚. 当代中国地方政府创新的新进展：兼论纵向政府间关系的重构 [J]. 政治学研究，2017 (5)：88-89.
③ 郎玫，史晓姣. 创新持续到创新深化：地方政府治理创新能力构建的关键要素 [J]. 公共行政评论，2020，13 (1)：158-159.
④ 马亮. 大数据治理：地方政府准备好了吗？[J]. 电子政务，2017 (1)：82-83.

施意愿，却受限于政府能力，导致 PPP 项目的建设进展并不顺利。这充分说明动机与能力在政府创新过程中的相互关联与制约关系。

第二节　大数据驱动区域基本公共服务 均等化与一体化的动机因素

大数据助力区域基本公共服务一体化是实现政府间跨区域跨层级联合创新的推动力，其能够实现的主要原因源于数据的跨区域跨层级的共享与协同，促进各区域各级公共部门在公共管理服务上的联合创新，该创新的驱动力来自内外两个方面：一是外部驱动力。外部驱动力又包括公众对优质公共服务的期待、公共服务提供者出于扩大服务范围和增强盈利竞争的需求；二是内部驱动力。主要体现在政府为解决新时期社会主要矛盾、优化政府与社会之间的关系而进行的改革，以及推动区域基本公共服务一体化建设和挖掘各类数据平台中的信息价值需求。这些内外驱动因素的叠加，共同为区域基本公共服务一体化创新提供了持续有力的推动。

一、大数据驱动区域基本公共服务均等化与一体化的外部动机

一项政策的实施往往涉及多方利益主体，而利益相关者的参与深度与广度显著影响政策的执行效果。丁辉侠认为公民对公共服务的期待以及他们在政府公共服务决策中的影响力，是公共服务外部驱动力的主要来源[1]。在大数据驱动区域基本公共服务均等化与一体化创新过程中，有着多重外部驱动的影响：公众期盼获得优质基本公共服务，并愿意参与到服务的改善中来；私营企业希望扩大服务市场，提高盈利水平；公益组织致力扩大公共服务覆盖面，而同时又面临服务评估的压力；大数据互联网公司则希望进一步积累行业优势，应对激烈的市场竞争。这些因素共同推动了大数据驱动区域基本公共服务一体联动创新中的应用与发展。

---

[1]　丁辉侠. 地方政府提供公共服务的能力与动力分析 [J]. 河南社会科学，2012, 20 (9)：30-32.

（一）公众对高质量基本公共服务的迫切需求

过去传统的公共服务供给模式多以"粗放型"为主，在一定程度上导致服务总量短缺和服务质量不佳等多重问题。然而，随着社会物质水平的提升，民众生活质量也随之提高，对优质公共服务的渴求日益增强，同时对政府的服务方式与效能也提出了更高要求。此外，随着公众文化素养的提升也激发了参与公共服务改进的热情。大数据与互联网技术的全面普及，为公众参与基本公共服务提供有力的技术支持。在区域经济高度发展的今天，政府及相关部门引入大数据管理，推动基本公共服务跨区域跨层级联动创新，不仅是政府内部改革的重要部分，更是关乎民众的切身利益。基本公共服务的核心目标是满足民众需求，实现民众利益最大化。随着网络社会的深入发展，政府与民众之间的信息不对称现象正在逐步消除，公众获取信息的渠道日益广泛。在此背景下，具有强烈政治参与意愿的公民更倾向于通过网络或其他合法途径来表达自身诉求。在互联网与大数据时代，公民更加期望政府公共部门简化办事流程，减少不必要的面对面服务，实现数据在政府部门和层级间的自由流通，从而提升公共服务的质量和效率。因此，政府在提供基本公共服务时，应该也必须积极响应公众日益增长的需求，鼓励公民参与政策制定，更新工作形式和技术手段，调整各层级政府工作职能与权限，来提高整体工作效率。同时，公共部门也应对公民的个性化和多元化需求给予及时快速回应，加速数字化转型，推动数据跨区域跨层级共享，实现公共服务的纵向整合和横向联动创新，为公众提供更加优质全面的基本公共服务。

（二）企业扩展服务范围以增加利润需求

政府提供的基本公共服务供给领域，除了非市场部门的参与主体之外，企业等市场主体的参与实现了多元协同供给模式。参与公共服务的企业既包括提供专业技术支持和信息咨询的服务商，也涵盖生产和供应公共物品及其附属产品的生产商。虽然政府在公共服务供给中扮演着核心角色，但并不意味着所有公共服务都需由政府亲力亲为。也可通过外包形式，将基本公共服务委托给私营企业提供，这样可以有效缓解政府提供基本公共服务时可能出现的数量、质量不足和资源浪等问题。此外，私营企业因其强烈的竞争意识和灵活的沟通机制，往往能更精确地把握并满足公众多样化需求，进而更好地提升公共服务水平，推动服务创新。

在市场经济中，企业经营的目的是利润最大化，作为"理性经济人"介入公共服务最终目的是追求自身利益。这不仅体现在提高市场占有份额和提升品牌知名度上，还据此增强企业社会价值，来优化与寻找新的盈利模式。各行各业有实力的龙头企业利用自身的投资、融资优势，为公共服务领域注入大量的资金与人才，为其进一步发展进步铺平道路，进而推动了公共服务质量的整体提升①。私营企业涉足基本公共服务，不仅是为了寻求经济回报，更是战略性的长期业务拓展。它们将服务领域从传统的市场经营扩展到了具有公益性质的公共服务，不仅有助于增加企业利润，更扩大了企业的服务疆域。此扩展不仅直接提升了企业的社会影响力和市场竞争力，更在深层次上满足了企业对经济效益和社会效益的双重追求。可以说，私营企业参与公共服务，不仅是一种经济行为，更是社会责任的体现，它们在追求利润的同时，也为社会的进步和民众福祉做出了积极贡献。

（三）公益机构增大公共服务规模及面临考核压力

公益组织在基本公共服务领域中扮演着举足轻重的角色，特别是在医疗健康等行业，不仅为民众提供关键的医疗卫生服务，还致力于改善公共服务流程，解决服务供应中的核心难题。但在这个竞争日趋激烈的时代，公益性机构同样需要面对"适者生存"的挑战。大数据时代的浪潮带来了无数的机遇，但也伴随着相应的风险。信息网络技术的运用为公益组织开辟了新的服务渠道，有效地扩大了服务覆盖面，进而增强了它们的实力与市场竞争力。新公共管理理论推崇将先进的企业管理策略与思维运用到公共部门管理中，进而提升管理绩效。在引入绩效考核体系后，公益性机构面临的内部考核压力也转化为发展动力，推动不断拓展服务范围，并不断提升服务品质。公益机构在公共服务中的积极参与，不仅是对政府和市场力量的有益补充，更促进了多主体之间的协同合作。公益机构凭借独特的资源优势和非营利性质，进一步优化公共服务的结构和质量，确保服务的公平性。与政府及私营企业共同构建了更为完善、高效的公共服务供给网络。简单来讲，公益组织通过运用现代科技，不断提升服务能力和效率，同时也在新公共管理理论的指导下，通过引入绩效考核等手段，持续推动服务品质的提升。这些努力不仅增

---

① 邓智团. 深刻认识中国城市特色构建城市发展新格局 [J]. 上海城市管理，2020，29（2）：2-3.

强了公益性机构自身的竞争力，也为整个社会的公共服务体系注入新的活力和动力。

（四）互联网公司积累自身优势及面临竞争压力

在互联网蓬勃发展的当儿，互联网公司已成为推动高质量公共服务供给的重要力量。凭借先进的信息网络技术和丰富资源，不仅追求经济效益的增长，更着眼于利用技术优势迅速占领市场，进一步巩固和扩大自身的领先地位。在互联网行业早期阶段，具有前瞻性科技企业就洞察到互联网与公共服务相结合的巨大潜力。他们迅速整合信息化技术资源，打造一系列综合性优质公共服务平台，成功进军公共服务领域。进而，极大地推动了公共服务的优化升级，也为整个行业注入崭新活力。随着网络社会的深入发展，公共服务领域对专业信息平台的需求日益旺盛。同时，随着社会创业环境的不断改善，互联网领域催生了大批具备信息技术优势和丰富资源的优秀企业，在激烈的市场竞争中积极寻求向公共服务领域拓展，通过参与公共服务供给扩大用户基础，拓宽经营范围，进而增加收入来源与盈利模式。互联网公司的积极介入，不仅为公共服务供给引入竞争机制，更有效地提升公共服务的质量。同时与政府、公益机构紧密合作，共同推动公共服务的联动创新，从而更好地满足了公众对高质量公共服务的迫切需求。多元主体的跨界合作与创新，正成为推动公共服务繁荣发展的强大动力。

大数据驱动的区域基本公共服务一体化跨区域跨层级联动创新，关键在于需求方与供给方二者之间的顺畅沟通与信息共享。这就要求政府、公益机构、企业以及公众等多个主体紧密合作，形成协同效应。公众对高质量基本公共服务的期盼，需要通过日益增强的参政意识与参政能力，准确及时地反馈给服务供给主体。政府、公益机构和企业，作为公共服务的主要供给者，必须依据相应的制度和规则建立良性互动关系，以便对公众的需求作出迅速、有效、及时的响应。政府利用行政力量，从顶层设计推动公共服务的全面改革；公益机构则发挥灵活性与效率优势，提供既优质、公平的服务；企业，特别是互联网科技公司，依托信息技术的创新，为公共服务注入新的活力。通过多主体间的深入交流、数据共享和协同整合，一起推动公共服务的整体优化，进而提升居民的满意度和获得感。这种区域跨层级的联动创新模式，不仅是大数据时代公共服务发展一体化的新趋势，也是提高社会整体福祉的重要途径。

二、大数据驱动区域基本公共服务均等化与一体化内部动机

在公共服务领域，不同的服务提供者有着不同的动机与目的。政府，作为基本公共服务的核心提供者，肩负着维护社会稳定的重任，深入参与基本公共服务是为了更好地履行政府职能，以实现公共利益的最大化。同时，在制定和实施公共服务策略时，也会考虑到如何使利益达到最优。对公共部门而言，参与基本公共服务的主要驱动力在于扩大服务规模、拓宽服务领域以及提升机构影响力。通过积极推动数据在不同层级间的流通与共享，旨在实现公共服务跨区域跨层级联动创新，促进公共服务的纵向整合，以此缓解新时期的社会主要矛盾。政府、社会和市场，作为三大公共服务主体，各具特色。向来，政府与社会互动相对不足。而推动公共服务多主体联动创新则能有效改善这一状况，通过优化各主体间的互动关系，提升公共服务供给质量。由于区域经济发展的不平衡，推进区域基本公共服务一体化面临诸多挑战。然而，通过跨层级基本公共服务供给联动，可以更有效地调动省、市、县、乡各级政府不同区域公共服务资源，确保信息和资源能够顺畅流通，从而更好地满足基层居民的基本公共服务需求，加快区域经济一体化进程。从信息平台的角度来看，各级政府已建立多样化的信息平台，数据规模都在快速增长。推动数据的跨层级联通、共享，不仅能深入挖掘各数据的潜在价值，还能更清晰地揭示数据间的内在联系，从而满足平台和数据的持续发展需求。

（一）缓解新时代社会主要矛盾的基本需要

党的十九大报告指出，随着中国特色社会主义迈入新时代，我国社会的主要矛盾已转变为"人民对美好生活的向往与发展不平衡、不充分之间的矛盾"。这一主要矛盾的转变体现了人民需求层次的升级：从基础生活需求，如衣、食、住、行，逐渐提升到对民主、法治、公平、正义及安全的追求。如此变化，就要求政府与时俱进，及时调整基本公共服务策略，以满足公众的新期待与新需求。新时期，政府的核心职责就是根据公众需求的演变，不断调整公共服务供给策略，不仅是数量的改变、更是结构的优化以质量的提升。这也是政府向服务型模式转型的必然要求。完善的基本公共服务体系，作为公民获取服务的关键平台，不仅依赖部门间的横向协同，更需要各级政府的纵向整合。构建完善的公共服务体系，提供服务品质，是回应人民新期待、解决新时期社会主要矛盾的重要途径。政府需不断创新服务模式，确保公共

服务更加精准、高效，从而切实增强人民群众的获得感、幸福感和安全感。

（二）优化政府—社会—市场三者互动关系的改革需要

现代治理理论认为，由于公民需求的多样性和地域的差异性，单纯依赖政府提供基本公共服务已难以满足日益增长的民众需求。因此，"政府善治"或"多中心治理"等理念应运而生，倡导政府、社会和市场等多元主体共同参与，实现基本公共服务供给的多样化。这一理念凸显了政府、市场与社会之间互动关系和协同机制的重要性。然而，受传统经济体制影响，我国政府与社会之间的互动尚显不足，基本公共服务供给往往还是以政府为主导。在服务型政府转型和政府职能优化的进程中，大家一致意识到，单纯依赖政府已无法满足公民日益增长的公共服务需求，必须引入社会力量。社会力量的参与，能够显著提升政府应对公众多样化、个性化需求的能力，同时也是政府与社会互动关系优化和改革的必由之路。通过将部分基本公共服务职能转交给社会承担，由社会负责具体服务的提供，政府从宏观上进行引导、监督。这种分工不仅增强了政府与社会的互动，还进一步激发了多方供给主体的积极性和创造力。在此过程中，政府逐步转变角色，从直接的公共服务提供者转变为规则的制定者和监督者，通过政策引导与财政支持，促进社会组织和市场更有效地参与到基本公共服务供给中来。这样不仅能够更好地满足公民多样化需求，还能更快地推动社会整体进步和发展。通过政府、社会、市场的共同努力，构建更加高效、公平、可持续发展的基本公共服务体系。

（三）推进区域基本公共服务均等化与一体化的工作需要

公共服务，作为公民基本权益的有机组成部分，平等享用对于居民至关重要。然而，由于地域发展水平的不同，城乡二元结构的存在，不同地域居民在公共服务方面的服务享受存在显著的不均衡，具体表现在公共服务质量、服务数量和服务结构方面①。因此，现阶段政府的首要任务便是着力提升经济相对落后地区的公共服务水平尽快实现区域基本公共服务一体化与城乡基本公共服务一体化。地方政府通常由省、市、县、乡（区）四级构成，公共服务的提供与资源配置也具有明显的层级性特征。从省级到县（市）级，公共部门所承担的公共服务供给责任或所掌握的公共服务资源逐级递减。大型城

---

① 吴业苗. 城镇化高质量发展的基本遵循：以人为核心与民生改善［J］. 深圳社会科学，2023，6（5）：72-82，93.

市如省会城市，往往汇聚了优质的公共服务资源，相比之下，地级市、县城以及农村地区及经济相对落后的城市，其服务水平明显不足。以医疗卫生服务为例，高质量的医疗资源更倾向于集中在省会等大城市，而县级及以下医疗机构，如乡村医疗点，则普遍面临人才匮乏、设备陈旧、资金不足等问题。这种资源分配的不均，直接导致了城乡之间、不同区域之间在公共服务数量和质量上的显著差异。

以省级政府为代表的权威机构在数据跨层交流和整合中起着重要的主导作用。它们运用自身行政力量，从上至下推动数据顺畅流通。权威介入为数据在各级政府间的共享提供政治和经济上的坚实支撑。省级政府不仅为数据跨层共享提供了组织上的保障，还有效地平衡了各级政府之间在能力上的差异①。在县、乡级层面，政府和公共部门致力于信息平台建设，高效收集和整合来自基层的公众数据，平台之间互联成为沟通桥梁，未能满足的公共服务需求及时反馈到省、市级层面，进而引导优质资源下沉，满足地方公共服务的需求。地市级单位不仅向上传达县级公共服务的需求，还积极调动本市资源以响应部分需求。当省级单位接收到下级传达的需求时，会迅速调配资源进行响应。这种模式同样适于区域之间，不同省域之间只要达成互认，相同（或不同）省、市、县、乡四级单位之间的数据互联互通，享受低质公共服务居民获得高质量公共服务的机会将大大增加。这种联动使得各层级的资源得到最大化利用，进而创造更多的社会价值，并推动公共服务实现跨层级的联动与创新。以医疗服务为例，通过构建医疗信息服务平台，省级医院的优质医疗资源得以"下沉"至农村基层。同样，对于区域如长三角，只要实现上海、江苏、浙江之间的互认，按照省内服务模式，户籍在浙江的病人，在上海同样享受对应的优质医疗服务。由此可见，这一流通机制确保所有居民都能享受到同质的医疗服务，显著推动了医疗服务一体化的建设进程。

（四）挖掘服务平台数据价值的发展需要

将大数据引入公共管理部门已成为学术界的广泛共识，大数据不断颠覆传统政府管理和决策方式②。随着全球各国政府开放数据平台的陆续建立，数

---

①　杨国富．"互联网+政务服务"跨层级数据协同机制研究［D］．成都：电子科技大学，2019：89-91．

②　马亮．大数据治理：地方政府准备好了吗？［J］．电子政务，2017（1）：77-78．

据量以几何级数增长，其蕴含的潜在价值不容小觑。如何有效地发掘、开放和利用这些数据平台中的信息，对于政府数据治理的推进至关重要。全生命周期的数据价值挖掘是针对各类平台数据的深度探索，其主要目标是实现数据的经济效益与社会效益最大化①。大平台中的数据数量庞大，但面上的直接相关性并不强，因此需要进一步探寻其深层联系。通过政府各级平台的数据交互与联通，可以更有效地揭示数据间的隐秘关联，进而明确数据在政府管理工作中的实际价值，以此推动经济与社会的双重效益。

在大数据时代，基本公共服务供给改革迎来了前所未有的机遇。通过广泛收集各类平台的数据，可以更精确地洞察民众的真实需求，从而做出准确的公共问题诊断，并据此精心制定公共政策。大数据技术不仅在于挖掘数据中的隐藏价值，更在于其推动数据创新，为智慧治理注入新的活力。为了实现这一目标，各级公共部门可以积极引进企业的先进信息技术，并结合自身的实际工作需求，打造专属的信息数据平台。在此基础上，与上下级部门紧密协作，打破数据流通障碍，实现数据跨层级共享与交流。可以全面、深入地收集、挖掘、利用、开放和共享各平台的数据资源。这不仅能实现数据的经济与社会双重效益，更能满足不断增长的平台数据需求，进而推动政府数据价值转化与提升。这种转化，既是对数据资源的深度开发，也是对政府服务能力的全面升级。

第三节　大数据驱动区域基本公共服务
均等化与一体化的能力因素

大数据驱动区域基本公共服务跨层级联动创新的能力，主要体现在公共部门如何有效获取并利用资源，进而转化为优质的公共产品或服务，并最终服务于广大民众。这一能力的形成与提升，依赖于多个关键因素：财政投入、政策扶持、内部资源优化与分配、信息基础建设的完善以及数据治理水平等。财政投入与政策支持的双重作用，为大数据在区域基本公共服务中的应用奠定坚实的物质和组织基础。没有足够的资金支持，大数据技术的引入和应用

---

① 夏义堃.政府数据治理的维度解析与路径优化［J］.电子政务，2020（7）：43-47.

将无从谈起；而对应的政策引导与扶持，则提供了基本组织保障；内部资源的有效管理与配置，是大数据应用顺利实施的关键环节。它确保了公共部门能够在日常运营中，高效调配和使用各类资源，从而为大数据技术的深度应用提供有力支撑；跨层级的协同合作能力，是推动数据流通共享的核心要素。这不仅要求公共部门打破层级壁垒，实现信息自由流通，还需要通过完善的信息基础设施，保障大数据平台的顺利搭建，以及数据的收集、利用、开放和共享。最后，数据治理能力在整个过程中起着决定性作用，直接影响到公共部门数字化转型的成败。高效的数据治理能力，能够确保大数据在公共服务中的有效应用。

一、财政能力与政策支持能力

丁辉侠研究发现：公共部门在获取财政与政策支持方面的能力，对公共服务供给能力有着直接深远的影响①。换句话说，基本公共服务的提供离不开充足的资金保障，而公共部门能否有效获得财政支持，则直接关系到服务供给的品质与规模。此外，财政资金的分配方式还会影响不同地区和不同服务领域内公共服务供给的差异性。政策，作为政府决策和意志的具体体现，实质上是对社会资源的权威性分配机制。公共服务的发展与公共政策紧密相连，政策环境的变化对服务发展方向和服务模式的调整起着至关重要的引导作用。在政策的扶持下，以省级政府为代表的高层权力机构能够利用其行政力量，从上至下对社会资源进行有序分配。公共政策在基本公共服务中扮演着多重角色：既是导向，指引着服务发展的方向；又是调控器，平衡着资源的分配；同时，还是资源分配者，确保资源合理、公平地流向各个领域。公共部门若能成功获取政府的政策支持，将极大地促进其在大数据应用方面的进展，进而以数据为驱动力，深化公共服务改革，实现跨层级的联动创新。

（一）财政能力

财政能力也称财政实力，是政府获取财政收入的能力。主要包含两个方面：一是中央政府赋予的税收征收权力及提供公共服务时的自由裁量权；二是地方政府通过优化区域经济环境、调整经济政策来刺激经济发展，进而吸

---

① 丁辉侠.地方政府提供公共服务的能力与动力分析［J］.河南社会科学，2012，20（9）：31.

引更多优质资源，以此拓宽税收基础并提升财政收入①。在分税制改革实施后，中央政府下放了行政权力但上收了财政权，这在一定程度上导致地方政府的财政收入大幅缩减，财政支出持续增长。这种状况在各级政府中逐级体现，尤其是县乡基层，其财政压力日益加剧②。如今，推动大数据技术在政府层面的应用已成为一项重中之重的任务，这就要求各级政府积极承担起数据平台建设的主体责任。平台构建不仅需要专业的技术团队和先进的信息技术支撑，最为关键的是要有充足的资金投入作为保障。然而，鉴于数据价值评估往往需要较长时间，且其效益不易立马显现，就要求地方政府拥有稳定而持久的财政支持能力。总的来说，地方政府在财政实力上面临着多方面的挑战，既要应对分税制改革带来的影响，又要在新的技术环境下承担起数据平台建设的重任，对其财政能力提出了更高的要求。

在当前经济环境下，地方政府的绩效考核主要以国内生产总值（GDP）为衡量标准。由此，政府在分配财政资金时，更倾向于支持那些能显著推动区域经济增长和提高地方税收的经济性公共服务项目，而忽视了社会性公共服务及数据基础设施的建设。这不仅导致了公共服务发展的不均衡，还使一些地区的基础保障性服务欠缺，而某些生产性服务却资源过剩。由此可见，地方政府获取上级财政支持和辖区内税收的能力，对公共服务供给起着至关重要的作用。财政实力的强弱直接影响着公共服务资源的流向和配置。若地方政府能够增强其财政实力，便能够更多地从公平与正义的角度出发，优化财政支出结构，这对于加强数据平台构建、实现数据在不同层级间的流通与共享，以及促进公共服务跨区域跨层级合作具有深远影响。此外，政府部门通过设置财政激励机制，可以有效推动地方政府在公共服务领域的发展，从而改善当前公共服务分配不均的状况，并激发服务创新的活力。这些措施的实施，为公共服务的全面提升注入新的动力。

对公共部门而言，获取财政资助的能力至关重要。公共服务不仅具有广泛惠及民众的特点，还具有承担社会保障的功能。因此，公共服务的价值不仅体现在经济上，更体现在对社会带来的积极影响上。然而，公共部门在提

---

① 丁辉侠. 我国地方政府提供公共服务的困境与对策分析［J］. 吉首大学学报（社会科学版），2012，33（4）：158-161.
② 辛方坤. 财政分权、财政能力与地方政府公共服务供给［J］. 宏观经济研究，2014（4）：67-69.

供服务时，往往难以确保稳定的经济回报，这就需要政府通过财政补贴来确保服务的连贯性和有效性。特别是在推进大数据应用方面，公共部门仅凭自身的经费很难承担起全面信息系统建设的高成本。在这种情况下，政府专门用于信息化建设的资金就显得尤为重要，它对推动公共部门的信息化和数字化建设具有关键作用。为了提高服务质量和效率，公共部门需要从两个方面着手：一是提升获取政府财政资助的能力，以确保有足够的资源支持其运营和发展；二是不断改进和优化自身的管理模式，提高盈利能力，从而减少对外部资金的依赖，实现更为可持续的运营。

（二）政策支持能力

公共政策作为政府社会治理的关键手段，其在公共服务领域的应用与经济政策存在显著差异。公共服务政策核心是确保资源分配的公平性、公正性和效率性。基本公共服务寻求政策支持的重要性在于，通过相关政策的出台，能够借助行政力量，从上至下促进资源在各个层级和部门间高效配置。公共服务政策的出发点是响应和满足公众的公共需求。然而，仅凭民众的意愿和力量，需求很难自下而上影响政府的资源配置决策。因此，获取政策支持的能力，就体现在如何有效地收集和整合公众需求，将其纳入政策制定的议程之中，并向上级提交相关的政策提案。提案经过上级政府的审议后，将转化为正式的政策并予以实施，从而确保公共服务资源的优化配置。在基层，尽管居民在资源分配上可能不占优势，但通过与上级部门的积极沟通和互动，可以有效地将基层公共服务需求向上反馈，进而获得上级的精确回应和有针对性的政策支持，以此来提升基层公共服务质量。

加强获取政策支持的能力，对推动大数据驱动区域基本公共服务一体化跨层级联动至关重要。早在 2015 年 10 月，党的十八届五中全会就明确提出实施国家大数据战略，在这一战略导向下，各级地方政府都积极投身数字政府建设的进程中。为落实这一战略，国务院办公厅随后相继发布了《"互联网+政务服务"技术体系建设指南》和《进一步深化"互联网+政务服务"推进政务服务"一网、一门、一次"改革实施方案》等重要政策文件。这些文件为平台系统的构建、数据的协同共享提供了明确的指导方针。在中央政府大力推动大数据治理政策的背景下，各级政府和公共部门积极响应，从财政上给予大力支持，并从政策层面要求各区域各部门间紧密配合、及时响应。这些举措有力地推动了数据平台的搭建与数据的广泛共享，进而促进了公共服务资源在不同区域不同层级间的自由流动，为公共服务的联动创新铺平了道路。

二、资源配置与管理能力

丁辉侠研究指出：资源配置与管理能力对于公共部门最大化利用现有公共资源获取效益具有决定性作用①。资源管理能力是指从开始的信息收集到最终公共服务的综合管理，是一个全方位、全流程的把控过程。而资源配置能力是指公共资源在部门内部各单元间分配的合理性，这种分配的合理性直接对公共服务的水平和效能产生影响。公共资源的管理与配置不仅涉及资金层面，还包括技术、人员等多个维度。只有具备了出色的资源管理与配置能力，才能为数据治理工作的推进提供坚实的物质支撑，进而为公共服务的发展奠定牢固的物质基础。

（一）资源配置能力

张会平研究指出：资源配置能力是指公共服务资源在不同项目、不同领域、不同群体、不同区域之间进行合理分配的能力②。在公共服务供给总量一定的情况下，资源配置的能力直接关系到公众对公共服务的实际感受。基本公共服务旨在满足公众的普遍需求。因此，公共资源理应更多地投向那些具有普惠性和社会性的项目。然而，在经济还不够高度发展的今天，地方政府常常因财政压力而更倾向于投资经济效益显著的项目，以寻求地方财政收益。对公共部门来说，内部资源的配置能力直接影响工作效率和服务质量。相较于政府，公共部门在人、财、物的管理与配置上享有更大的灵活性，因此其资源配置和有效利用资源的能力也更强。要提升资源配置能力，就需要地方政府和公共部门在追求内部利益与履行社会服务职能之间找到平衡点，确保资源分配既能促进经济发展，又能兼顾社会民生。良好的资源配置能力能够最大限度地发挥有限资源的价值，实现公共资源的最优化利用。同时，也需要对短期内经济效益不明显的项目，如数据平台建设等，进行合理规划与安排，确保数据治理工作稳步推进，为数据的流通共享及其价值的发挥提供持

① 丁辉侠. 地方政府提供公共服务的能力与动力分析［J］. 河南社会科学，2012，20
（9）：30-32.
② 张会平，李茜，邓琳. 大数据驱动的公共服务供给模式研究［J］. 情报杂志，2019，38
（3）：166-172.

续的资源保障。

（二）资源管理能力

资源管理能力是指在公共服务供给中对各类资源从收集到使用全流程的及对公共服务供给过程的质量和效率的监督、评估和管理。长久以来，作为公共服务主要提供者的政府和公共部门，在缺乏市场竞争和外部监督的双重境况下，未能建立起有效的评估机制，在基本公共服务供给过程中，往往更关注服务数量的达成，而忽视了服务质量的提升。为了强化资源管理能力，首要需要构建一套系统而全面的监督评估框架。该框架应能衡量资源管理效能及其对公共服务品质的实际影响，评估政府或公共部门在资源配置和利用方面的合理性与效率。同时，对各职能部门的资源管理能力进行定期考核，并将纳入整体绩效考核体系，以此推动公共服务资源的科学分配、公平利用，并进一步激发政府在公共服务改革与创新方面的内在动力。

另一方面，需要构建以数据信息为基础的公共服务资源管理平台。通过信息的流通与数据的共享，加强不同部门之间的信息交流，实现公共服务信息资源的共享与传递。借助信息和数据的开放与共享，推动资源在各部门和各层级之间更为合理和高效地流动，进而提升公共服务的整体水平，更好地满足公众的多样化需求。

三、区域协调合作能力

区域协调合作能力，是指在特定区域内，各主体之间通过协同、整合与沟通，共同推进区域发展目标实现的能力。该能力对促进区域经济、社会均衡与可持续发展具有重要意义。尤其在大数据时代背景下，对推动区域基本公共服务一体化起到了前期准备的独特作用。区域协调合作能力的提升，为大数据技术的应用提供了广阔的空间。大数据技术能够高效地收集、处理和分析海量数据，为区域内的公共服务决策提供更加精准、科学的依据。通过区域间的数据共享与交换，不仅能够优化资源配置，还能有效减少重复建设与资源浪费，从而提高公共服务的整体效率和质量。在大数据的助力下，区域协调合作能力进一步促进了基本公共服务的一体化进程。一体化意味着打破行政区划的界限，实现服务标准的统一和服务资源的均衡配置。这不仅能够让居民享受到更为便捷、高效的服务，还能有效缩小区域内部的发展差距，增强区域的整体竞争力。同时，大数据的应用也要求区域内各主体之间建立更为紧密的合作机制。数据的收集、分析与利用需要跨部门的协同与配合，无疑会加强区域内的沟通与协调，进一步提升区域合作的能力与水平。

在推进区域基本公共服务一体化进程中，加强区域协调合作能力，首先，政府及公共部门应明确自身定位，时刻将"为人民服务"的根本宗旨铭记于心，进行全面规划布局，有条不紊地加强各级之间的协同配合。同时，各级部门也需从内部着手，构建起跨越不同区域层级、能够确保业务顺畅进行的沟通协调机制。通过双向努力，可以更有效地提升公共服务的质量和效率，实现服务的均等化与普及化。如在构建跨区域数据协同机制实践中，各级单位应遵循统一规划与部署，系统推进并确立统一标准规范。清晰界定各部门及各层级的具体职责，以确保责任明确、分工有序。同时，应根据不同领域的实际需求，采用业务协同推进的策略，优先在关键领域实施数据协同机制建设。通过有重点、有计划的推进方式，最大限度地加强层级间数据共享与业务协同，从而有效推动数字化建设的深入发展。此外，通过不断强化层级间协调合作能力，促进数据的顺畅流通与广泛共享，进而实现数据价值的最大化利用。

四、基础信息技术保障能力

为了推进大数据在区域基本公共服务一体化中的运用，并实现跨区域跨层级的联动创新，首先必须努力缩小不同区域、层级之间的数字鸿沟，并着力消除层级间的数据流通障碍。这一目标的实现，对加快构建新一代高速、便捷、安全且广泛覆盖的信息基础提出了迫切需求。

（一）信息技术基础建设与保障能力

信息技术是当下社会科技发展的关键词，它不仅为部门内外的信息交流提供了无缝对接的平台，而且深刻地改变了部门内部信息传递结构。传统"金字塔式"式信息层级正逐步被高效、灵活的扁平化和虚拟化结构取代。同时，也催生出政府与其他社会实体之间全新的互动模式。政府电子化治理已成为公共管理领域的热门话题，其兴起和发展与信息技术的支持和保障密不可分。学者与官员已达成广泛共识：电子治理是借助信息通信技术作为核心手段的新型治理方式[①]。具体而言，电子治理通过信息技术的运用，不仅优化

---

① 王萍. 政府电子化进程中信息通信技术的地位和功用研究 [J]. 行政论坛，2019，26（4）：83-84.

了政府与经济社会的互动方式，还简化了政府行政流程和公共事务处理步骤，从而提升了治理的效率。在这一时代背景下，不仅仅是政府部门，其他公共机构也纷纷响应信息化的号召，积极推动内部管理结构创新，以实现工作效率的显著提升。大数据驱动基本公共服务一体化跨层级联动创新也是基于电子治理范式的创新。这种创新正是基于电子治理的新范式，要求信息技术的建设和保障能力足够强大，以支撑公共部门实现治理的协同化、透明化、数字化和智慧化。

（二）信息一体化建设与保障能力

信息一体化平台为公众提供了便捷访问跨部门信息和服务的统一入口，这种集中化的方式深受大众的喜爱①。无论是公共部门内部各层级，还是外部各相关主体，都能在一站式服务平台迅速、高效地获取宝贵的信息资源。这一平台不但加速了数据的整合、开放与共享，使更多数据得以有效应用，而且显著提升了公共决策的效率和质量。同时有效打破部门间的信息壁垒，消除协同工作障碍，实现各部门之间横纵向资源全面共享，进而帮助公共部门更为合理地配置资源，并对职能进行优化整合。这种整合不仅让部门设置更加科学，也使行政流程更为高效、顺畅。正如张述存指出：信息一体化有助于公共部门进行更为科学的自我调整和流程再造。最终推动地方政府简化行政程序，转变政府职能②。总之，信息一体化平台不仅提升了政府服务的效率和透明度，更为公众带来了实实在在的便利，推动了政府服务的现代化进程。通过这一平台，地方政府更好地响应公众诉求，优化服务流程，实现政府职能从管理向服务的根本转变。同时还提高了政府的公信力和执行力，也为公众和各市场创造了公平、透明、高效的行政环境，从而促进了社会的整体进步和发展。

五、数据治理能力

大数据开辟了信息技术的新纪元，其影响力已远超工具与技术范畴，现逐渐演变成全新的思维模式和实践能力。在政府部门，大数据正逐步奠定在

① 杜超，赵雪娇．基于"政府即平台"发展趋势的政府大数据平台建设［J］．中国行政管理，2018（12）：146-147.

② 张述存．打造大数据施政平台提升政府治理现代化水平［J］．中国行政管理，2015（10）：16-17.

宏观经济调控、公共服务提供、社会管理等方面的"基石"地位。同样，在公共部门内，大数据也正在重塑信息"获取—储存—分享—应用"模式，成为推动公共服务创新供给的重要驱动力。数据治理的核心理念是根据既定的目标和规范，明确政府部门在数据处理过程中的具体职责，同时运用先进的信息技术，实现对数据生命周期的全面管控，以期达到政府数据的最大化效用。对地方政府而言，数据治理不仅促进了社会治理的透明度与规范性，同时也提升了公共决策与服务的精确性。面对国内基本公共服务发展不均衡的现状，必须充分发挥大数据潜力，深度挖掘、分析社会数据，为政策制定提供更为坚实和高效的支撑。公共部门在数据治理主要表现在对数据的采集、处理、共享和利用四个方面。通过四大环节的有效管理，大数据将在公共服务领域发挥更大的价值，推动社会治理水平的提升。

（一）数据采集能力

数据采集能力是指各公共部门在职责范围内根据部门需求，从有关信息源或载体内对各种形态的信息选择、采集和提取的能力。是公共部门在信息时代不可或缺的核心能力。在数据爆发式增长的时代下，政府每天都需要处理结构多样的海量数据。这就要求公共部门必须拥有一双"慧眼"，能够在浩瀚的数据海洋中甄别出对公共政策制定具有价值的信息。为此，需求分析就成为关键的第一步。通过深入分析，部门能够明确所需数据的具体内容、结构特征及其独特性，从而过滤那些错误或无关的数据，确保采集到的信息准确且相关。同时，在采集过程中，灵活运用多种方法，确保从各信息源中高效提取所需数据。最后，将采集的数据进行系统整合与集中，以便后续分析与使用。数据采集不仅要求精湛技术，更强调逻辑上的严密与层次上的分明。

（二）数据处理能力

数据处理能力是现代政府部门高效决策、精准服务的关键。数据处理是基于前期精心采集的价值数据，结合特定需求和目标，利用先进数据统计分析工具进行深入分析、直观可视和安全存储的过程。大数据技术的融合应用，可以挖掘出数据间的深层关联和潜在规律，为政府决策提供强大的数据支撑。通过大数据分析，过往许多难以预测的社会问题和现象瞬间变得可预测、可管理。这不仅有助于政府提前预防潜在问题，更能实现从"被动响应"到"主动发掘"公民需求的转变，为民众提供更为精准、及时的公共服务。此外，数据处理中的存储环节也至关重要。加工后的信息需按照既定标准和规则妥善存储，并依据特征和内容进行有效分类，构建系统检索体系。这样，不仅为数据分析和可视化提供了有力保障，更实现数据的共享与高效的利用。通过数据处理流程，政府部门能够更好地洞察社会动态，优化资源配置，提升公共服务质量，增强政府治理能力。

（三）数据共享能力

数据共享能力，是指政府或组织在保障数据安全与隐私的前提下，实现跨部门、跨系统、跨地域的数据互联互通与高效利用的能力。这一能力不仅是数字时代政府治理现代化的重要标志，也是推动社会治理创新、经济转型升级的关键驱动力。政府实现数据共享，一方面，能够打破信息孤岛，促进政府内部及政府与社会之间的信息流通，提升决策的科学性和精准度。另一方面，有助于优化公共服务供给，通过数据分析洞察民众需求，实现服务个性化和定制化，提高公众满意度。实现高效的数据共享，政府需采取多元化途径。首先要建立健全数据共享法律法规体系，明确数据共享的范围、方式和责任，为数据共享提供法律保障。其次，构建统一的数据共享平台，实现数据资源的集中管理和统一调度，降低数据共享的技术门槛和成本。再者，强化数据安全防护体系，采用先进的加密技术和隐私保护机制，确保数据共享过程中的信息安全和个人隐私保护。最后，培养数据共享文化，提升政府官员和社会公众的数据意识与共享意愿，营造良好的数据共享生态。

（四）数据利用能力

数据利用能力，是将海量数据转化为有价值信息和知识，进而驱动决策优化、服务创新及流程再造的能力。它是解锁数据价值、驱动组织变革的关键所在。不仅要求对数据有深刻的洞察力，还需掌握先进的数据分析技术与方法。提升数据利用能力，首先需强化数据意识，认识到数据作为核心资产的重要性。其次，构建完善的数据治理体系，确保数据质量、安全性和合规性，为数据利用奠定坚实基础。同时，培养跨学科的数据分析人才，掌握数据挖掘、机器学习等前沿技术，提升数据处理的效率和精度。更重要的是，将数据利用融入组织战略和业务流程中，实现数据驱动的决策与运营。通过数据洞察市场需求、优化资源配置、提升服务体验，进而解锁数据的潜在价值，推动组织可持续发展。

第四节　动机—能力框架下的区域基本公共服务一体化典型案例

包容性协同：长三角基本公共服务一体化的范式选择

2019 年 12 月，随着《长江三角洲区域协同发展战略规划》的正式出台，长三角地区发展被赋予了新的历史使命，标志着正式迈入高质量发展的全新阶段。在这一时代背景下，公共服务一体化作为区域协同发展的重要支柱，其战略地位日益凸显，成为推动区域高质量生活与高水平均衡发展的关键驱动力。公共服务一体化不仅仅是区域发展策略中的一个环节，更是实现区域经济一体化、社会融合与文化共享的核心路径。要求区域治理中引入更为深远的协同理念，超越传统的行政边界，通过制度创新、政策协调与资源优化配置，确保公共服务的均衡覆盖与高效供给。构建一个全方位、多层次的公共服务体系，不仅涵盖教育、医疗、养老等传统领域，还要拓展至文化、体育、环境等新兴领域，以满足人民群众日益增长的多元化需求。在互联网高度发展的今天，长三角有条件利用大数据、云计算等先进手段，打破信息孤岛，实现跨区域、跨部门的数据共享与业务协同，为公共服务一体化提供强有力的技术支撑。

一、大数据驱动长三角区域基本公共服务一体化的动机分析

大数据驱动的区域基本公共服务一体化，是一个复杂而多维度的系统工程，它深刻影响着区域经济的均衡发展与社会福祉的提升。这一进程绝非政府一己之力所能完成，而是需要政府、企业、公众等多方主体携手并进，共同构筑起一个高效协同的服务网络。从动机层面来看，外部动机是推动区域基本公共服务一体化的重要驱动力。长三角地区，作为中国经济发展的重要引擎之一，其内部的经济协作紧密度、人口流动的频繁性以及产业结构的互补性，共同编织了一张错综复杂而又充满活力的区域发展网络。这种独特的区域特征，不仅促进了经济的快速增长，也对公共服务一体化提出了更为迫切和深刻的要求。尤其是在民生社会保障领域，社会保障作为公民的基本权利，其人身依附性决定了它必须随着劳动者的流动而实现无缝衔接，确保每

一位"长三角人"都能享受到应有的权益保障。根据最新发布的 2023 年 1%人口调查数据分析，长三角地区的人口流动现象尤为显著，呈现出高度的一体化趋势。上海市作为该区域的龙头城市，其人口构成中来自长三角其他地市的迁入人口高达 772 万，这一数字不仅反映了上海对周边城市的强大吸引力，也凸显了区域间人口流动的密切程度。同时，苏州、合肥、杭州、南京等城市也分别接纳了规模在 231 万至 334 万之间的长三角其他城市外来人口，无锡、宁波、常州等地也迎来了百万级别的长三角地区人口迁入。这一系列数据清晰地描绘了一幅长三角地区人口深度交融的画卷，预示着"长三角人"这一共同身份正在逐步形成。因此，新迁入的其他城市人，对跨区域的基本公共服务如教育、医疗等需求日益旺盛。随着企业规模的扩大和业务的拓展，员工跨地区流动成为常态，他们对便捷、高效的基本服务提出了更高要求。期望能够跨越地理界限，享受到更加均衡、优质的基本公共服务服务。

内部动机主要是指在长三角区域一体化进程中，政府为缓解区域内发展不平衡以及优化政府与社会市场互动关系等方面所做的努力。这些努力具体体现在以下几个方面：推动区域内基本公共服务均等化：政府通过制定和实施相关政策，促进区域经济协同发展：在 2019 年 12 月，《长江三角洲区域协同发展战略规划》的指引下，长三角三省一市 41 个城市联合行动，共同制定协调发展目标。优化政府与社会市场互动关系。深化"放管服"改革：政府通过简政放权、放管结合、优化服务等措施，降低市场准入门槛，激发市场活力和社会创造力。例如，推进"一网通办""跨省通办"等政务服务便利化措施，提高政府服务效率和透明度。加强政策引导和支持：政府制定和实施一系列政策措施，支持企业创新发展和转型升级。加强市场监管和执法力度：政府加强市场监管和执法力度，维护市场秩序和公平竞争环境。例如，加强知识产权保护、打击假冒伪劣产品、规范市场秩序等措施，保护消费者权益和企业合法权益。

二、大数据驱动长三角区域基本公共服务一体化的能力分析

大数据驱动长三角区域基本公共服务一体化的动机与能力之间存在着密切互动关系。动机是能力发挥的前提和基础，能力是动机实现的保障和支撑。两者相互促进、共同提升，共同推动区域基本公共服务一体化进程向前发展。

能力方面，在推动长三角区域基本公共服务一体化的宏伟蓝图中，政府

的能力展现无疑是其核心驱动力。为了高效推进这一进程，长三角地区政府采取多维度、深层次的策略与措施，全方位地提升区域公共服务的质量和覆盖面。

首先，财政支持是区域一体化发展的坚实后盾。长三角地区政府深刻认识到财政资源对于推动重大项目与创新的关键作用，因此，通过设立专项基金，特别是针对大数据等前沿科技项目，为区域基本公共服务一体化提供了强有力的资金支持。这些专项基金不仅促进了技术的研发与应用，还带动了相关产业链的发展，为公共服务的智能化、精准化升级奠定了经济基础。

其次，政策引导是区域一体化发展的行动指南。政府制定并实施了诸如《长三角区域一体化发展规划纲要》等一系列具有前瞻性和指导性的政策文件，明确了区域一体化发展的总体目标、重点任务和实施路径。这些政策不仅为各级政府和相关部门提供了工作依据，还增强了社会各界的信心与预期，形成了推动区域基本公共服务一体化的强大合力。

再次，在资源配置方面，长三角地区政府注重资源的均衡分配与高效利用。通过跨区域的医疗设备和教育资源调配，政府有效缓解了资源分布不均的问题，确保了城乡居民能够享受到更加公平、优质的公共服务。这种资源配置的优化，不仅提升了公共服务的整体效能，还促进了区域间的协调发展，增强了区域的整体竞争力。此外，区域协调合作是区域一体化发展的重要保障。长三角地区政府通过建立长三角一体化发展示范区等合作平台，加强了区域间的政策协同、信息共享和执法联动。这些合作机制不仅促进了区域内部各城市之间的紧密合作与互利共赢，还提升了区域对外开放的水平和国际竞争力，为区域基本公共服务一体化创造了更加有利的外部环境。

最后，信息基础建设和数据治理能力的提升是区域一体化发展的技术支撑。长三角地区政府高度重视信息化建设对于提升公共服务效率和质量的重要作用，通过建设长三角政务数据共享交换平台等措施，打破了信息孤岛和数据壁垒，实现了区域内部各政府部门之间以及政府与社会之间的数据互联互通与共享利用。这不仅提升了政府决策的科学性和精准性，还为公众提供了更加便捷、高效的公共服务体验。

区域基本公共服务一体化是新时代政府创新公共服务模式的重要方向。运用"动机—能力"分析框架深入探讨了大数据技术在公共服务领域应用的动因和实施能力。未来政府需进一步加强财政支持、政策扶持、资源配置、区域协调合作、信息基础建设及数据治理等方面的能力建设，推动大数据技术在公共服务领域的广泛应用和深入发展，实现区域基本公共服务的均等化与一体化目标。长三角地区的成功实践为全国其他地区提供了宝贵经验和借鉴价值。

第七章

大数据驱动区域基本公共服务均等化与一体化运行机制

大数据驱动区域基本公共服务一体化建设是当前社会治理创新的重要形式，也是提升公共服务效能、满足人民群众多元化需求的关键途径。实现这一目标的关键需要构建"纵向融通、横向协同"的治理协调机制。旨在打破传统公共服务供给中的条块分割，消除信息壁垒，促进资源、信息、服务在跨区域不同层级、不同部门之间的无缝衔接与高效流动，从而实现区域基本公共服务供给的协同均衡与精准有效的一体化目标。实现这一目标的核心机制主要包括以下几个方面：首先，以数据聚合为中心的触发机制是基础。通过大数据、云计算等现代信息技术手段，实现公共服务相关数据的全面采集、高效整合与深度分析。其次，以链接与互通为中心的联结机制是桥梁。通过建立跨部门、跨区域信息共享平台与业务协同系统，打破信息孤岛，促进不同服务主体之间的有效连接与互动。再次，以开放与互动为中心的联动机制是活力源泉。鼓励政府、市场、社会等多元主体共同参与公共服务供给，通过开放数据接口、建立反馈机制等方式，增强服务的灵活性与响应性。最后，以流动与共享为中心的适应性协作机制是保障。在公共服务一体化建设中，注重资源的动态配置与共享利用，根据服务需求的变化灵活调整服务供给策略。这一机制能够确保公共服务体系能够持续适应经济社会发展的新要求，提高服务的可持续性和稳定性。这一体系的建立将推动公共服务供给模式从分散化、碎片化向整体化、协同化转变，为人民群众提供更加优质、高效、便捷的公共服务。

第一节 以汇聚与整合为中心的触发机制

触发机制作为数字化驱动区域公共服务信息资源汇聚与整合的关键，其重要性不言而喻。正如梅特卡夫定律所深刻揭示的那样，一个网络的价值与其内部节点数的平方成正比，这意味着网络的价值并非简单地随用户数量的线性增长而增长，而是呈现出一种更为迅猛的增值态势。这一定律在数字化驱动的公共服务一体化进程中得到了生动体现，聚合触发机制正是这一价值倍增效应的直接表现。随着网络整合的区域资源日益丰富，其所能创造的公共价值也随之显著提升，这不仅体现了数字化技术的强大潜力，也彰显了其在重塑公共服务体系中的核心作用。与传统的区域壁垒式价值体系相比，数字化驱动的核心价值在于实现数据的最大程度汇集，并在此基础上实现数据价值的最大化利用。这一转变打破了以往信息孤岛的局面，促进了政府数据资源与社会数据资源的深度融合与广泛共享。在这个过程中，区域社会环境中的人、机、物等要素被全面数字化，形成了一个涵盖全方位、全流程和全系统的数据库。这一数据库如同一座坚实的数据底座，为公共服务系统提供了获取其主体和要素全面信息的强大支撑，使公共服务能够更加精准、高效地响应社会需求。依托这一统一的数据底座，数字化分析技术得以大展身手。通过对海量数据的深度挖掘与分析，公共服务系统能够准确锁定特定公共服务的使用者，将以往模糊且难以捉摸的"不确定的多数"转变为具体而清晰的个体。这一转变不仅极大地提升了公共服务的针对性和有效性，也使有限的公共资源能够得到更加合理、高效的配置。例如，在教育、医疗、社会保障等领域，数字化技术可以帮助政府更准确地识别出最需要帮助的群体，为他们提供更加个性化的服务方案，从而实现公共服务的精准供给。

一、以数据聚合为中心的触发机制概述

（一）数据聚合的概念与意义

数据聚合是一个复杂而关键的过程，它指的是将分散在不同来源、不同格式的数据进行整合、清洗、转换，最终形成一个统一、规范的数据集。在大数据的背景下，数据聚合的重要性日益凸显，它不仅仅是一项技术操作，

更是一种推动信息流通、资源共享和价值创造的重要手段。通过数据聚合，可以更加有效地利用和挖掘数据的价值，为决策制定、业务优化和创新发展提供有力的支持。对基本公共服务而言，数据聚合的作用尤为显著。在传统的公共服务体系中，由于部门壁垒和信息孤岛的存在，数据往往被分散在不同的部门和系统中，难以实现共享和利用。而数据聚合技术的应用，可以有效地打破这些壁垒，消除信息孤岛，实现跨部门、跨系统的数据整合和共享。这不仅可以提高公共服务的效率和质量，还可以推动服务流程的再造和服务模式的创新。通过数据聚合，公共服务机构可以更加全面地了解公众的需求和偏好，从而提供更加个性化、精准化的服务。同时，数据聚合还可以促进公共服务资源的优化配置和共享，提高资源的利用效率，降低服务成本。因此，在推动基本公共服务均等化、优质化的过程中，数据聚合将发挥越来越重要的作用。

（二）触发机制的作用原理

触发机制是一个复杂而精妙的概念，它指的是以特定事件或条件为起点，通过一系列连锁反应，激活并推动系统内部各要素相互作用、协同运作的过程。这一机制在多个领域都有着广泛的应用，特别是在以数据聚合为中心的系统中，其重要性尤为突出。在以数据聚合为中心的触发机制中，数据本身成为驱动服务创新、流程优化、资源配置的关键因素。该机制的核心在于，当数据达到一定规模、满足特定条件时，将触发一系列服务响应与资源调度动作。这些动作可能是服务的自动调整、流程的重新配置，也可能是资源的重新分配和优化。通过这些动作，系统能够更好地适应外部环境的变化，满足用户的需求，从而实现公共服务的精准供给与高效运行。其优势在于灵活性和响应迅速。由于数据聚合提供了全面、实时的信息，系统能够迅速识别出触发条件，并做出相应响应。这不仅提高了服务的效率和质量，还增强了系统的适应性和稳健性。同时，通过不断地触发和响应，系统还能够积累更多的经验和知识，进一步优化其运行策略和服务模式。因此，在以数据聚合为中心的触发机制中，数据不仅是信息的载体，更是推动服务创新、流程优化、资源配置的重要力量。这种机制的应用，将为公共服务的精准供给和高效运行提供有力支持。

二、数字化驱动区域公共服务信息资源的汇聚

在当今信息化高速发展的时代，数字化已经成为推动社会进步和发展的重要力量。特别是在公共服务领域，数字化技术的应用不仅提升了服务效率，更在信息资源的汇聚与管理上展现出了前所未有的潜力。区域公共服务信息资源的汇聚，作为数字化驱动的关键一环，正逐步成为实现公共服务精准化、高效化的重要基石。传统上，公共服务信息资源分散于各个部门和机构，信息孤岛现象严重，导致资源难以共享，服务效率低下。然而，随着数字化技术的不断发展和应用，便有了前所未有的机会去打破这种壁垒，实现信息资源的全面汇聚和高效利用。数字化驱动下的信息资源汇聚，不仅能够打破部门间的信息隔阂，还能够通过数据的标准化和互通性，实现跨区域、跨系统的信息共享，为公共服务提供更加全面、准确的数据支持。更重要的是，数字化驱动下的信息资源汇聚，还能够通过大数据、云计算等先进技术，对汇聚的信息进行深度挖掘和分析，发现潜在的服务需求和问题，为公共服务的创新和优化提供科学依据。这种基于数据的决策和服务模式，将极大地提升公共服务的针对性和有效性，满足人民群众日益增长的多样化、个性化服务需求。因此，数字化驱动下的区域公共服务信息资源汇聚，不仅对于提升公共服务水平、优化资源配置具有重要意义，更是推动区域经济社会全面、协调、可持续发展的关键一环。

（一）政府数据资源的开放与共享

在数字化时代，数据的价值日益凸显，成为推动社会进步和发展的重要资源。对于政府而言，其掌握的数据资源更是具有无可估量的价值。而政府数据资源的开放与共享，则是推动区域公共服务信息资源汇聚的关键所在。政府作为数据资源的主要拥有者和管理者，应主动打破部门壁垒，推动数据资源的跨部门流动。在传统的管理模式下，政府数据往往分散在各个部门和机构，形成一个个信息孤岛。这种分散的状态不仅浪费了数据资源，也影响了公共服务的效率和质量。因此，政府需要形成统一的数据管理和共享机制，确保数据能够在不同部门和机构之间自由流动和共享。为了实现这一目标，政府可以建设政务数据平台，实现政府内部数据的集中存储和统一调度。通过这一平台，政府可以更加有效地管理和利用数据资源，为区域公共服务提供全面的数据支持。同时，政务数据平台还可以作为政府与社会组织和公众

之间的桥梁，推动数据的开放和应用。除了建设政务数据平台外，政府还应积极推动数据开放政策。通过制定相关政策和法规，鼓励社会组织和公众利用政府数据资源进行创新应用。这样不仅可以进一步拓展数据资源的价值空间，还可以激发社会的创新活力，推动公共服务的持续改进和优化。总之，政府数据资源的开放与共享是推动区域公共服务信息资源汇聚的关键。通过打破部门壁垒、建设政务数据平台和推动数据开放政策，政府可以更好地利用数据资源，提升公共服务的效率和质量，为区域经济社会的发展注入新的动力。

（二）社会数据资源的融合与利用

在数字化时代，数据已成为推动社会进步和发展的重要资源。除了政府数据资源外，社会数据资源同样在区域公共服务信息资源中扮演着举足轻重的作用。随着数字化技术的飞速发展，社会数据的采集、处理和分析过程变得日益便捷高效，为区域公共服务的优化与创新提供了前所未有的机遇。社会数据资源涵盖了企业生产经营数据、个人行为数据、社交媒体数据等多个方面，这些数据蕴含着丰富的信息，能够为公共服务提供有力的支持。为了充分利用这些宝贵的数据资源，构建社会数据共享平台显得尤为迫切。通过平台，可以鼓励企业和个人积极上传和分享各类数据资源，进而形成一个覆盖广泛、类型多样的社会数据资源库。这样的资源库不仅有助于政府更全面地了解社会需求和公众偏好，还能为公共服务提供更加精准和个性化的支持。政府在社会数据资源的开发与利用中应发挥引领作用。一方面，政府可以与社会数据提供方建立紧密合作关系，共同挖掘数据的潜在价值。这样有助于政府更深入地了解社会动态和公众需求，从而提供更加贴合实际的公共服务。例如，通过分析企业的生产经营数据，政府可以更好地了解区域经济的发展状况，制定更有针对性的产业政策；通过分析个人的行为数据，政府可以了解公众的服务需求和使用习惯，优化公共服务的供给方式和内容。另一方面，政府还应制定相关政策和法规，确保社会数据资源的合法合规使用。在推动数据共享的同时，必须保护数据提供方的合法权益，防止数据泄露和滥用等风险。政府可以建立数据安全管理机制，对数据进行加密和脱敏处理，确保数据在共享和使用过程中的安全性。通过整合政府数据资源和社会数据资源，区域公共服务信息资源将更加全面、丰富和多元。这将更有助于提升公共服务的效率和质量，满足人民群众日益增长的多样化、个性化服务需求。同时，数据的开放与共享还将激发社会的创新活力，推动公共服务模式的持续改进和优化。例如，基于大数据分析的智能交通系统可以优化交通流量管理，减少拥堵和交通事故；基于社交媒体数据的舆情分析可以帮助政府更好地了解公众意见和情绪，及时回应社会关切。此外，政府还可以利用社会数据资源进行政策效果评估和社会影响分析。通过对比政策实施前后的数据变化，政府可以评估政策的实际效果和社会影响，为政策的调整和优化提供科学依据。

总之，社会数据资源作为区域公共服务信息资源的重要组成部分，其开发与利用对于提升公共服务水平、优化资源配置具有重要意义。政府应与社会各界携手合作，共同推动社会数据资源的共享与应用。通过构建社会数据共享平台、制定相关政策和法规、加强数据安全管理等措施，政府可以充分发挥社会数据资源的价值，为区域经济社会的全面、协调、可持续发展注入新的动力。

三、数字化驱动区域公共服务资源的整合

数字化已成为推动社会进步和发展的重要引擎。尤其在公共服务领域，数字化技术的应用不仅极大地提升了服务效率，更在信息资源的整合与管理上展现出了巨大的潜力。区域公共服务信息资源的整合，作为数字化驱动下的关键一环，正逐步成为实现公共服务精准化、高效化的基石。传统上，公共服务信息资源分散于各个部门和机构，形成信息孤岛，导致资源难以共享，服务效率低下。然而，随着数字化技术的不断发展和应用，迎来了前所未有的机遇去打破这种壁垒，实现信息资源的全面整合和高效利用。数字化驱动下的信息资源整合，不仅能够打破部门间的信息隔阂，促进数据的互联互通，还能够通过数据的标准化处理，实现跨区域、跨系统的信息共享，为公共服务提供更加全面、准确的数据支持。

（一）构建全方位、全流程和全系统数据库

在公共服务领域，数字化技术的应用不仅极大地提升了服务效率，更在信息资源的整合与管理上展现出了巨大的潜力。数字化驱动的区域公共服务信息资源整合，正逐步成为实现公共服务精准化、高效化的基石。为了实现这一目标，需要构建全方位、全流程和全系统的数据库。该数据库应涵盖区域内所有与公共服务相关的信息资源，包括但不限于人口信息、教育资源、医疗资源、社会保障资源等。通过统一的数据标准和接口规范，可以打破部

门间的信息隔阂，实现各类数据资源的无缝对接和高效整合。这样的数据库将成为一个信息交汇的中心，为公共服务提供全面、准确的数据支持。同时，此数据库不仅仅是一个数据存储和整合的平台，还具备强大的数据分析和挖掘能力。通过对海量数据的深度分析和挖掘，可以准确识别公共服务的需求和使用者的特征，从而为精准服务提供有力的支撑。例如，通过分析人口信息和教育资源数据，可以了解不同区域、不同年龄段的人群对教育资源的需求，进而优化教育资源的配置；通过分析医疗资源和社会保障数据，可以了解公众的健康状况和社会保障需求，为制定更加精准的医疗和社会保障政策提供依据。此外，这个数据库的构建还需要注重数据的安全性和隐私保护。在整合和分析数据的过程中，必须严格遵守相关的法律法规，确保数据的安全使用，防止数据的泄露和滥用。同时，还需要建立完善的数据管理机制，确保数据的准确性和时效性，为公共服务的持续改进和优化提供可靠的数据支持。总之，数字化驱动的区域公共服务信息资源整合需要构建一个全方位、全流程和全系统的数据库。这个数据库将成为公共服务的信息基石，为提升公共服务水平、优化资源配置、推动区域经济社会全面、协调、可持续发展提供有力的支撑。

（二）数字化分析技术的应用

数字化分析技术作为区域公共服务信息资源整合的关键工具，发挥着越来越重要的作用。运用大数据分析、人工智能等先进技术手段，可以对海量数据资源进行深度挖掘和分析。这种深度挖掘不仅能够帮助我们准确把握公共服务的供需状况，还能够揭示使用者的特征和需求。例如，通过分析人口流动数据，可以了解不同区域、不同时间段内公共服务的需求变化；通过分析用户行为数据，可以了解公众对公共服务的偏好和使用习惯。基于这些分析结果，政府可以制定更加科学合理的公共服务政策和服务方案。通过精准定位服务需求和优化资源配置，政府可以提高服务效率，满足人民群众的多样化、个性化服务需求，进而提升公众的满意度。例如，根据教育资源的分析结果，政府可以调整学校布局，优化教育资源配置；根据医疗资源的分析结果，政府可以改善医疗服务供给，提高医疗服务水平。同时，数字化分析技术还可以帮助政府及时发现和解决公共服务中存在的问题和不足。通过实时监测和预警系统，政府可以及时发现服务中的瓶颈和短板，为持续改进和优化服务提供有力支持。例如，通过监测交通流量数据，政府可以及时发现交通拥堵问题，并采取相应的措施进行疏导；通过监测社交媒体数据，政府可以及时了解公众对公共服务的反馈和意见，及时调整和改进服务方式。总之，数字化分析技术作为区域公共服务信息资源整合的关键工具，正在推动公共服务向更加精准、高效、个性化的方向发展。应充分利用这一技术工具，不断优化公共服务供给，满足人民群众日益增长的服务需求，推动区域经济社会的全面、协调、可持续发展。

四、案例分析

杭州市作为我国智慧城市建设的先行者，其在数字化驱动的区域公共服务信息资源整合方面取得了显著成效，为全国乃至全球的智慧城市发展提供了宝贵经验。杭州市智慧城市建设的一大亮点，就是实现了政府内部和社会各方面数据资源的全面汇聚和整合。通过建设统一的数据平台和共享机制，杭州市打破了部门间的信息壁垒，促进了数据的互联互通。这一举措不仅提高了政府内部的工作效率，还为公共服务体系的完善提供了坚实的数据支撑。基于这些数据资源，杭州市智慧城市构建了覆盖教育、医疗、社保等多个领域的公共服务体系。在教育领域，通过数据分析，政府精准了解各区域、各年龄段的教育需求，从而优化教育资源配置，提升教育质量。在医疗领域，智慧城市的建设使得医疗资源得以更加高效地利用，患者可以通过在线平台预约挂号、查询病历，极大地提高了就医便利性。在社保领域，数据的整合与分析帮助政府更好地了解社会保障需求，为制定更加精准的社保政策提供了依据。同时，杭州市智慧城市还运用大数据分析等先进技术手段，对公共服务需求和使用者特征进行精准识别和分析。这一能力对于政府制定科学合理的服务政策至关重要。通过对海量数据的深度挖掘，政府可以及时了解公众的需求变化，预测未来服务趋势，从而提前规划，确保公共服务的持续性和稳定性。值得注意的是，杭州市在推进智慧城市建设的过程中，始终注重数据的安全性和隐私保护。在数据整合和分析的过程中，严格遵守相关法律法规，确保数据的安全使用，防止数据的泄露和滥用。这一做法不仅保护了公民的合法权益，也为智慧城市的可持续发展奠定了坚实基础。

杭州市智慧城市建设在数字化驱动的区域公共服务信息资源整合方面取得了显著成效。通过建设统一的数据平台和共享机制，实现了政府内部和社会各方面数据资源的全面汇聚和整合。基于这些数据资源，构建了覆盖多个领域的公共服务体系，为居民提供了便捷高效的公共服务体验。同时，运用大数据分析等先进技术手段，为政府制定科学合理的服务政策提供了有力支持。杭州市的智慧城市建设实践，为全国乃至全球的智慧城市发展提供了有益借鉴。

第二节　以链接与互通为中心的联结机制

联结机制是指数字化驱动区域公共服务信息链接与互通的一种核心机制。在数字化时代，社会的联通性达到了前所未有的高度，这不仅极大地增强了区域公共服务信息的规模化与可用性，也为公共服务的创新与发展提供了强大的动力。数字化所呈现的全数据、相关性、全向互动的特点，使得"有潜力支持前所未有的相互理解，进而支持公共政策和服务的巨大改进"成为可能。这一观点深刻揭示了数字化在推动公共服务变革中的巨大潜力。数字技术作为区域发展的战略性工具，其重要性不言而喻。不仅推动了公共服务信息与资源的链接与互通，公共服务的主体也呈现出多元化趋势。然而，数字技术的价值并不仅仅局限于工具层面。更重要的是，数字化驱动了组织链接、制度与理念的互联互通，使政策措施能够在不同区域、不同部门之间实现同频共振。这种深层次的互联互通不仅改变了现有跨区域公共服务管理的认知，也为探索制定新规范与新程序提供了可能。在数字化时代，公共服务的边界被打破，不同区域、不同部门之间的合作与共享成为常态。改善区域公共服务互通机制的关键在于以人为中心打造区域全域数据链接。通过数字化技术实现公共服务信息的全面链接与互通。同时，制定共同的数据标准也是至关重要。只有建立了统一的数据标准，才能避免内部市场的分裂，促进区域数据空间的建立。

在建立区域数据空间的过程中，标准化和互通性的共识与框架是必不可少的。这包括制定标准的技术与法律框架，以确保数据的安全性、隐私性和可用性。同时，还需要建立一套完善的数据共享机制，促进不同部门、不同区域之间的数据流通与共享。除了技术与法律框架的制定外，改善区域公共服务互通机制还需要注重人才培养与组织建设。数字化时代对公共服务人员的素质和能力提出了更高的要求。需要具备数字化思维、数据分析能力和跨界合作的能力，以适应数字化时代公共服务的新要求。同时，组织建设也是至关重要。需要建立一套灵活、高效的组织架构，促进不同部门、不同区域之间的协同合作，共同推动公共服务的创新与发展。此外，改善区域公共服务互通机制还需要注重民众参与反馈机制的建设。通过建立完善的反馈机制，可以及时了解民众对公共服务的需求和意见，为公共服务的改进和创新提供有力的支持。

一、联结机制概述

（一）联结机制的定义与重要性

联结机制，作为一种创新的数字化策略，其核心在于通过先进的数字化手段，实现区域公共服务信息的有效链接与全面互通。这一机制不仅促进了信息的规模化集聚，还极大地增强了信息的可用性与共享性，为公共政策和服务的持续改进与优化提供了强有力的支持。在区域一体化日益加速的当下背景中，公共服务信息的链接与互通显得尤为重要，被视为提升服务效率、促进资源均衡配置的关键路径。通过构建高效的联结机制，不同区域间的公共服务资源得以更加灵活地调度与分配，从而有效应对服务需求的地域性差异，确保每位公民都能享受到均等化、高质量的公共服务。数字化技术在此过程中扮演着至关重要的角色。凭借其全数据处理能力、强大的相关性分析能力以及全向互动的特性，数字化技术为跨区域公共服务管理带来了前所未有的机遇。它不仅使海量、多维度的公共服务数据得以快速整合与分析，还促进了政府部门、社会组织及公众之间的即时沟通与协作，形成了一种全新的、更加高效的服务管理与决策模式。通过数字化技术的深度应用，公共服务提供者能够更加精准地识别服务需求，预测服务趋势，进而制定出更加科学合理、贴近民生的政策与服务方案，推动区域公共服务体系向更加智慧化、人性化的方向迈进。

（二）数字化驱动的社会联通性

数字化驱动的浪潮带来了社会前所未有的高度联通性，使信息能够以前所未有的速度跨越地理界限，实现即时传递与共享。这种跨地域、跨时空的联通性，不仅极大地增强了信息的透明度和可及性，使信息的获取与使用变得更加便捷高效，还促进了政府、市场、社会组织及公众之间的有效沟通与合作。在数字化的赋能下，各主体间的信息壁垒被打破，合作成本降低，协同效率显著提升。通过数字化手段的应用，区域公共服务管理得以更加精准地捕捉和响应公众的需求。借助大数据、人工智能等先进技术，政府部门可以实时分析公众的行为模式和服务偏好，从而制定出更加贴合民众实际需求的公共服务政策。同时，数字化手段也使资源的优化配置成为可能，通过智能化的调度与管理，公共服务资源能够被更加高效地分配到最需要的地方，实现服务的最大化覆盖和效益的最大化提升。此外，数字化驱动还推动了公共服务的个性化供给。借助数字化的平台与工具，公众可以更加便捷地获取定制化的服务内容，满足其多元化的需求。这种个性化的服务供给模式，不仅提升了公众的满意度和幸福感，也进一步增强了公共服务的吸引力和影响力。

二、数字化驱动区域公共服务信息资源的链接

在当今信息化高速发展的时代，数字化已经成为推动社会进步的重要力量。特别是在区域公共服务领域，数字化不仅改变了传统服务模式的格局，更为信息资源的链接与共享开辟了全新的路径。数字化驱动下的区域公共服务信息资源链接，旨在通过先进的数字化技术手段，打破信息孤岛，实现跨区域、跨部门的信息互联互通。这一变革不仅提升了公共服务的效率与质量，更为公众带来了更加便捷、个性化的服务体验。通过数字化链接，公共服务信息资源得以更加高效地整合与利用，服务供给与公众需求之间的匹配度也显著提升。因此，深入探索数字化驱动下的区域公共服务信息资源链接机制，对于推动公共服务体系的现代化转型，提升社会治理效能，以及增强公众的幸福感与满意度，都具有十分重要的现实意义与深远的历史意义。

（一）数据资源的整合与标准化

数字化驱动下的区域公共服务信息资源链接，首先需要实现数据资源的整合与标准化。数据资源的整合与标准化，是数字化驱动区域公共服务信息资源链接的基石。这包括建立统一的数据采集标准、存储格式和交换协议，以确保不同来源、不同类型的数据能够无缝对接和共享。在数据采集阶段，明确的数据标准能够减少信息冗余和误差，提高数据质量。在数据存储和交换环节，统一的格式和协议则能够降低系统间的通信成本，提升数据处理效率。同时，为了实现跨区域、跨部门的公共服务信息资源链接，还需要制定

共同的数据标准和法律框架。共同的数据标准能够消除信息壁垒，促进数据在不同系统和平台之间的自由流动。而明确的法律框架则能够为数据的采集、存储、使用和共享提供法律保障，避免内部市场的分裂，确保数据流动的合规性和安全性。总之，数字化驱动下的区域公共服务信息资源链接是一个复杂而多维的过程。它要求我们在技术、法律和组织等多个层面进行深入的探索和实践。通过实现数据资源的整合与标准化，能够打破信息孤岛，推动公共服务体系的现代化转型，为公众提供更加便捷、高效和个性化的服务体验。

（二）数据平台的建设与运营

在数字化驱动区域公共服务信息资源链接的过程中，建设跨区域的数据共享平台是核心环节和重要载体。通过这一平台，能够实现不同地域、不同部门之间的数据互联互通，进而为公共服务的优化与提升提供有力支撑。具体而言，跨区域的数据共享平台应当涵盖教育、医疗、文化、社会保障等多个领域，形成一个全面、综合的公共数据系统。这样的系统能够实时、准确地展现城乡、区域、群体间基本公共服务资源的分布情况和供给水平，为政府决策提供科学依据。同时，通过对这些数据的深度挖掘和分析，政府可以更加精准地掌握公共服务需求，制定出更加符合实际、更加有效的政策和服务。除了为政府提供服务外，跨区域的数据共享平台还能为公众带来实实在在的便利。公众可以通过这一平台便捷地查询各类公共服务信息，如学校的招生政策、医院的诊疗服务、文化活动的安排等。同时，平台还能提供一体化的服务获取渠道，让公众能够更加方便地享受到各类公共服务。

总之，建设跨区域的数据共享平台是实现数字化驱动区域公共服务信息资源链接的重要一环。它不仅能够提升政府的服务能力和决策水平，还能为公众带来更加便捷、高效的服务体验。因此，应当积极推动这一平台的建设和完善，让数字化成为推动公共服务发展的强大动力。在未来的发展中，还需要不断探索和创新，进一步完善跨区域数据共享平台的功能和服务，以满足公众日益增长的多样化需求，推动区域公共服务的均衡、优质发展。

（三）区块链技术的应用

区块链技术，以其独特的去中心化、不可篡改和透明性等特点，在数据资源整合与链接的领域中展现出巨大的潜力和广阔的应用前景。这一技术的核心优势在于其能够确保数据在传输和存储过程中的安全性和可信度，进而有效降低数据共享的风险和成本。在传统的数据管理模式下，数据的中心化存储和传输往往面临着被篡改、泄露或丢失的风险。而区块链技术的去中心化特点，使数据能够分散存储在多个节点上，任何单一节点的故障或攻击都无法影响整个系统的数据完整性和安全性。同时，区块链的不可篡改性确保了数据一旦被写入就无法被修改或删除，这极大地提高了数据的可信度和可追溯性。在数据资源整合与链接方面，区块链技术同样发挥着重要作用。通过智能合约等机制，区块链能够促进多方参与的数据治理机制的形成。这种机制使不同机构、组织和个人能够在保证数据安全和隐私的前提下，共享和利用数据资源。这不仅提高了数据资源的利用效率，还促进了跨机构、跨领域的数据链接和融合，为公共服务、商业决策和科研创新等领域提供了更加全面、准确的数据支持。此外，区块链技术的透明性特点也使数据的使用和共享过程更加公开、透明。这有助于建立数据共享的信任机制，降低数据共享过程中的摩擦和成本。同时，区块链技术还能够为数据的溯源和追踪提供有力的技术支持，确保数据的来源和使用过程可追溯、可审计。总之，区块链技术在数据资源整合与链接中具有巨大的潜力和应用价值。随着技术的不断发展和完善，区块链将在更多领域发挥其独特作用，推动数据资源的共享和利用进入一个新的发展阶段。

三、数字化驱动区域公共服务信息的互通

在公共服务领域，数字化不仅重塑了传统服务模式的格局，更为信息的互通与共享开辟了全新的路径。数字化驱动下的区域公共服务信息互通，旨在通过先进的数字化技术手段，打破信息壁垒，实现跨区域、跨部门的信息互联互通和资源共享。这一变革具有深远的意义。首先，它能够提高公共服务的效率与质量，使服务更加精准、高效。通过数字化手段，可以实时收集、整合和分析各类公共服务信息，为政府决策提供科学依据，同时也能够为公众提供更加便捷、个性化的服务体验。其次，数字化驱动下的信息互通有助于促进区域间的均衡发展。通过共享信息资源，可以优化资源配置，缩小区域间的服务差距，推动公共服务的均衡化发展。最后，这一变革还有助于提升社会治理的效能。通过数字化手段，可以加强政府与公众之间的沟通与互动，增强公众的参与度和满意度，进而提升社会治理的水平和效果。总之，数字化驱动下的区域公共服务信息互通是一项具有重要意义的变革。它不仅

能够提升公共服务的效能和质量，还能够促进区域间的均衡发展和社会治理的提升。因此，应当积极推进拥抱这一变革，推动数字化在公共服务领域的广泛应用和发展，为公众带来更加便捷、高效的服务体验。

（一）信息互通的需求响应

在数字化驱动的区域公共服务信息互通体系中，核心要素是建立快速响应公众需求的机制。这一机制的构建，旨在确保公共服务能够紧跟时代步伐，及时、准确地满足公众日益增长的多样化需求。通过大数据分析和智能优化技术，可以对跨区域的公共需求进行全面、快速地分析。这些技术手段能够多维度、多层次地细分需求结构，从而更深入地了解公共服务需求的种类、层次和项目。这种精细化的需求分析，为公共服务的精准供给提供了有力的数据支撑。同时，数据挖掘技术的运用也为人们刻画区域多样化群体的行为轨迹提供了可能。通过深入分析群体的行为模式和消费习惯，可以更准确地把握不同群体之间的需求差异。这种对需求差异的深入了解，有助于更好地匹配供需，提供更加符合公众期望的公共服务。在获取了详尽的需求信息后，需要将这些信息与供给体系进行紧密关联。通过加强供需双方的沟通与互动，可以实现公共服务的个性化、人性化推送。这种主动的服务模式，不仅提高了公共服务的效率和质量，也进一步增强了公众的满意度和幸福感。总之，数字化驱动下的信息互通为人们构建快速响应公众需求的机制提供了有力的技术支持。通过大数据分析、智能优化和数据挖掘等先进技术手段的运用，可以更深入地了解公众需求，提供更精准、更个性化的公共服务。这将为推动区域公共服务的均衡发展和社会治理的全面提升奠定坚实的基础。

（二）信息互通的决策支持

信息互通在数字化驱动的区域公共服务体系中不仅促进了信息的流畅交流，还为公共服务供给决策提供了重要的支持。为了实现公共服务的均衡、优质发展，政府需要精准把握公共服务的流动性和多元化特点，识别出服务中的薄弱点和短板。而这一目标的实现，离不开信息互通机制的建立和完善。通过整合区域公共服务的基础数据，可以利用大数据手段全面展现资源的分布情况和供给水平。这些数据包括公共服务的设施数量、服务覆盖范围、人员配置、资金投入等多个方面，能够全面反映公共服务的现状和特点。通过对这些数据的深入分析，政府可以更加清晰地了解到公共服务的薄弱点和短板，为制定针对性的政策提供依据。在掌握了公共服务现状的基础上，政府可以制定更加科学合理的公共服务供给政策。这些政策可以针对公共服务的薄弱点和短板，提出具体的改进措施和优化方案。例如，针对某些地区公共服务设施不足的问题，政府可以加大投入，建设新的服务设施；针对某些服务领域人员配置不合理的问题，政府可以调整人员结构，提高服务效率。同时，信息互通机制还可以提高资源配置的效率和公平性。通过信息的共享和交流，政府可以更加准确地了解各地区、各领域的公共服务需求，进而实现资源的精准配置。这不仅可以避免资源的浪费和重复建设，还可以确保每个地区、每个群体都能够享受到基本的公共服务。综上所述，信息互通在公共服务供给决策中发挥着重要的支持作用。通过整合基础数据、利用大数据手段展现资源分布和供给水平，政府可以精准把握公共服务的薄弱点和短板，制定科学合理的供给政策，提高资源配置的效率和公平性。这将为推动区域公共服务的均衡发展和社会治理的全面提升提供有力的支撑。

（三）信息互通的协同治理

在数字化驱动的区域公共服务信息互通体系中，除了技术的支撑和数据的流动，还需要建立一套高效的协同治理机制。这一机制涵盖政府间、部门间以及政府与社会组织间的协同合作，共同致力于推进公共服务的精准化、便捷化和品质化。数字化驱动下的信息互通为政府间、部门间的协同合作提供了前所未有的便利。通过信息互通平台，各级政府和各个部门可以实时共享跨区域、跨部门的信息，实现资源的整合与优化配置。这种信息共享和资源整合的模式，打破了传统的行政壁垒和条块分割，使政府和部门能够更加紧密地合作，共同应对公共服务面临的挑战。同时，政府与社会组织间的协同合作也是不可或缺的一环。社会组织作为公共服务的重要提供者，与政府形成互补关系。通过信息互通，政府可以更加准确地了解社会组织的服务能力和需求，为其提供更加有针对性的支持和指导。而社会组织也可以通过信息互通平台，及时获取政府的服务信息和政策导向，更好地与政府协同工作，共同提升公共服务的品质。在协同治理机制的推动下，数字化驱动的信息互通将形成一个共建共享、互惠互利的区域一体化共同体。这个共同体将以公众的需求为导向，以信息的互通为纽带，以资源的共享为基础，共同推进公共服务的均衡发展。在这个共同体中，政府、部门和社会组织将各司其职、各尽其能，共同为公众提供更加优质、便捷的公共服务。综上所述，数字化驱动下的信息互通需要建立一套协同治理机制，包括政府间、部门间以及政府与社会组织间的协同合作。这一机制的建立将有助于打破行政壁垒和条块分割，实现跨区域、跨部门的信息共享和资源整合，共同推进公共服务的精准化、便捷化和品质化。这将为区域公共服务的均衡发展和社会治理的全面提升奠定坚实的基础。

四、案例分析

在大数据技术的强劲驱动下，长三角区域以其前瞻性的视野和务实的行动，实现了跨区域公共数据的"无差别"共享共用，为区域一体化发展树立了典范。这一里程碑式的进展，得益于《长三角生态绿色一体化发展示范区公共数据"无差别"共享合作协议》的签订与实施。长三角三省一市——江苏、浙江、安徽及上海，在政务数据资源共享共用方面取得了显著成效，为区域公共服务一体化提供了强有力的支撑。该协议的签订，标志着长三角区域在数据共享方面迈出了坚实的一步。协议明确了三大核心任务：共建数据共享交换机制、共推跨域一体化应用、共编跨域公共数据标准。这三大任务的实施，不仅打破了传统行政壁垒和条块分割，还实现了信息的无障碍流通，使得政府决策更加科学、公共服务更加精准高效。共建数据共享交换机制是长三角区域一体化的基石。通过构建统一的数据共享平台，三省一市能够实现政务数据的实时上传、共享和调用。这一机制确保了数据的时效性和准确性，为政府决策提供了有力依据。同时，通过数据交换机制，各地政府能够及时了解彼此的政策动态和服务情况，从而更好地协同工作，共同应对区域发展面临的挑战。共推跨域一体化应用是长三角区域一体化的关键。在大数据技术的支持下，长三角地区在交通、环保、医疗等多个领域实现了跨域应用的突破。例如，通过共享交通数据，三省一市能够协同规划交通网络，优化交通流量，提高出行效率；在环保领域，共享环境监测数据有助于实现区域联防联控，共同应对环境污染问题；在医疗领域，跨域数据共享使得患者能够更加方便地享受异地就医服务，提高了医疗资源的利用效率。共编跨域公共数据标准是长三角区域一体化的保障。为了确保数据的准确性和一致性，三省一市共同制定了跨域公共数据标准。这一标准的实施，不仅规范了数据的采集、存储和使用过程，还提高了数据的质量和可信度。同时，统一的数据标准也为后续的数据分析和应用提供了便利，推动了区域公共服务的均衡发展。

长三角区域一体化案例为我们提供了宝贵的启示。首先，数字化驱动下的信息链接与互通是实现区域公共服务一体化的关键路径。通过整合数据资源、建设共享平台和应用区块链技术等手段，可以有效打破信息孤岛和数据壁垒，促进信息资源的自由流动和高效利用。其次，协同治理机制在区域公共服务一体化进程中发挥着重要作用。政府间、部门间以及政府与社会组织间的协同合作是推动信息互通和资源共享的重要保障。最后，制定共同的数据标准和法律框架是避免内部市场分裂、促进区域数据空间建立的重要前提。只有在标准化和互通性上达成共识并建立框架体系，才能确保信息链接与互通的顺利推进和可持续发展。

第三节　以开放与互动为中心的联动机制

联动机制主要体现为数字化驱动区域公共服务信息与平台的开放与互动，一体化的本质在于资源要素的无障碍流动以及地区间的全方位开放合作，它要求打破传统的壁垒和界限，实现公共服务资源的共享与优化配置。而数字化驱动作为实现这一目标的核心力量包含三个核心要素——全数据、相关性分析与全向互动。全数据是数字化驱动的基础，它能够全面、准确地刻画社会公众的需求与供给资源状况。在数字化时代，数据已成为一种重要的战略资源，通过收集和分析全数据，可以深入了解民众的需求偏好、行为习惯以及公共服务资源的分布和使用情况。相关性分析则是数字化驱动的关键环节，通过数据挖掘技术，展现诸多要素之间的内在关联性。而相关性分析通过深入挖掘数据之间的关联关系，揭示不同要素之间的相互影响和作用机制，为公共服务的协同创新和整体优化提供了科学依据。全向互动则是数字化驱动的最终目标，它基于数据的开放与共享，打造信息对称化与透明化的一体化供给。在全向互动的模式下，民众可以更加便捷地获取公共服务信息，参与公共服务的决策和监督，实现与政府和其他服务主体的有效沟通和互动。《中华人民共和国国民经济和社会发展第十四个五年规划和2035年远景目标纲要》明确提出，"建立健全国家公共数据资源体系，确保公共数据安全，推进数据跨部门、跨层级、跨地区汇聚融合和深度利用"。这一目标的提出，为打造区域公共服务一体化联动提供了重要的政策指引。通过扩大基础公共信息数据的安全有序开放，探索将公共数据服务纳入公共服务体系，可以进一步推动区域公共服务的一体化进程，实现公共服务资源的共享与优化配置。

一、联动机制的概述

（一）联动机制的定义与意义

联动机制在区域一体化进程中扮演着至关重要的角色，其核心主要体现为数字化驱动下的区域公共服务信息与平台的开放与互动。这一机制的形成，实际上构筑了区域公共服务一体化的联结纽带，使不同地区之间的公共服务能够更加紧密地联系在一起，共同推动区域的整体发展。在区域一体化的深入推进中，公共服务信息与平台的开放与互动显得尤为重要。它们不仅是推动资源要素无障碍流动的关键环节，更是促进地区间全方位开放合作的重要途径。通过实现信息与平台的开放与互动，可以有效地打破地域限制，使各种资源能够在更大的范围内进行优化配置，从而提高整个区域的公共服务水平和效率。数字化手段在这一过程中发挥了举足轻重的作用。通过运用大数据、云计算等先进技术，可以实现信息的集中管控和共享，使不同地区、不同部门之间的信息能够更加便捷地流通和交换。这不仅促进了条块之间的协作与配合，还有效地打破了数据独立运行和分散管理的困境，为区域公共服务一体化提供了有力的技术支撑和保障。因此，数字化驱动下的联动机制无疑是推动区域一体化进程的重要力量。

（二）数字化驱动的核心要素

数字化驱动区域公共服务信息与平台开放与互动的核心要素主要包括全数据、相关性分析与全向互动。这三个要素共同构成了数字化驱动区域公共服务一体化的基石，推动了信息与平台的深度开放与高效互动。首先，全数据是这一机制的基础。在数字化时代，数据的全面性和准确性对于决策至关重要。全数据能够全面、深入地刻画社会公众的需求与供给资源状况，为政府决策提供全面、准确的数据支持。通过收集和分析全数据，政府可以更加精准地了解公众的需求和偏好，从而制定出更加符合实际的公共服务政策。其次，相关性分析是这一机制的关键。相关性分析通过数据挖掘技术，展现诸多要素之间的内在关联性，揭示数据背后的规律和趋势。这种分析有助于政府发现公共服务供给中的问题和挑战，及时调整策略，提高服务效率和质量。同时，相关性分析还可以帮助政府预测未来的服务需求，为长期规划提供科学依据。最后，全向互动是这一机制的核心。全向互动基于数据的开放与共享，打造信息对称化与透明化的一体化供给模式。这一模式促进了政府、市场、社会组织和公众之间的有效沟通与协作，形成了多元共治的良好格局。通过全向互动，各方可以共同参与公共服务的决策和实施过程，确保服务的公平性和可持续性。总之，全数据、相关性分析与全向互动是数字化驱动区域公共服务信息与平台开放与互动的核心要素。它们共同推动了区域公共服务的一体化进程，提高了服务的效率和质量，为公众带来了更加便捷、高效的服务体验。

二、数字化驱动区域公共服务信息与平台开放

在当今信息化高速发展的社会背景下，大数据已成为推动区域基本公共服务一体化运行的重要力量。大数据技术的应用，不仅提升了公共服务的效率与质量，还促进了区域间公共服务的均衡发展与资源共享。其中，数字化驱动区域公共服务信息与平台的开放，是这一联动机制的核心子特点，对于构建更加高效、便捷、公平的公共服务体系具有重要意义。数字化驱动的核心在于，通过先进的信息技术手段，将原本分散、孤立的公共服务信息与资源进行整合与开放。这一过程打破了传统公共服务体系中的信息壁垒，使得不同区域、不同部门之间的公共服务信息能够实现互联互通，为公众提供更加全面、准确、及时的服务信息。同时，数字化驱动还促进了公共服务平台的开放与共享，使得各类公共服务资源能够通过统一的平台进行高效配置与利用，极大地提升了公共服务的覆盖面与可及性。在数字化驱动的推动下，区域基本公共服务一体化运行的联动机制得以有效构建。一方面，通过大数据分析与挖掘，可以更加精准地识别公众对公共服务的需求与偏好，从而有针对性地优化服务供给，提升公众满意度。另一方面，数字化平台的建设与开放，为跨区域、跨部门的公共服务协作提供了有力支撑，使得不同区域能够根据自身的资源禀赋与比较优势，共同参与到公共服务体系的构建中来，实现公共服务的协同发展与整体提升。因此，数字化驱动区域公共服务信息与平台的开放，是大数据驱动区域基本公共服务一体化运行联动机制的重要子特点。这一特点不仅体现了信息化技术在公共服务领域的深入应用与创新

发展，还为构建更加完善、高效、公平的公共服务体系提供了有力支撑与保障。未来，随着大数据技术的不断演进与升级，数字化驱动将在区域基本公共服务一体化运行中发挥更加积极、重要的作用。

（一）公共数据资源体系的建设

建立健全国家公共数据资源体系，是实现区域公共服务信息与平台开放共享的基础性工程。这一体系的构建，旨在打破信息孤岛，促进数据要素的自由流动与高效配置，为提升社会治理效能和公共服务水平提供强有力的支撑。根据《中华人民共和国国民经济和社会发展第十四个五年规划和2035年远景目标纲要》的明确要求，必须大力推进公共数据的跨部门、跨层级、跨地区的汇聚融合与深度利用。这意味着，不同政府部门、不同行政层级以及不同地域之间的公共数据需要实现有效的整合与联通，形成一个统一、开放、共享的公共数据资源池。为了实现这一目标，构建统一的公共数据标准和交换协议显得尤为重要。数据标准和交换协议是确保数据互联互通、共享共用的基础，也是促进数据资源高效配置的关键。通过制定和执行统一的数据标准，可以确保不同来源、不同格式的数据能够实现无缝对接和有效整合，从而为区域公共服务一体化提供丰富、准确、及时的数据资源支持。此外，建立健全国家公共数据资源体系还需要强化数据安全与隐私保护，确保公共数据在汇聚、融合、利用的过程中，能够严格遵守相关法律法规，保护个人信息和敏感数据不被泄露或滥用。只有这样，才能在保障数据安全和个人隐私的前提下，充分释放公共数据的价值，推动区域公共服务信息与平台的全面开放与共享，为经济社会发展注入新的动力。

（二）数据开放与共享的政策引导

政府应积极出台相关政策措施，以有效引导公共数据的开放与共享。在当前数字化转型的大背景下，公共数据的开放与共享对于提升政府治理效能、促进社会经济发展具有重要意义。因此，政府需要通过制定详细的数据开放目录和数据共享清单，来明确数据开放的具体范围、标准和流程。这不仅有助于确保数据的安全有序开放，还能有效避免数据泄露和滥用等风险，保护个人隐私和信息安全。同时，政府在推动公共数据开放与共享的过程中，还应健全相应的监督考核机制。这一机制应涵盖数据开放与共享的各个方面，包括数据的质量与时效性、易用性等。通过定期评估各部门、各地区数据开放与共享的情况，可以及时发现并解决存在的问题，推动各部门、各地区更加积极地履行数据开放与共享的职责。此外，政府还应注重营造良好的数据生态环境。包括加强数据人才培养、推动数据技术创新、完善数据法律法规等方面。一个健康、活跃的数据生态环境，将为公共数据的开放与共享提供有力的支撑和保障。总之，政府应出台相关政策措施，引导公共数据的开放与共享，并制定详细的数据开放目录和共享清单。同时，建立健全的监督考核机制，推动各部门、各地区积极履行数据开放与共享职责。在此基础上，注重营造良好的数据生态环境，为公共数据的开放与共享创造更加有利的条件。

（三）搭建跨区域数据共享平台

搭建跨区域的数据共享平台，是实现区域公共服务信息与平台开放的重要载体和有效途径。这一平台的构建，旨在打破地域限制，促进不同区域间公共服务信息的互联互通与共享共用。通过建设涵盖教育、医疗、文化、社会保障等多领域的公共数据系统，平台可以全面、实时地展现城乡、区域、群体间基本公共服务资源的分布情况和供给水平，为政府决策提供有力支持。这些跨区域的数据共享平台，不仅有助于政府更加精准地掌握公共服务需求，实现资源的优化配置和高效利用，还能为公众提供便捷的信息查询和服务获取渠道。公众可以通过平台轻松了解各类公共服务项目的具体情况，包括服务内容、服务标准、服务流程等，从而更加便捷地获取所需服务。同时，为了确保跨区域数据共享平台的安全稳定运行和数据的持续更新，必须加强对平台的运营管理。这包括建立完善的数据管理制度，确保数据的准确性、完整性和时效性；加强平台的技术防护，防范数据泄露和非法侵入等安全风险；以及定期对平台进行维护和升级，确保其功能的完善和性能的稳定。通过这些措施，可以保障跨区域数据共享平台的长期有效运行，为区域公共服务信息与平台的开放共享提供有力支撑。

三、数字化驱动区域公共服务信息与平台互动

数字化不仅改变了人们的生活方式，更在深层次上重塑了公共服务的供给模式与治理逻辑。区域公共服务信息与平台的互动，作为数字化转型的关键一环，正逐渐成为推动社会治理现代化、提升公共服务效能的重要途径。传统上，区域公共服务信息的传递与平台的建设往往存在条块分割、信息孤

岛等问题，导致服务效率低下、公众满意度不高。而数字化的引入，为打破这一困境提供了可能。通过数字化手段，可以实现公共服务信息的跨部门、跨层级、跨区域共享，促进平台间的互联互通，进而形成一体化的公共服务体系。数字化不仅为公共服务信息与平台的互动提供了技术支撑，更在深层次上推动了公共服务供给模式的创新，使得服务更加精准、高效、便捷。

（一）需求响应与供给优化

在数字化时代的大潮中，全数据与相关性分析技术正逐步成为推动区域公共服务信息与平台变革的重要力量。这些先进技术的运用，使得区域公共服务信息与平台能够实现需求响应与供给优化的深度互动，为公众带来更加高效、精准的公共服务体验。基于全数据和相关性分析，数字化驱动下的区域公共服务信息与平台能够全面、深入地刻画和挖掘社会公众的需求。通过对海量数据的收集、整理和分析，政府可以更加精准地把握公共服务的需求方向和重点领域，从而制定出更加科学合理的供给政策。这一过程不仅提高了政府决策的准确性和针对性，也使得公共服务更加贴近民众的实际需求。同时，通过数据分析，政府还可以及时发现公共服务供给资源中的短板和不足。针对这些问题，政府可以迅速调整和优化供给结构，提高供给效率和质量。这种基于数据的动态调整和优化，使公共服务供给更加灵活、高效，能够更好地满足民众日益增长的多样化需求。此外，数字化驱动下的区域公共服务信息与平台还能够实现需求响应与供给优化的良性互动。通过实时收集和反馈民众的需求信息，平台可以不断调整和优化服务内容与方式，让公共服务更加符合民众的期望和需求。同时，民众也可以通过平台更加方便地获取所需服务，提高生活的便捷性和幸福感。总之，基于全数据和相关性分析，数字化驱动下的区域公共服务信息与平台在需求响应与供给优化方面展现出了强大的潜力和价值。

（二）信息对称与透明化供给

数字化时代的推动下，区域公共服务信息与平台正经历着深刻的变革。其中，全向互动作为一种新兴的交互模式，极大地促进了信息服务的对称性与供给的透明化。通过数据开放与共享这一重要机制，政府、市场、社会组织和公众之间构建起更为紧密的信息沟通与协作网络。这一模式下，政府能够及时、准确地发布关于公共服务政策、项目进展以及实施成效等各类信息，从而显著增强政策的透明度和公信力。公众则通过便捷的平台渠道，不仅能够轻松查询所需服务信息，还能就服务需求和使用情况进行实时反馈。这种双向动态的信息交流机制，极大地促进了公共服务的持续改进和优化。更为重要的是，全向互动所带来的信息对称与透明化供给模式，为提升公共服务的满意度和信任度奠定了坚实的基础。当公众能够清晰、全面地了解服务的来龙去脉，他们的参与感和监督作用也更加强烈。这种基于信任和理解的互动关系，必然推动区域公共服务走向更加高效、公平、公正和可持续的发展道路。总之，全向互动作为数字化时代区域公共服务信息与平台互动发展的重要趋势，不仅促进了信息服务的对称性与供给的透明化，还为构建更加和谐、高效的公共服务体系提供了有力的支撑。未来，随着技术的不断进步和应用的深入拓展，这一模式将展现出更加广阔的应用前景和社会价值。

（三）协同治理与多方参与

在数字化浪潮的推动下，区域公共服务信息与平台的互动不仅促进了信息的对称与透明化供给，还进一步催生了协同治理与多方参与的新格局。通过构建跨区域、跨部门的信息共享和协作机制，得以打破传统的行政壁垒，与市场、社会组织和公众等多方力量紧密联合，共同推进公共服务体系的建设和完善。在协同治理的框架下，各方主体可以根据自身的优势和资源特点进行明确的分工与协作，实现优势互补、资源共享。政府可以充分利用其政策引导力和组织协调能力，而市场则可以发挥其灵活高效的资源配置作用，社会组织和公众则能够带来丰富的基层经验和真实的需求反馈。这种多元化的合作模式为区域公共服务的一体化进程注入了强大的动力。同时，数字化驱动下的信息与平台互动还为公共服务模式的创新和发展提供了无限可能。通过对海量数据的深度分析和挖掘，政府和社会各界可以更加准确地把握公众的服务需求和偏好变化，从而及时发现潜在的合作机会和创新点。这不仅有助于提升公共服务的精准度和有效性，还能够推动公共服务模式不断向更加智能化、个性化的方向演进。综上所述，数字化驱动下的区域公共服务信息与平台互动不仅极大地促进了信息的对称与透明化供给，还为协同治理与多方参与提供了有力的技术支撑和制度保障。这一新兴的治理模式将为区域公共服务的持续发展和创新注入新的活力。

四、案例分析

长三角区域一体化作为中国国家战略的重要组成部分，近年来在数字化驱动区域公共服务信息与平台开放与互动方面取得了显著成效。特别是通过建设长三角一体化数据共享平台，实现了跨区域公共数据的无差别共享共用，为政府决策和公众服务提供了强大支撑，有力推动了区域公共服务一体化进程，提升了整体竞争力和发展水平。

长三角一体化数据共享平台依托全国一体化政务服务平台，致力于支撑长三角跨区域数据流通，实现上海市、江苏省、浙江省和安徽省（三省一市）间政务信息资源乃至社会公共数据的互查互用。该平台不仅物理上和逻辑上衔接了三省一市现有的省级共享平台，还构建了区域内专属的数据共享高速通道，推动区域政府数据资源统一汇集。该平台归集了全域内的政府公共数据，构建了区域级的自然人、法人基础信息库，以及环境监测、养老服务、人力资源、社会保障、信用体系等专题信息库。这些举措不仅优化了政务服务流程，还提高了政府治理的精准度和效率，为长三角地区的优政、兴业、惠民提供了坚实的数据基础。例如：在教育领域，长三角区域，通过数据共享平台实现了教育资源的高效配置。依托平台数据，三省一市协同扩大优质教育供给，促进教育均衡发展，率先实现区域教育现代化。通过发布统一的教育现代化指标体系，协同开展监测评估，引导各级各类学校高质量发展。同时，鼓励学校跨区域牵手帮扶，深化校长和教师交流合作机制，推动大学大院大所全面合作、协同创新，共同打造具有国际影响的一流大学和一流学科；在医疗领域，长三角区域通过共建全民健康信息平台和医疗协作系统，实现了双向转诊、转检、会诊、联网挂号等远程医疗服务。不仅提高了医疗资源的利用效率，还极大地方便了患者跨区域就医。此外，长三角地区还开展了异地就医直接结算试点，实现了住院费用和门急诊医疗费用的异地直接结算，极大地减轻了患者的经济负担和奔波之苦。

为确保数据的安全有序开放和有效利用，长三角地区积极探索数据开放与共享的政策措施和监管机制。一方面，三省一市签署了多项合作协议，联合编制了一系列跨区域数据标准，如《长三角数据共享交换平台数据接入规范》《长三角"一网通办"法人库数据共享技术指南》等，为数据的互联互通提供了制度保障。另一方面，三省一市还建立了数据安全共享环境，实现数据在流通过程中的安全可控。例如，通过引入区块链+隐私计算等新技术应用，切实提升大规模数据安全流通利用和监管能力。

长三角区域一体化案例为我们提供了宝贵的启示。首先，数字化驱动下的区域公共服务信息与平台开放与互动是实现区域一体化的重要途径。通过建立健全公共数据资源体系和数据共享平台，可以促进信息的集中管控和共享共用，打破数据独立运行和分散管理的困境。其次，政策引导和多方参与是推动区域公共服务信息与平台开放与互动的重要保障。政府应出台相关政策措施引导数据开放与共享，并联合市场、社会组织和公众等多方力量共同推进公共服务体系建设。最后，协同治理和创新发展是推动区域公共服务一体化进程的关键要素。通过构建跨区域、跨部门的信息共享和协作机制以及推动服务模式的创新和发展，可以提升公共服务的效率和质量，满足社会公众的多元化需求。通过大数据驱动的区域基本公共服务一体化联动机制，长三角地区在提升公共服务水平、促进区域协调发展方面取得了显著成效。教育、医疗、文化、社会保障等领域的公共服务水平显著提升，居民生活幸福感明显增强。同时，长三角地区的整体竞争力和发展水平也得到了提升，为全国其他地区提供了可借鉴的经验和模式。

第四节　以流动与共享为中心的协作机制

数字化作为一体化技术治理工具，具有破解跨界与跨部门协作难题的潜在价值。在当前的行政体系中，跨界与跨部门协作常常面临诸多挑战，如信息不对称、资源分散、协调成本高等。而数字化驱动作为一种创新的技术治理手段，为破解这些难题提供了新的思路和解决方案。数字化驱动的本质是信息驱动，实现不同部门、不同区域的信息互通与数据共享。以数据标准化驱动改善行政碎片化、提升区域公共资源整合的重要手段。进一步，数字化驱动通过公共服务的数据共享、信息整合与资源协调，实现供给的便捷化与精准化。最终，通过构建区域协作网络与供给数字链，改善供给效率与效益。数字化驱动作为第四范式，将现实世界和虚拟世界互动形成的数据网络纳入实际领域。这一范式的转变意味着人们需要重新审视和思考数据的价值和作用。依据全数据的相关性分析，数字化驱动将孤立的数据流进行整合和连通。

通过数据的整合和连通可以打破信息孤岛和壁垒，实现公共服务资源的共享和优化配置。通过数字化驱动，可以推动区域间、层级间、部门之间的信息互通与数据共享，打破传统的壁垒和界限，实现公共服务资源的共享与优化配置。使各个区域能够更加紧密地联系在一起，形成一个关联更紧密、响应更敏捷的区域一体化发展共同体。

一、协作机制难题

（一）跨界与跨部门协作难题

在区域基本公共服务一体化进程中，跨界与跨部门协作被视为一项不可回避且至关重要的挑战。其复杂性在于，它不仅要跨越地理空间的界限，还要打破行政体制、利益分配以及信息壁垒等多重障碍。在实践中，不同区域、不同层级政府以及不同部门之间，由于各自为政、利益诉求差异、信息共享不足等原因，往往难以形成有效且持久的协作机制。这种协作机制的缺失，直接导致了公共服务供给过程中的效率低下，资源无法得到合理配置，甚至出现严重的资源浪费现象。为了克服这些挑战，推动区域基本公共服务一体化向纵深发展，建立高效的协作机制成为关键所在。这要求各方必须打破传统的思维定式和行为习惯，以更加开放和包容的心态，积极寻求共识，共同应对一体化进程中遇到的各种问题和困难。同时，还需要通过制度创新和政策引导，明确各方在协作中的角色定位和责任分担，确保协作机制的有效运行。此外，加强信息共享和沟通平台建设也是推动跨界与跨部门协作的重要途径。通过构建高效的信息共享机制，打破信息壁垒，提高各方对公共服务需求和供给状况的了解，从而为制定更加科学合理的协作方案提供有力支撑。总之，面对区域基本公共服务一体化带来的挑战，只有建立起高效、稳定的协作机制，才能实现公共服务的均衡、优质发展，满足人民群众日益增长的多元化需求。

（二）数字化驱动的潜在价值

数字化作为一体化技术治理工具，在当前的区域基本公共服务一体化进程中，展现出了破解跨界与跨部门协作难题的潜在价值。其核心价值在于，通过数字化手段，可以实现信息的快速传递与共享，从而有效打破长期存在的信息壁垒。这种信息的自由流动，极大地促进了区域间、不同层级政府之间以及各部门之间的沟通与协作，各方能够更加及时、准确地了解彼此的需求和动态，为共同解决问题提供了坚实的基础。同时，数字化在推动行政流程的标准化与透明化方面也发挥着重要作用。通过数字化手段，可以将行政流程进行固化和优化，减少人为干预和主观判断带来的不确定性，从而确保公共服务的供给更加公平、公正。此外，透明化的行政流程还可以有效减少利益冲突和腐败现象发生，提升公众对政府的信任度。更为重要的是，数字化技术的应用还可以显著提升公共服务的公平与效率。通过数字化手段，实现公共服务的精准供给，确保公民都能够享受到高质量、高效率的公共服务。同时，数字化还可以更好地监测和评估公共服务的供给效果，为持续改进和优化公共服务提供有力的数据支持。总之，数字化作为一体化技术治理工具，在破解跨界与跨部门协作难题、推动行政流程的标准化与透明化以及提升公共服务的公平性与效率等方面都具有重要的潜在价值。

二、数字化驱动区域公共服务资源的流动

在当今社会，大数据已成为推动各行各业发展的重要力量，尤其在区域基本公共服务一体化领域，其影响力也日益显著。随着信息技术的飞速发展和数字化转型的深入，公共服务资源的配置与流动方式正经历着前所未有的变革。传统模式下，公共服务资源的分配往往受限于地域、时间等因素限制，难以实现高效、均衡的流动。然而，在大数据的驱动下，这一状况正在得到根本性的改善。大数据技术应用，使区域公共服务资源的状态、需求及流动趋势得以实时、准确地监测。通过构建基于大数据的公共服务信息平台，政府能够更精准地掌握各类资源的分布情况，及时发现资源短缺或过剩的区域，并据此作出科学的调配决策。同时，大数据还能助力公共服务供给模式的创新，推动形成政府主导、社会参与的多元化服务格局，进一步提升服务的覆盖面和质量。在数字化驱动的背景下，区域公共服务资源的流动不再局限于物理空间的限制，而是实现了跨地域、跨部门的无缝衔接。这不仅促进了资源的高效利用，还有效缩小了不同区域、不同群体之间的公共服务差距，为构建更加公平、可持续的公共服务体系奠定了坚实基础。因此，深入探讨数字化如何驱动区域公共服务资源的流动，揭示其内在机理与外在效应，对于推动区域基本公共服务一体化进程、提升民众福祉水平具有重要意义。

（一）数据共享与互通

数字化驱动的本质在于信息驱动，这一核心要素强调了信息在数字化进程中的关键作用。信息作为现代社会的基石，其流动与共享对于资源配置、服务优化以及社会治理等方面具有深远影响。推动区域间、层级间、部门之间的信息互通与数据共享，是实现资源高效流动与优化配置的基础。这一过程的实施，不仅能够打破信息壁垒，还能够促进各方资源的有效整合与利用。为了实现这一目标，建立统一的数据标准和交换协议显得尤为重要。统一的数据标准能够确保不同系统、不同平台之间的数据能够互联互通，实现无缝对接。而交换协议则规定了数据共享的方式与规则，保障了数据交换的安全性与有效性。通过这样的机制，各类数据得以在不同系统间自由流动，为公共服务资源的优化配置提供了坚实的数据支持。此外，数据共享还带来了政府、市场、社会等多元主体协同合作的新机遇。政府作为公共服务的提供者，通过共享数据可以更加精准地了解民众需求，优化服务供给。市场则可以利用这些数据开发出更加符合民众需求的产品与服务。而社会力量的参与，则能够进一步丰富公共服务的供给体系。三者的协同合作，将形成强大的合力，共同推动区域基本公共服务一体化进程的加速发展。

（二）行政碎片化的改善

行政碎片化作为当前行政管理体系中的一大挑战，是导致跨界、跨部门、跨区域协作难题的重要原因之一。这一现象主要表现为各部门间职能重叠、信息孤岛、资源分散等问题，严重阻碍了政府服务的高效运行和资源的优化配置。为了应对这一挑战，数字化驱动就成了有效的解决策略。数字化驱动通过推动数据标准化和流程再造，可以显著改善行政碎片化现象。数据标准化确保了不同部门、不同系统之间的数据格式一致、信息准确可靠。这一措施打破了各部门间的信息壁垒，使得数据能够在不同系统间自由流动和共享，为跨部门协作提供了坚实的基础。另一方面，流程再造也是数字化驱动的重要组成部分。通过对行政流程进行优化，减少不必要的审批环节，提高服务效率。这一改变不仅使政府部门内部的工作更加高效，也为民众提供了更加便捷、快速的服务体验。总之，数字化驱动通过数据标准化和流程再造，有效地改善了行政碎片化现象。不仅有助于打破部门壁垒和地域限制，还推动了区域基本公共服务资源的自由流动和高效配置。

三、数字化驱动区域公共服务资源共享

在当今快速发展的信息时代，数字化已经成为推动社会进步和变革的重要力量。随着技术的不断革新和应用场景的持续拓展，数字化正深刻改变着人们的生活方式、工作模式以及公共服务资源的分配与利用方式。特别是在区域公共服务领域，数字化转型不仅为提升服务效率和质量提供了新的可能，也为实现资源共享、促进区域均衡发展开辟了新的路径。区域公共服务资源作为支撑社会运行和保障民生福祉的重要基础，其配置效率和利用水平直接影响到区域发展的整体效能和居民生活的幸福感。然而，传统模式下，公共服务资源往往面临分布不均、管理粗放等问题，导致资源浪费与服务短板并存。因此，探索数字化驱动下的公共服务资源共享模式，成为破解当前困境、推动区域协调发展的关键一环。数字化驱动的区域公共服务资源共享，旨在通过大数据、云计算、物联网等先进技术，构建互联互通的信息平台，实现服务资源的精准匹配与高效调度。它不仅能够打破时空限制，让居民更加便捷地获取所需服务，还能促进不同区域、不同部门之间的信息共享与业务协同，从而提升公共服务的整体效能和覆盖面。同时，数字化手段的应用还有助于优化资源配置，减少重复建设和浪费，确保有限的公共服务资源能够发挥最大社会效益。

（一）供给的便捷化与精准化

通过公共服务的数据共享、信息整合与资源协调，数字化驱动在公共服务领域展现出了强大的潜力，实现了供给的便捷化与精准化。这一变革主要体现在两个方面：首先，数据共享机制的有效建立能够显著打破信息孤岛和壁垒限制。在传统模式下，不同部门、不同区域间的公共服务数据往往各自为政，缺乏有效的互通与共享。而数字化驱动下的数据共享，使政府能够全面掌握公共服务的需求情况和资源分布情况，为科学决策提供了坚实的数据支撑。其次，信息整合与资源协调在数字化驱动下得以更加高效地进行。通过对海量数据的深度挖掘和分析，政府可以更加准确地把握公众的实际需求，进而对公共服务资源进行科学的配置和优化调整。这不仅能够有效避免资源的浪费和重复建设，还能够确保有限的公共服务资源能够最大限度地满足人民群众的实际需求。总之，数字化驱动下的公共服务数据共享、信息整合与资源协调措施，不仅有助于提升公共服务的供给效率和质量水平，更在深层

次上推动了公共服务体系的整体优化和升级。这些变革不仅回应了人民群众对美好生活的向往和追求，也为构建更加公平、高效、可持续的公共服务体系奠定了坚实的基础。

（二）数字政府与区域协作网络

数字政府作为数字化驱动区域基本公共服务一体化的重要载体和平台，其构建与发展对推动区域公共服务水平的提升具有至关重要的作用。通过精心构建数字政府平台体系，加强与其他区域、其他政府部门的互联互通和协作配合，逐步形成覆盖广泛、功能完善的区域协作网络体系。这一网络体系打破了传统行政壁垒，不同地区、不同部门之间的信息得以自由流动，从而实现了公共服务需求和供给信息的实时更新与共享。这不仅提高了政府决策的科学性和准确性，还为公众提供了更加便捷、高效的公共服务体验。同时，数字政府平台体系的建立还有助于推动公共服务资源的优化配置和高效利用。通过数据分析与挖掘，政府可以更加精准地掌握公共服务资源的分布和使用情况，进而根据实际需求进行科学合理的资源配置。不仅可以有效避免资源的浪费和重复建设，还能够确保有限的公共服务资源能够最大限度地满足人民群众的实际需求。数字政府作为数字化驱动区域基本公共服务一体化的重要推手，通过构建完善的平台体系和区域协作网络，不仅可以促进信息资源的共享与交流合作，还能够推动公共服务资源的优化配置和高效利用。这些举措将最终实现区域基本公共服务供给效率与效益的双重提升，为人民群众带来更加优质、高效的公共服务体验。

四、案例分析

在快速推进数字化转型的浪潮中，珠三角地区以其独特的经济活力和创新环境，成为全国乃至全球数字化发展的前沿阵地。面对传统跨界与跨部门协作中存在的信息传递滞后、沟通障碍及资源分配不均等问题，珠三角地区通过构建统一的数据平台和交换机制，实现了信息的高效互通与数据的深度共享，为区域一体化发展注入了强劲动力。

珠三角地区作为中国经济最为发达的区域之一，其经济发展与公共服务需求日益增长，对政府部门间的协同合作提出了更高要求。然而，长期以来，各部门间信息系统独立运行，数据孤岛现象严重，导致资源难以有效整合，服务效率低下。特别是在跨区域、跨部门的大型项目中，信息不畅、责任不明等问题尤为突出，严重制约了区域整体发展水平的提升。为破解这一难题，珠三角地区积极拥抱数字化技术，从顶层设计入手，推动建立统一的数据平台和交换机制。这一平台以云计算、大数据、区块链等先进技术为支撑，打破了部门壁垒和区域界限，实现了数据的集中存储、统一管理和高效共享。主要体现在以下两方面：第一，统一数据平台建设。珠三角地区政府联合多家科技企业，共同打造了一体化的数据共享平台。该平台不仅集成了各部门的基础数据资源，还通过数据清洗、整合与标准化处理，确保了数据的质量和可用性。同时，平台提供了丰富的数据接口和 API 服务，方便各部门按需调用数据资源，实现了数据资源的最大化利用。第二，跨部门协作机制的建立。在数据平台的基础上，珠三角地区政府进一步建立健全了跨部门协作机制。通过明确各部门的职责和权限，制定了详细的数据共享规则和操作流程，确保了数据在跨部门传递过程中的安全性和合规性。同时，建立了定期沟通会议和紧急协调机制，及时解决协作过程中出现的问题和争议，保障了协作的顺畅进行。以"珠三角征信链"为例，该平台是珠三角地区推动金融数字化转型的重要成果之一。通过区块链技术实现区域内征信机构的数据共享互通，打破了传统征信模式中的信息壁垒，为小微企业和个人提供了更加便捷、高效的金融服务。顺德农商银行作为该平台的积极参与者，依托"珠三角征信链"实现了对小微企业的精准画像和风险评估，有效降低了贷款审批成本和风控成本，提高了普惠金融服务的覆盖面和可获得性。

通过数字化驱动的跨界与跨部门协作实践，珠三角地区在多个领域取得了显著成效。一方面，信息资源的共享与交流合作促进了政府决策的科学性和准确性，提高了公共服务供给的效率和质量；另一方面，数据资源的优化配置和高效利用推动了区域经济的协调发展和社会治理的现代化进程。展望未来，珠三角地区将继续深化数字化改革，不断完善数据平台和协作机制建设。随着 5G、人工智能等新兴技术的广泛应用，珠三角地区的数字化水平将进一步提升，跨界与跨部门协作将更加紧密高效。这将为珠三角地区乃至全国其他地区提供宝贵的经验和示范效应，推动数字化时代下的区域一体化发展迈向新的高度。

第八章

大数据驱动区域基本公共服务均等化与一体化的路径创新

大数据驱动区域基本公共服务创新，是当前政府提升治理能力与服务效能的重要途径。然而，由于地方各级政府在提供公共服务和运用大数据的能力存在差异，其目标和利益也不尽相同，甚至有时存在冲突。因此，大数据驱动公共服务一体化不应是区域各级政府的"各自为政"，而是自上而下的跨层级联动与横向的协同联动。为了实现这一目标，需要重新审视大数据驱动区域基本公共服务一体化创新的关键要素和实现路径。首先，要围绕提升人民满意度这一核心目标，确保基本公共服务创新真正惠及民众。其次，应做好顶层设计，为地方政府提供清晰的指导和支持。同时，完善区域各级政府的层级联动与横向协同机制，确保信息畅通、资源共享。此外，还需搭建统一的网络平台，打破信息壁垒，实现数据互联互通。最后，加强数据资源治理，保障数据安全与隐私，为大数据驱动公共服务创新提供坚实支撑。通过这些对策建议的实施，可以更有效地推动大数据在公共服务创新中的应用与发展。

第一节　以人民满意为中心，提升公共服务创新水平

大数据驱动公共服务创新是当前社会发展的重要趋势，不仅涉及技术层面的革新，更需深入关注基本公共服务的价值层面。在这一背景下，"以人民满意"为中心的思想显得尤为重要，为基本公共服务创新指明了方向。大数据驱动区域基本公共一体化跨层级联动创新的最终目标是提升居民基本公共服务的获得感。然而，面对现实，基本公共服务特别是跨区域基本公共服务，

在回应公众诉求仍存在诸多不足，公众难以真正享受到精准化、便捷化的公共服务。为改善这一现状，必须坚持"以人民为中心"的理念，切实提升大数据驱动公共服务创新的水平。具体来说，需要将"以人民满意为中心"的理念贯穿于基本公共服务的全过程，确保每一项服务都能真正满足人民的需求和期望。同时，政府应进一步加强服务职能，提高服务质量，确保公共服务能够真正惠及广大民众。此外，还应充分利用大数据技术优势，创新公共服务供给方式，促进公共服务均等化。通过大数据的分析和应用，更准确地了解公众的需求和偏好，从而提供更加个性化、精准化的公共服务。大数据还可以优化基本公共服务的资源配置，确保不同地区、不同群体都能享受到高质量、均等化的基本公共服务。

一、以"人民满意为中心"的理念是基本公共服务的价值内涵

"以人民满意为中心"的理念，深刻揭示了基本公共服务的核心价值和最终追求。这一理念强调，公共服务的提供应以满足人民的需求和期望为出发点，以人民的满意度作为衡量服务质量和效果的根本标准。不仅推动了服务型政府建设的深入发展，还极大地促进了公众与各层级政府之间形成平等、合作的新型互动关系。在实践中，"以人民满意为中心"的服务理念要求政府密切关注广大民众的需求变化，积极回应民众的诉求与期待，在基本公共服务提供过程中，不断优化服务流程，提升服务质量，确保公共服务能够真正惠及民众，提升民众生活质量和幸福感。同时，"以人民满意为中心"也要求政府在公共服务的设计和提供过程中，充分尊重民众的参与权和表达权，通过有效的沟通和互动，建立起政府与民众之间的信任与合作关系，共同推动公共服务的持续改进和创新。当前，将"以人民为中心"的理念融入公共服务价值中，已经成为一种广泛的探索与实践，其中不乏成功的案例，如浙江省推行的"最多跑一次"改革，就是这一理念在公共服务领域的生动体现，它极大地提升了政府服务效率，减少了民众办事的烦琐程序，赢得了广泛的社会赞誉。具体来说，以"人民满意为中心"的基本公共服务价值体现在三个方面。

（一）基本公共服务的发展应为了人民

基本公共服务的发展，其核心要义在于"为了人民"。这一理念不仅是对公共服务本质属性的深刻揭示，也是对公共服务发展方向的明确指引。基本公共服务作为保障人民基本生活需求、提升民众福祉的重要手段，其发展必须紧紧围绕人民的需求和期望展开。这就要求在公共服务的规划、设计、实施和评估等各个环节，都需要将人民的利益放在首位，确保服务内容、方式、效果与人民的实际需求相契合。同时，为了满足人们日益增长的需求，要求基本公共服务体系不断创新、完善，以适应社会经济的发展和人民需求的变化，确实能够解决人民的实际困难，使其获得安全感。同时，政府作为公共服务的提供者，需要积极倾听民众的声音，关注民众的诉求，通过有效的政策制定和执行，不断提升公共服务的质量和效率，让人民真正享受到公平、可及、高质量的公共服务。因此，基本公共服务的发展应为了人民，这不仅是对政府责任的明确要求，也是实现社会公平正义、促进人的全面发展的必由之路。

（二）基本公共服务的发展应依靠人民

基本公共服务的发展不仅是为了人民，更应依靠人民。这体现了人民群众在公共服务体系建设中的主体地位和作用。首先，需要构建更加开放、包容的公共服务参与机制，鼓励民众积极参与到服务的规划、实施和评估中来，不断激活人民群众的活力。其次，应不断在人民群众中汲取智慧和力量，将民众的实际需求、创新想法和宝贵经验融到基本公共服务的设计和改进中。这样不仅能提升服务的针对性和有效性，还能增强民众的归属感和满意度。最后，充分发挥人民群众在基本公共服务中的创新精神。通过鼓励民众提出改进建议、参与服务创新项目等方式，不断激发社会的创新潜能，推动基本公共服务体系的持续优化和升级。因此，依靠人民发展基本公共服务，是实现基本公共服务高效、公平、可持续发展的关键路径。

（三）基本公共服务的发展成果由人民共享

基本公共服务的发展是社会进步的重要标志，其成果应由全体人民共享。基本公共服务的发展不仅是为了满足人民的需求，基本公共服务的发展应依靠人民。因此，其基本公共服务发展的成果理应公平地惠及每一个人。首先应做大做强基本公共服务这块大"蛋糕"。通过完善相关法律法规，并给予政策支持，充分激发人民群众的积极性与创造性。增强教育、医疗、社会保障等基本民生领域的投入，不断提升服务质量和覆盖面，确保公共资源的均衡分配。其次，政府职能部门应承担起切好基本公共服务这块"蛋糕"的责任。

这就要求政府优化基本公共服务供给结构，确保服务能够精准对接民众需求，避免资源浪费和重复建设，做到公平公正。第三，应为全体人们提供追求享受高质量的基本公共服务。这不仅要有足够的公共服务供给，还要注重提升服务的便捷性、可及性和满意度。公共服务的覆盖范围必须全面广泛，真正惠及每一个人。同时，这样的公共服务也与"以人民为中心"的发展理念相契合，能够让人民在共享公共服务发展成果的过程中，切实提升他们的获得感和幸福感。

二、强化公共服务职能，提高基本公共服务质量

强化公共服务职能，提高基本公共服务质量是满足人民日益增长的美好生活需要的重要措施。不仅体现了政府对民众福祉的深切关怀，也是现代社会治理体系中不可或缺的一环。随着经济的快速发展和社会结构的深刻变化，公众对公共服务的需求日益多样化、个性化，对公共服务的质量、效率和便捷性提出了更高要求。目前，民众对基本公共服务的期待不仅仅局限于基本的需求，而是开始追求服务的便捷化、均等化、精准化与高质量。这种变化反映了人民群众对美好生活向往的深度和广度，也对政府公共服务供给能力提出了新的挑战。然而，各层级政府在提升基本公共服务的过程中面临着诸多严峻挑战。看病难、看病贵、养老难、上学难等突出的基本民生问题。这些问题的存在，不仅暴露了公共服务体系中的短板和不足，也反映了政府在资源配置、服务创新、效率提升等方面的迫切需求。而作为新一代信息技术的大数据，为基本公共服务跨区域跨层级联动创新提供了坚实的技术基础。大数据技术革命不仅具有数据交换共享与开放利用的独特优势，更能够为公共服务领域的决策提供强有力的数据支撑使服务更加贴近民众需求，更加高效精准。对地方政府而言，大数据的应用为提升基本公共服务质量提供了前所未有的契机。具体来说，利用大数据强化公共服务职能、提升公共服务质量，可从"需求端"和"供给端"两方面入手。在需求端，通过大数据分析，可以更加准确地把握民众的真实需求，实现公共服务的个性化定制和精准投放，确保服务内容与民众需求的高度匹配。在供给端，大数据则可以帮助政府优化资源配置，提高服务效率，减少资源浪费，同时促进跨区域、跨部门、跨层级的协同合作，打破信息孤岛，形成服务合力。

（一）利用大数据精准感知民众需求

在当前的公共服务体系中，部分地方政府面临着公共服务供给与民众需求之间存在明显错位与脱节现象。为了改善这个问题，政府相关部门可以通过大数据进行精准感知民众需求。首先，借助大数据技术多维度、多层次地分析公众的公共服务需求，实现政府供给与公众需求的双向互动。对政府来说，公民可在政府网站、政务微信、政务微博等平台的留言、咨询和反馈。通过对这些海量数据进行分析和处理，政府可以更加深入地了解公众的需求和偏好，并将分析结果反馈到公共服务决策系统中，从而为公众提供更加精准化的公共服务。其次，为了实现更高效的公共服务供给，需要将各层级数据进行汇集和共享，并对跨区域跨层级大数据中心的海量数据进行分析与处理。这要求政府需要建立跨区域（跨层级）的统一网络平台，实现数据的互联互通和共享。同时，政府还需要建立大数据中心，对海量数据进行挖掘、分析，准确把握公众的公共服务需求。由此，政府可以更加科学地制定公共服务政策，提高公共服务的供给效率和质量。

（二）利用大数据改善服务供给方式

在传统的公共服务供给体系中，条块分割的管理模式和信息壁垒往往导致服务供给的碎片化和低效化。然而，随着大数据技术的迅猛发展，就打破了这一困境，实现了基本公共服务供给方式的根本性变革，即从传统的条块分割走向协调高效。大数据技术的引入，带来了供给方式认知的转变。传统公共服务供给往往基于经验和假设，而大数据则以用户为中心，依据实际数据来制定和优化服务策略。这就意味着利用大数据技术可以更准确地了解公众的需求和偏好，从而提供更加精准、个性化的服务。其次，大数据促进公共服务的协同供给。通过跨部门、跨领域、跨地区的数据共享与融合，打破信息孤岛，实现不同服务主体之间的无缝衔接和协同合作。这不仅提高了服务的整体效率，还确保了服务的连续性和一致性，从而极大地提升了公众的满意度和幸福感。为了实现这一变革，需要构建统一的数据共享平台，推动数据资源的开放与利用。同时，政府、企业和社会各界等多元主体需要共同努力，发挥各自的优势，共同推动大数据在公共服务领域的广泛应用。

（三）利用大数据加强服务供给监管

在当前社会快速发展背景下，基本公共服务的供给监管成为保障服务质量、维护社会公平正义的关键环节。大数据技术的兴起，为加强基本公共服务供给监管提供了强有力的工具，有助于实现监管效能的显著提升和透明度的全面增强。首先，大数据能够实现对基本公共服务供给全过程的精准监控。通过对海量数据的实时采集与分析，监管部门可以迅速掌握服务供给的实际情况，包括服务覆盖范围、服务质量、资源利用效率等关键指标，为精准施策提供科学依据。其次，大数据技术促进了跨地区、跨部门、跨领域的数据共享与融合，打破了信息孤岛，增强了监管的协同性，这有助于形成合力，共同应对基本公共服务供给中的复杂问题，提升监管的整体效能。再者，大数据的应用还提高了监管的透明度和公信力。通过公开服务供给数据，接受社会监督，可以有效防止权力寻租和腐败行为的发生，保障公众的知情权和监督权。同时，透明的监管过程也有助于增强公众对基本公共服务的信任感和满意度。

三、利用大数据创新服务供给，促进基本公共服务的一体化与均衡化

当前，我国社会主要矛盾已经转化为人民日益增长的美好生活需要和不平衡不充分发展之间的矛盾。在这一背景下，基本公共服务供给的不均衡问题显得尤为突出，尤其是区域之间、城乡之间的服务差距，成为制约社会全面协调可持续发展的关键因素。传统公共服务供给模式面临信息不对称、资源配置效率低下等挑战，难以满足人民群众对高质量、均等化公共服务的需求。然而，大数据技术的兴起为解决这一难题提供了前所未有的契机。大数据以其海量、高速、多样化的特点，为公共服务供给的创新带来了革命性的变化。通过收集和分析跨区域、跨领域、跨部门的数据资源，可以更加精准地识别不同地区、不同群体的服务需求，实现公共服务的个性化定制和精准投放。这不仅有助于打破信息壁垒，促进信息共享，还能显著提升资源配置的科学性和有效性，推动基本公共服务向一体化与均衡化方向迈进。具体说来，大数据促进区域基本公共服务质量改善与均衡、一体化发展可从以下两方面入手。

（一）利用大数据促进区域之间基本公共服务均等化

在经济快速发展的背景下，区域之间的经济不均衡现象日益显著，这种不均衡直接导致区域间基本公共服务的数量与质量存在显著差异。为了缩小这一差距，实现区域之间基本公共服务的均等化，可以利用大数据驱动基本

公共服务供给创新。首先，促进跨区域资源联动是推进地区之间公共服务均等化的关键。通过大数据平台，实现跨区域信息共享与资源整合，让优质资源能够在不同地区之间得到有效配置，从而弥补某些地区公共服务的不足。其次，各地区需要构建合理的公共服务均等化标准体系。这一体系应包括服务的种类、质量、覆盖范围等多个维度，确保不同地区居民能够享受到基本相当的服务水平。同时，通过大数据的分析与评估，明确各层级政府在推进公共服务均等化方面的责任与成效，进一步提高其动力与执行力。最后，利用大数据分析各地区公共服务的实际需求是推动区域高质量发展一体化的重要手段。通过对大量数据深入挖掘，精准把握区域间不同地区、不同群体的服务需求，为政府制定更加科学、合理的公共服务政策提供有力支持。这样不仅可以提高公共服务的针对性与有效性，还能确保资源的最大化利用，加速实现区域之间基本公共服务的均等化目标。

（二）大数据驱动区域之间基本公共服务一体化

大数据作为信息技术发展的前沿产物，海量、高速、多样化的信息处理能力，为打破传统区域壁垒，实现跨区域公共服务的精准对接与高效配置提供了可能。具体来讲，通过构建跨区域大数据平台，整合分散于区域内各地的教育、医疗、社保等基本公共服务资源信息，实现数据共享与交互分析，进而精准识别不同地区间的服务差距与民众需求差异。基于此，政府及相关部门能够制定更加科学合理的政策措施，引导资源向薄弱环节倾斜，促进基本公共服务设施标准化建设与均衡布局，有效缩小区域间服务水平和质量差距。同时，大数据技术的应用还能优化服务流程，提升公共服务供给效率与质量，如通过智能分析预测民众需求，实现服务的个性化定制与主动推送，增强民众的获得感与满意度。总之，大数据不仅是技术创新的产物，更是推动区域基本公共服务一体化发展的重要驱动力，对于促进社会公平正义、增进民生福祉具有重要意义。

第二节　完善政府顶层设计，保障公共服务体制创新

国家顶层设计是地方实践探索行动的依据与指南。当前，区域内各地方政府在推动大数据驱动基本公共服务一体化的进程中，已经开展了大量的实

践探索，并在此过程中积累了丰富的经验。然而，实践探索中也逐渐暴露出一些问题，如基本公共服务一体化的政策环境尚待进一步优化，大数据治理机制尚不完善，以及基础性保障措施尚未完全到位等。这些问题的存在，无疑对大数据驱动公共服务一体化的深入发展构成了制约。因此，完善国家层面的顶层设计就显得尤为迫切，需要全力保障大数据驱动下的区域基本公共服务实现一体化与均等化的创新。具体来说，需要持续完善大数据相关政策，优化政策环境；构建跨区域联动模式，推动区域内基本公共服务的合理配置；优化大数据治理机制，规范多元主体的合作行为；同时，还需强化基础性保障举措，以提升创新能力，为大数据驱动公共服务一体化提供坚实支撑。

一、持续完善大数据相关政策，优化服务政策环境

在区域基本公共服务一体化进程中，大数据的应用不仅能够提升服务效率，还能促进资源优化配置，实现公共服务的精准供给。然而，要充分发挥大数据的潜力，必须首先完善相关政策，优化其应用的政策环境。当前，大数据政策制定方面已取得一定进展，但仍存在政策碎片化、标准不统一等问题，这在一定程度上制约了大数据在公共服务领域的深度融合与应用。因此，亟须构建一套系统完备、科学规范、运行有效的大数据政策体系，明确数据采集、存储、处理、应用等各环节的标准与规范，为大数据服务区域基本公共服务一体化提供坚实的政策支撑。同时，政府还应加大对大数据技术研发和应用的投入，鼓励企业和社会力量参与大数据公共服务平台建设，推动跨部门、跨区域的数据共享与业务协同。通过政策引导和市场机制相结合，形成政府主导、社会参与的多元化大数据服务格局，为区域基本公共服务一体化创造更加优越的政策环境和发展空间。

（一）引入多方力量参与公共服务大数据政策制定

在公共服务领域，大数据政策的制定不仅关乎技术层面的实施，更涉及社会治理模式的创新与优化。为了确保政策的科学性、合理性和可操作性，必须引入多方力量共同参与制定过程。政府作为主导者，应搭建开放、透明的政策制定平台，鼓励学术界、企业界、社会组织及公众等多元主体积极参与讨论，贡献智慧、立项与见解。通过跨领域、跨行业的多方主体交流与合作，可以汇聚更为广泛的信息资源，为政策制定提供更为全面、深入的参考依据。企业作为技术创新与应用的主力军，在大数据领域的实践经验和技术优势对政策制定具有十分重要的参考价值。引入企业参与，可以确保政策内容紧贴实际需求，提高政策的可行性和实施效果。此外，社会组织与公众作为公共服务的直接受益者，其需求和反馈对政策制定同样至关重要。通过问卷调查、听证会等多种形式收集公众意见，可以确保政策更加贴近民生，满足公众对高质量公共服务的需求。总之，引入多方力量参与公共服务大数据政策制定，是实现政策科学民主化、提升公共服务效能的必由之路。通过汇聚各方智慧与力量，共同推动大数据在公共服务领域的深度应用与融合创新。

（二）构建公共服务均等化与一体化政策监督机制

在推进公共服务均等化与一体化的进程中，构建科学、高效、全面的政策监督机制显得尤为重要。旨在确保各项政策得到有效执行，促进资源公平分配，提升服务质量与效率。首先，需明确监督主体与职责，形成多元化监督格局。政府内部应设立专门机构负责政策执行的日常监督，同时引入第三方评估机构、社会公众及媒体等多方力量，共同参与监督过程，增强监督的独立性与公信力。其次，建立科学、量化的评估指标体系，对政策实施效果进行全面、客观地评估。评估内容应涵盖服务覆盖面、服务质量、公众满意度等多个维度，确保评估结果能够真实反映政策执行成效。此外，还需建立健全信息反馈与调整机制。通过定期收集、分析政策执行过程中的反馈信息，及时发现并纠正偏离政策目标的行为，确保政策调整的科学性与及时性。同时，加强对政策执行人员的培训与考核，提升其政策执行能力与责任意识，为政策监督机制的有效运行提供有力保障。

二、创新区域纵向、横向联动机制，优化基本公共服务资源配置

创新区域纵行联动、横向联动机制，优化基本公共服务资源配置，旨在探索在区域经济高质量发展一体化中，如何通过创新区域层级间的纵向联动与横向部门间的协同合作，以实现基本公共服务资源的高效配置与优化利用。该机制强调跨越不同行政层级，构建上下联动、左右协同的综合治理体系，旨在打破传统条块分割的局限，促进资源在区域间的合理流动与共享。通过层级联动与横向联动相结合，可以更有效地识别服务需求，精准匹配资源，避免服务盲区与资源浪费，从而提升公共服务的整体效能与满意度。该联动机制的实施还依赖于数字化、智能化的技术支撑，以强化信息互联互通，提升资源配置的科学性与时效性。最终，旨在构建更加均衡、高效、响应迅速

地基本公共服务体系，满足人民群众多样化、多层次的服务需求，推动社会公平正义与可持续发展目标的实现。因此，对该联动机制的深入研究与实践探索，对于提升政府治理能力与基本公共服务水平具有重要意义。

（一）根据不同应用场景，创新使用模式

大数据驱动基本公共服务一体化，在区域层级、横向联动机制下，根据不同应用场景，创新使用模式，强调了在现代社会经济发展中，针对多样化的服务需求和复杂多变的应用场景，在纵横协同联动过程中，必须创新性地设计和实施不同的服务模式。这一理念要求深入理解各应用场景的独特性和挑战，从而灵活地调整和优化服务策略，以实现资源的高效利用和服务质量的最大化。创新使用模式不仅涉及技术应用和流程改进，更包括服务理念的转变和组织架构的灵活调整。在区域基本公共服务一体化领域，根据区域差异、人口密度、经济发展水平等因素，采用不同的服务提供方式。如医疗领域的"双向流动"模式，就是通过区域内，不同区域的政府在提供基本公共服务时，通过数据的双向流动来促进公共服务的纵横向链接贯通。再如"支持横向"模式，以政府"共享为核心价值"的政务服务导向，并建立统一的技术支撑体系。在利用大数据推动区域基本公共服务一体化与均衡化实践中最终要达成政府的共享性、协同性以及数字化转型目标。

（二）总结提炼不同模式，促进创新扩散

在政务服务领域，创新模式的总结提炼与扩散应用是推动政府治理现代化和服务高效化的关键。针对"支持横向"模式，确立以"共享为核心价值"的服务导向，并发展统一的技术支撑体系，在大数据的推动下实现政府服务的跨区域跨层级联动。为了进一步深化应用效果，必须进行系统的总结与提炼。总结提炼就是要对已有创新模式在实践中的成功经验、存在的问题以及改进的方向进行全面梳理和深入分析。如对共享机制、协同方式、数字化手段等多个方面综合评估，形成一套可复制、可推广的标准化模式。促进创新扩散则是要将经过提炼的成功模式广泛应用、嫁接于不同的政务服务场景和层级中。通过政策引导、培训交流、案例分享等多种方式，推动各级政府和服务机构学习和采纳，实现政务服务创新成果的快速扩散和广泛应用。最终，总结提炼与创新扩散的有机结合，将更有利于形成一套更加完善、高效的政务服务体系，推动政府治理能力的全面提升和服务质量的持续优化。

三、完善大数据治理机制，规范多元主体合作行为

大数据作为新兴生产要素，其价值挖掘与利用离不开政府、企业、社会组织及公众等多元主体的共同参与。然而，多元主体在合作过程中也面临着数据权属不清、利益分配不均、安全风险频发等问题，这严重制约了大数据的健康发展。因此，必须建立健全大数据治理机制，明确各主体的权利与责任，确保数据流动的合规性与安全性。同时，要通过制定科学合理的合作规范，引导多元主体在数据共享、开发利用等方面形成良性互动，促进大数据价值的最大化。此外，还应加强监管与自律相结合，构建多方参与的协同治理体系，为大数据的可持续发展奠定坚实基础。具体说来，主要从以下四方面进行。

（一）构建良好的沟通协商参与机制

在完善大数据治理机制与规范多元主体合作行为的过程中，构建良好的沟通协商参与机制至关重要。旨在促进政府、企业、社会组织及公众等多元主体之间的有效沟通、平等协商与共同参与，以确保大数据治理的公正性、透明度和有效性。为实现这一目标，首先应建立多元化的沟通渠道，确保各主体能够便捷地表达意见、反馈问题和提出建议。同时，应定期举办协商会议或论坛，为各方提供"面对面"交流的平台，共同商讨大数据治理的重大事项和合作策略。在沟通协商过程中，应注重平等与包容，充分尊重各主体的权益和诉求，确保决策过程的民主化与科学化。此外，还应鼓励各主体积极参与大数据治理的实践，通过共同行动来推动治理机制的完善与合作行为的规范。这一机制的建立与运行，可以更好地汇聚各方智慧与力量，共同推动大数据的健康发展与社会的全面进步。

（二）构建良好的利益共享协同机制

大数据治理基本公共服务一体化，构建良好的利益共享协同机制与完善治理机制、规范多元主体合作行为同等重要共同构成了推动大数据持续健康发展的核心架构。这一机制的构建，确保政府、企业、社会组织及公众等多元主体在大数据的利用与发展中能够实现利益的均衡分配与协同增效。为实现这一目标，首先需要明确各主体在大数据治理中的角色与定位，进而确立公平、透明的利益分配原则，确保各方都能在大数据的价值创造中获得应有

的回报。同时，应建立利益共享的激励机制，鼓励各主体积极参与大数据的开发利用，通过协同创新来实现利益的共同增长。在协同机制的运行过程中，应注重培养各主体的合作意识与共赢理念，推动他们在数据共享、技术创新、市场开拓等方面形成紧密的合作关系。此外，还应建立健全的监管与评估体系，确保利益共享协同机制的公正性与有效性，及时调整优化机制设计以适应大数据治理的新挑战。总之，构建良好的利益共享协同机制是完善大数据治理、促进多元主体合作的重要路径。这一机制的建立与运行，可以有效平衡各方利益，激发合作潜力，共同推动大数据的繁荣发展与社会的全面进步。

（三）构筑责任共担的长效治理机制

在大数据治理的复杂体系中，构筑责任共担的长效机制与完善治理机制、规范多元主体合作行为、构建良好的沟通协商参与机制以及利益共享协同机制相辅相成。旨在确保政府、企业、社会组织及公众等多元主体在大数据的利用与发展中能够共同承担责任，形成风险共担、利益共享的可持续合作模式。为实现这一目标，首先需要明确各主体在大数据治理中的责任与义务，确立科学合理的责任分配机制。在构筑责任共担机制的过程中，应注重培养各主体的责任意识与责任担当精神，鼓励他们积极参与大数据治理的实践，共同应对挑战，分享成功经验。此外，还应加强跨部门、跨领域的合作与协调，形成合力，共同推动大数据治理的深化与多元主体合作的拓展。这样可以有效凝聚各方力量，共同应对大数据治理的挑战，推动大数据的繁荣发展与社会的全面进步。

（四）构筑多方监管的规范约束机制

在大数据治理基本公共服务的广阔领域中，构筑多方监管规范约束机制与完善治理机制、规范多元主体合作行为、构建良好的沟通协商参与机制、利益共享协同机制以及责任共担的长效机制相辅相成，共同构成了推动大数据健康、可持续发展的全面体系。这一规范约束机制的构筑，核心在于确保政府、企业、社会组织及公众等多元主体在大数据的利用与发展中能够遵循统一的规范与标准，实现有序、高效的合作与治理。为实现这一目标，首先需要建立健全的监管体系，明确各监管主体的职责与权限，确保监管工作的公正性与有效性。同时，应制定科学合理的规范与标准，为多元主体在大数据驱动基本公共服务中的行为提供明确的指导与约束。在构筑多方监管机制的过程中，应注重培养各主体的自律意识与规则意识，鼓励自觉遵守规范与标准，共同维护良好运行秩序。此外，还应加强监管主体之间的沟通与协作，形成监管合力，共同应对大数据驱动区域基本公共服务一体化发展中的挑战与问题。

四、加强基本保障措施，提高基本公共服务创新能力

基础性保障举措在推动大数据驱动公共服务一体化创新的过程中起着至关重要的作用，从目前区域发展一体化背景下，如长三角、珠三角等区域基本公共服务一体化过程中，如"双向流动""横向模式"等都很好地实现了大数据驱动区域基本公共服务一体化的模式创新，并积累了成功的经验，作为典型示范向其他正致力于一体化的地区扩散，推动了大数据驱动区域基本公共服务一体化发展的全国浪潮。具体说来，这些成功案例的建设都离不开以下因素：良好的制度保障、卓越的技术保障和厚实的物质保障。这三者相辅相成，共同构成了大数据驱动基本公共服务一体化取得成功的基石。

（一）强化大数据驱动区域基本公共服务一体化创新的制度保障

制度保障是推动大数据在公共服务领域深度融合与应用的关键，它能够为大数据技术的创新应用提供稳定的政策环境和法律支持。为了实现大数据驱动下的基本公共服务一体化，当务之急是要构建一套完善的制度体系。明确数据共享与使用的法律框架，确保各部门、各层级之间的数据能够顺畅流通，为公共服务的一体化提供数据基础。在法律制度层面给予充分重视，并针对数据隐私安全、数据交换共享以及数据开放等关键环节，制定出一系列明确且具操作性的法律法规，以确保大数据在公共服务领域的合规应用。同时，也应关注多元主体合作法律制度的构建。公共服务的多元供给模式凸显了组织协同的重要性。因此，各参与主体不仅应强化自身内部管理制度的建设，确保系统有序，同时还应共同制定针对的法律制度，以明确各自权责。除此之外，统一网络平台的法律制度也不可忽视。根据统一网络平台的层级与功能定位，分别制定出适用于省级、市级和县级网络平台的法律制度，确保各级平台在合法合规的框架内运行。同时，还应注重完善统一网络平台整体架构的法律制度，以促进平台系统的有序运行和高效协同，为大数据驱动的基本公共服务一体化提供坚实的制度支撑。

（二）强化大数据驱动基本公共服务一体化创新的技术保障

技术保障是实现大数据驱动基本公共服务一体化创新发展的核心，对提升服务效率与质量至关重要。首先，积极推动大平台与大数据建设是强化技术保障的关键。构建统一的大数据平台，整合各部门、各领域的数据资源，打破信息孤岛，实现数据共享与交互，为基本公共服务一体化创新发展提供坚实的数据支撑。同时，加强大数据技术的研发与应用，提升数据处理与分析能力，挖掘数据价值，为精准化、个性化服务提供可能。其次，加快培养大数据人才是提升技术保障的重要一环。大数据技术的快速发展对人才提出了更高要求。可以通过高校教育、职业培训等多种渠道，培养具备大数据思维、掌握大数据技术的人才队伍，为基本公共服务一体化创新提供智力支持。最后，大数据等现代信息技术应用的社会问题也是强化技术保障的必要内容。在推动大数据技术应用的同时，需关注数据安全、隐私保护等问题，建立健全相关法律法规，保障公民合法权益，确保大数据技术在基本公共服务领域的健康、可持续发展。

（三）强化大数据驱动基本公共服务一体化创新的物质保障

物质保障是支撑大数据在基本公共服务中创新应用的基础，其重要性不容忽视。财政拨款是基本公共服务提供与发展的主要经济来源，财政支持是大数据驱动公共服务创新的重要保障[①]。首先，积极推动大平台与大数据建设，并设立专项资金，这是强化物质保障的关键举措。通过设立专项资金，可以确保大数据平台与基础设施建设的持续投入，为基本公共服务的一体化创新提供稳定的物质支持。其次，吸收社会闲散资金也是提升物质保障的有效途径。政府可以通过政策引导，鼓励社会资本投入大数据领域，形成政府与社会资本共同参与的多元化投资格局，为基本公共服务的大数据创新提供更多资金来源。最后，平衡地方政府事权与财权之间的关系，是确保物质保障持续有效的关键。在推进大数据驱动的基本公共服务一体化创新过程中，应合理划分中央与地方的事权与财权，确保地方政府有足够的财力来支撑大数据项目的实施与运营，从而避免因财力不足而导致的创新受阻。

---

① 邓琳. 基于社会—技术框架的"互联网+医疗"合作治理模式研究 [D]. 成都：电子科技大学，2020.

第三节 探索府际自主协作，加快推动整体政府建设

区域公共服务一体化建设是当前社会治理与发展的重要议题，其核心在于推动区域内各公共服务供给主体之间的深度融合与强化合作。这一进程不仅关乎政府、市场、第三部门以及个体等多元主体的共同参与理念更新、机制创新以及技术支撑等多个层面。当前，随着区域内各地政府、市场、第三部门和个体逐渐意识到合作的重要性，并树立了公共服务一体化建设的理念，一些政府间的议事协调组织机构，如长三角联合办公室等，也应运而生，为区域公共服务的协同供给提供了组织保障。然而，尽管在理念和组织层面取得了一定进展，但从现状来看，各地域政府在提供公共服务和运用大数据方面存在显著差异。这种差异不仅体现在动机上，也体现在能力上。具体来说，不同地域的政府在运用大数据驱动公共服务创新时，其目标和利益并不完全一致，甚至存在冲突。这种差异和冲突可能导致基本公共服务一体化的进程受阻，影响区域内公共服务一体化实施的整体效能。另一方面，区域内公共服务供给呈现出"碎片化"的特征。这种"碎片化"不仅体现在公共服务供给的内容上，也体现在供给的流程上。具体来说，公共服务的供给内容和流程存在分割、重复与模糊的问题。这种"碎片化"的供给模式可能导致资源的浪费和服务的低效，无法满足公众对高质量公共服务的需求。因此，需要进一步加强区域间的府际共同协作，整合公共服务资源，优化供给流程，提高公共服务的整体效能，尽早加快推动区域内整体性政府建设。

一、强化区域省级政府统筹，实现跨区域统一联动创新

强化区域省级政府统筹，实现跨区域基本公共服务一体化联动创新是当前推动区域协调发展、优化资源配置的重要议题。在区域高质量发展一体化背景下，省级政府作为关键层，需充分发挥其统筹规划与协调作用，打破行政区划壁垒，促进基本公共服务资源的跨区域流动与共享。这要求省级政府建立健全跨区域协作机制，通过政策引导、资金支持和信息共享，推动教育、医疗、养老等基本公共服务领域的一体化发展与联动创新。同时，应注重利用数字化、智能化手段，提升跨区域公共服务供给效率与质量，满足人民群

众日益增长的多元化、个性化需求。此外，强化绩效评价与监督反馈机制，确保跨区域基本公共服务一体化联动创新的可持续性与实效性。

（一）统筹区域统一网络平台的对接

大数据驱动区域基本公共服务一体化中，区域统一网络平台的对接不仅是技术层面的融合，更是制度、管理和服务模式的深度整合①。它要求各区域在省级政府间的统一规划下，共同构建集信息共享、业务协同、服务一体化于一体的综合性网络平台，以打破信息孤岛，实现跨区域数据的互联互通。该平台涵盖教育、医疗、养老等多方面的民生服务，通过统一的接口和标准，实现不同地区服务资源的共享和优化配置。同时，平台还应具备强大的数据处理和分析能力，以便为政府决策提供科学依据，为公众提供更加精准、个性化的服务。在对接过程中，省级政府需发挥主导作用，制定统一的规划和标准，协调各方利益，推动平台建设的顺利进行。同时，各地方政府也应积极参与，根据自身实际情况，提出建设性的意见和建议，共同推动平台的完善和发展。因此，统筹区域统一网络平台的对接，是实现跨区域基本公共服务一体化联动创新的重要支撑。不仅能够提升公共服务的效率和质量，还能够促进区域间的均衡发展，增强社会的整体福祉。

（二）加强区域内政府间对应领域服务的共享互认

与统筹区域统一网络平台的对接并行不悖的是加强区域内政府间对应领域服务的共享互认。这一举措旨在打破行政区划的限制，推动基本公共服务资源在区域内的自由流动和高效配置。具体而言，各地方政府应在省级政府的指导下，就教育、医疗、养老等关键服务领域制定统一的服务标准和互认机制。这样无论居民身处区域内的何地，都能享受到无差异或差异极小的基本公共服务，从而极大提升服务的便捷性和可及性。实现服务的共享互认，需要区域内政府间建立紧密的合作关系，共同制定并执行统一的服务提供和质量监控标准。同时，也需要通过区域统一网络平台，实现服务信息的实时共享和更新，确保居民能够准确、及时地获取所需服务。此外，还应建立健全的评价和反馈机制，以便及时发现并解决服务共享互认过程中出现的问题，不断优化和完善服务体系。总之，加强区域内政府间对应领域服务的共享互

---

① 张佳慧. 整体性治理视角下"互联网+政务服务"模式创新的实践探索与深化路径：以浙江省嘉兴市为例［J］. 电子政务，2017（10）：20-27.

认，是实现跨区域基本公共服务一体化联动创新的重要一环。它与统筹区域统一网络平台的对接相辅相成，共同推动着区域基本公共服务水平的整体提升。

二、加强区域府际联动，构建良性互动协作新框架

信息技术、行动者与机制，三者构成了数字化驱动的铁三角，彼此之间相互作用对于推动组织变革和社会进步具有深远影响。信息技术不仅是组织变化的"赋能者"（enabler），为组织提供工具和手段，同时也是引发社会结构变动的诱因。信息技术的快速发展和应用，改变了人们的生活、工作和思维方式，进而对社会组织形态和运作机制产生深刻影响。在数字化驱动的铁三角中，行动者和结构应更加迅速有效地为技术进步作出调整，以避免"制度性滞后"。传统的组织结构往往因为其固有的稳定性和惯性，难以迅速适应技术变革带来的挑战和机遇。然而，在数字化时代，这种滞后性可能会成为组织发展的障碍，甚至导致组织的衰败。因此，行动者和结构必须保持灵活性和适应性，及时调整以适应技术的快速发展。府际政府在推进自身流程再造和跨部门功能调整的过程中，通过借助信息技术力量，打破传统部门间的壁垒和界限，实现跨部门的协同和合作，从而提高公共服务的供给效率和质量。在组织结构关系上，府际政府应以权责划界为前提，整合和重构政府内部的组织结构和资源要素，使结构变革适应区域组织间关系与整体性过程治理需要。传统的公共服务政策往往采用简单统一的方式处理复杂性问题，如今，在互联网的数字化时代，府际政府需要建立区域数据共享交换的虚拟平台，关联业务跨界协同，以数字化思维打破传统部门职责分工与层级界限，形成依据流动性需求和场景驱动的公共服务一体化运行逻辑。这主要包括府际间的功能联动、资源联动与数据联动，进而形成一体化运行。

（一）跨区域功能联动，推进职责划分明确

在数字化驱动的铁三角框架下，跨区域功能联动成为府际政府推进职责划分明确的重要途径。信息技术的迅猛发展不仅为政府跨部门、跨区域的协同合作提供了可能，也对传统的职责划分模式提出了挑战。为了适应这一变革，府际政府需要打破传统部门间的壁垒和界限，实现跨部门的协同和合作。在跨区域功能联动的过程中，府际政府应首先明确各自的职责范围，确保在联动过程中不会出现职责不清、任务重叠等问题。同时，通过建立区域数据

共享交换的虚拟平台，府际政府可以实现业务跨界协同，以数字化思维打破传统部门职责分工与层级界限。这种一体化的运行逻辑不仅提高了公共服务的供给效率和质量，还有助于形成更加科学、合理的职责划分体系。同时，府际政府还应建立有效的沟通机制和协调机制，确保在联动过程中能够及时解决问题、调整策略，确保跨区域功能联动的顺利推进。

（二）跨区域资源联动，推动资源配置最优

跨区域资源联动是府际政府优化资源配置、提升整体服务效能的关键策略。随着人口的自由流动，面对日益复杂的社会问题和多元化的公共服务需求，传统的资源配置模式已难以满足跨区域、跨部门的协同合作要求。因此，府际政府需打破资源壁垒，实现跨区域资源的共享与优化配置，以推动资源配置达到最优状态。跨区域资源联动要求府际政府在明确各自职责范围的基础上，通过建立有效的沟通机制和协调机制，实现资源的共享与互补。这种联动模式不仅有助于避免资源的重复建设和浪费，还能提高资源的使用效率，满足不同地区、不同部门之间的实际需求。同时，通过跨区域资源联动，府际政府可以共同应对跨区域的公共服务问题，提高整体应对能力和服务效能。在推动跨区域资源联动的过程中，府际政府需要注重信息技术的运用。通过建立区域数据共享交换平台，府际政府可以实现资源信息的实时共享和更新，为资源的优化配置提供数据支持。同时，借助数字化思维，府际政府可以打破传统部门职责分工与层级界限，形成依据流动性需求和场景驱动的资源配置模式。

（三）跨区域数据联动，推动数据流动顺畅

传统公共服务供给形式呈现条块分割状态，数据联动速度慢，效率低，难以满足现代社会对公共服务高效、精准的需求。同时，传统的公共服务供给模式中缺乏完善的民情反馈与政府回应，进一步加剧了数据收集与沟通渠道的匮乏。为了推进数据流动顺畅，实现公共服务的高效与精准供给，在区域经济高质量发展一体化背景下，必须促进区域基本公共服务数据流动顺畅、高效。具体而言，包括以下两方面：首先，促使数据实现点到面的裂变式传播。必须打破传统的点对点数据传播模式，借助省级、市级和县级网络平台，通过纵横向打通公共服务跨区域供给的数据收集、交换、反馈与回应的渠道。其次，对数据进行实时动态的管理与控制。公众的公共服务需求具有时效性特征，这就要求政府必须迅速回应公众的需求。为了实现这一目标，需要通过统一的网络平台和大数据中心对公共服务数据实行实时动态的管理和控制。这样不仅可以确保数据的准确性和时效性，还可以使区域政府在公共服务供给上更加实时、精准地满足公众的需求。

三、有效协调动机能力，提升区域政府公共服务能力

政府提升自身基本公共服务能力。不仅关乎政府形象的塑造，更是实现社会和谐、经济持续发展的关键所在。在此过程中，有效协调动机能力则扮演着至关重要的角色。动机能力，作为驱动个体或组织行动的内在动力，对于区域政府而言，是其公共服务能力提升的核心要素。一个具备强烈动机能力的政府，能够更为主动地识别民众需求，更为积极地回应社会关切，从而在公共服务领域展现出更高的效率和更好的效果。因此，区域政府应当注重激发自身动机能力，成为推动公共服务能力提升的强大引擎。具体而言，区域政府可以通过完善激励机制、优化资源配置、强化责任担当等方式，来有效协调并提升自身的动机能力。同时，还应注重与民众、企业等社会各界的沟通与合作，共同构建多元共治、协同创新的公共服务体系。这样，不仅能够提升政府的公共服务能力，还能够有效增强民众对政府的信任和支持，为区域社会的长期发展奠定坚实的基础。

（一）重视区域政府推动公共服务一体化的外部动机和内部动机

区域政府如何提升自身基本公共服务能力，需要深入剖析背后的动机机制。动机，作为驱动行为的核心要素，对于政府在公共服务领域的表现起着至关重要的作用。因此，需要同时关注外部动机和内部动机的有效协调与激发。外部动机主要源于社会对政府的期望与要求，以及政府间的竞争、合作。在区域一体化背景下，区域政府面临着来自上级政府、其他区域政府等的多重压力与挑战。这些外部因素构成了推动区域政府提升公共服务能力、实现公共服务一体化的重要动力。然而，仅有外部动机是不足以支撑区域政府长期、稳定地提升公共服务能力。内部动机的激发同样至关重要。内部动机主要源于政府内部的价值观、使命感以及公务员的职业荣誉感。拥有强烈内部动机的政府，能够更为主动地识别民众需求，更积极地回应社会关切，从而在公共服务领域展现出更高的效率和更好的效果。因此，区域政府在推动公共服务一体化的过程中，必须同时重视外部动机和内部动机的协调与激发。

通过完善激励机制、优化资源配置、强化责任担当等方式，有效提升政府的外部动机；同时，通过培育政府内部的共同价值观、增强公务员的职业荣誉感等措施，进一步激发政府的内部动机。只有这样，区域政府才能在公共服务领域实现真正的提升与突破，为社会的和谐与经济的持续发展奠定坚实的基础。

（二）提升基本公共服务跨区域供给能力

随着经济发展一体化的增强，人口自由流动日益频繁，提升基本公共服务跨区域供给能力成为重要任务。这不仅关乎政府效能的提升，更是实现社会公平、促进区域协调发展的关键。而要实现这一目标，动机的协调与策略的创新显得尤为重要。动机协调是提升基本公共服务跨区域供给能力的内在动力。区域政府需要明确自身的公共服务职责，形成强烈的动机推动跨区域的公共服务供给。这就要求政府内部形成共识，将提升跨区域公共服务供给能力作为重要的发展目标，通过完善激励机制、强化责任担当等方式，激发政府及其工作人员的积极性和创造性。策略创新则是提升基本公共服务跨区域供给能力的外在保障。区域政府需要打破传统的行政区划限制，通过建立跨区域合作机制，实现公共服务的共享与协同。主要包括优化资源配置，确保跨区域公共服务供给的均衡性与可持续性，加强信息共享，提高跨区域公共服务供给的精准性和效率性；以及创新服务模式，满足民众多样化、个性化的公共服务需求。

四、引入社会力量参与，形成大数据驱动的参与式治理

随着大数据技术的飞速发展，社会治理模式正经历深刻变革。引入社会力量参与，尤其是私营企业、社会组织及社会公众的广泛加入，正逐步构建起大数据驱动的参与式治理新格局。这一模式不仅丰富了治理主体，还显著提升了治理效能。私营企业以其敏锐的市场洞察力和资源调配能力，成为大数据治理中不可或缺的一环。它们通过技术创新和数据分析，为政府决策提供科学依据，同时直接参与公共服务供给，满足民众多元化需求。社会组织则凭借其专业性和公益性，在社区治理、公共服务等领域发挥桥梁作用，促进政府与社会、民众之间的有效沟通。社会公众的积极参与是参与式治理的核心。大数据技术为公众提供了便捷的信息获取和表达渠道，使他们能够更直接地参与到社会治理中来。公众的知情权、监督权乃至与政府的"博弈权"

得以充分实现，促进了决策的民主化和科学化。

（一）引导私营企业参与跨区域公共服务一体化联动

私营企业以其灵活的市场机制、高效的资源配置以及创新的技术能力，在公共服务领域展现出巨大的潜力。因此，如何有效引导私营企业参与跨区域公共服务一体化联动，成为提升公共服务供给效率与质量的重要因素。私营企业的参与可以为跨区域公共服务一体化联动注入新的活力。凭借自身的专业优势和资源实力，在公共服务项目的投资、建设、运营等各个环节发挥重要作用。同时，私营企业还能够通过技术创新和模式创新，推动公共服务供给方式的变革，提高服务的便捷性和可及性。当然，为了实现私营企业的有效参与，政府需要构建公平、透明、可预期的市场环境，为私营企业提供更多的投资机会和合作空间。同时，政府还应加强与私营企业的沟通与协作，共同制定跨区域公共服务一体化的规划和标准，确保服务的连续性和一致性。此外，政府还可以通过政策引导、财政补贴、税收优惠等措施，激励私营企业积极参与跨区域公共服务一体化联动。同时，建立健全的监管机制，保障公共服务的质量和安全，维护公众的利益。

（二）引导社会组织参与跨区域公共服务一体化联动

社会组织以其独特的公益性质、专业的服务能力和广泛的群众基础，在公共服务领域发挥着不可替代的作用。因此，引导社会组织参与跨区域公共服务一体化联动，对于提升公共服务水平、促进社会和谐具有重要意义。社会组织的参与可以有效弥补政府和市场在公共服务供给中的不足。它们能够深入社区、了解民众需求，为政府提供有价值的建议和反馈，帮助政府更好地制定和执行公共服务政策。同时，社会组织还能够利用其专业优势，提供高质量的公共服务，满足民众的多样化需求。为了实现社会组织的有效参与，政府需要与社会组织建立紧密的合作关系，共同制定跨区域公共服务一体化的规划和标准。政府应为社会组织提供更多的政策支持和资源投入，鼓励其积极参与公共服务的投资、建设和运营。同时，政府还应加强对社会组织的监管和指导，确保其服务的规范性和有效性。此外，社会组织也应加强自身能力建设，提高服务水平和效率。它们可以通过与其他社会组织和私营企业的合作，共同推动跨区域公共服务一体化联动的实现。

社会公众作为基本公共服务的最终受益者和重要的参与者，其角色不可忽视。社会公众的广泛参与，不仅有助于提升公共服务的针对性和有效性，还能增强社会的凝聚力和向心力。因此，引导社会公众参与跨区域公共服务一体化联动，是推动公共服务发展的重要策略。社会公众参与可以为跨区域公共服务一体化联动提供宝贵的意见和建议。作为服务的直接使用者，对服务的质量和效果有着最直观的感受和判断。通过公众参与，可以更加准确地把握民众的需求和期望，从而优化服务供给，提高满意度。为实现社会公众的有效参与，政府需要建立畅通的民意表达渠道，鼓励民众积极参与公共服务的规划、评估和监督。同时，政府还应加强信息公开和透明度，让民众了解公共服务的政策、进展和成效，增强他们的信任感和归属感。此外，政府还可以通过教育、宣传等方式，提高民众对跨区域公共服务一体化联动的认识和参与度。培养民众的公共精神和责任意识。

第四节　完善统一网络平台，实现数据开放自由流动

在信息化时代背景下，数据的开放与流动已成为推动社会经济发展的重要动力。对于跨区域公共服务一体化而言，完善区域统一网络平台，实现数据开放流动，不仅是技术层面的革新，更是治理理念和模式的深刻变革。对打破信息孤岛、促进资源共享、提升服务效能具有重要意义。区域统一网络平台的构建，为跨区域公共服务一体化提供了统一的信息交互和处理平台。通过这一平台，不同区域、不同部门之间的信息得以顺畅流通，从而实现公共服务的无缝衔接和高效协同。同时，数据的开放流动也为公共服务创新提供了无限可能。通过数据挖掘和分析，政府可以更加精准地把握民众需求，优化服务供给。

一、完善区域网络平台构架，促进网络平台一体化

网络平台已成为推动当今社会进步与经济发展的重要力量。区域网络平台作为连接地方资源、促进信息共享与业务协同的关键基础设施，其构架的完善性与一体化程度直接影响着区域发展的整体效能。然而，当前区域网络平台建设仍面临诸多挑战，如平台间数据孤岛现象严重、业务流程割裂、信息标准不统一等，严重制约了网络平台在促进区域经济一体化、提升社会治

理能力方面的潜力发挥。因此，完善区域网络平台构架，促进网络平台一体化，成为当前亟待解决的重要课题。这不仅要求在技术层面实现平台间的无缝对接与数据共享，更需要在政策、法规、标准等多个维度进行深度整合与创新，以构建出高效、协同、安全的区域网络平台生态体系。

（一）完善区域一体化顶层设计，打造网络平台一体化典范

区域一体化的核心在于实现资源、信息、业务等多方面的深度整合与协同。在当前数字化时代背景下，网络平台作为区域一体化的重要支撑，其顶层设计的完善性与前瞻性显得尤为重要。然而，区域网络平台在一体化进程中仍面临诸多挑战，如平台架构差异大、数据标准不统一、业务流程割裂等，这些问题严重制约了网络平台在促进区域一体化发展中的潜力释放。因此，完善区域一体化的顶层设计，打造网络平台一体化的典范应用，成为当前亟须探索的重要方向。这要求在战略规划层面，对区域网络平台的建设目标、发展路径、关键任务等进行全面梳理与明确，以确保各平台在顶层设计上的一致性与协同性。同时，还需要在技术应用、数据管理、业务流程等多个层面进行深度创新与整合，以构建高效、安全、易用的区域一体化网络平台。

（二）发挥区域省级政府统筹能力，加快推进一体化建设

省级政府不仅承担着区域内经济社会发展的规划与调控职责，还是中央政策与地方实践对接的关键节点，其统筹能力的强弱直接影响到区域一体化建设的进度和成效。发挥区域省级政府的统筹能力，首先需要强化其在区域规划、产业布局、基础设施建设、公共服务均等化等方面的统筹协调功能。通过制定科学合理的区域发展规划，明确区域一体化的目标路径和时间节点，引导区域内各地市协同发展。同时，省级政府还应加大对跨区域重大基础设施项目的支持力度，推动形成互联互通的基础设施网络，为区域一体化提供坚实的物质支撑。此外，省级政府还需在制度创新和政策供给上下功夫，探索建立区域一体化发展的体制机制保障。这包括建立健全区域合作机制，促进区域内各地市在政策制定、执行和监督等方面的协同配合；推动要素市场一体化改革，打破行政区划壁垒，实现资源要素的自由流动和优化配置；以及加强区域公共服务平台建设，提升区域内公共服务供给的均衡性和可及性。

（三）提升区域内政府数据开发利用能力，提升公共服务质量

在当前数字化转型的大背景下，政府数据的开发利用已成为提升公共服

务质量的关键路径。区域内政府数据的有效整合与深度挖掘，不仅能够为政策制定提供科学依据，还能极大优化公共资源的配置效率，进而推动公共服务水平的全面提升。实现这一目标，首要任务是建立健全政府数据开放共享机制。通过打破部门间的信息壁垒，促进数据资源的互联互通，可以为数据分析与应用奠定坚实基础。同时，政府应积极引入先进的数据分析技术，如大数据、云计算等，来提升数据处理能力，实现数据价值的最大化利用。同时，在提升数据开发利用能力的过程中，还应注重培养专业的数据人才队伍。通过加强数据科学相关学科的建设，以及开展针对性的培训项目，可以有效提升政府工作人员的数据素养和分析能力，为公共服务创新提供人才保障。此外，政府还应关注数据安全与隐私保护问题。在推动数据开发利用的同时，必须建立健全数据安全管理体系，确保个人信息和敏感数据的安全可控，以维护公众的信任和支持。

二、推进平台互联互通，实现数据交换共享

平台互联互通要求打破不同系统、部门间的技术壁垒，建立统一的数据标准和交换协议，确保各类数据能够顺畅流通与共享。首先，通过构建多层次、多维度的数据共享平台，实现跨领域、跨地域的数据整合与分析，为政府决策提供全方位、多层次的信息支持。其次，在推进平台互联互通的过程中，还需注重数据的安全与隐私保护。建立完善的数据安全管理体系，加强数据加密、访问控制等安全措施，确保数据在交换共享过程中的安全可控，是保障公众信任和支持的重要前提。最后，推进平台互联互通还需要政府、企业和社会各界的共同努力。这就要求，政府充分发挥主导作用，制定相关政策法规和标准规范。企业积极参与平台建设和运营，提供先进的技术支持和解决方案。社会各界加强沟通与协作，共同推动数据资源的开放共享和有效利用。通过以上形式，推动网络平台数据纵向联动和横向联动，实现交换共享。

（一）推动网络平台纵向数据联动，实现数据交换共享

推动网络平台纵向数据联动，实现数据交换共享是提升社会治理效能、优化公共服务供给的关键路径。这就要求国家和地方层面的公共服务数据共享机制需不断完善，特别是"总枢纽、总门户、总要求与总目录"四者的有机结合，为大数据从静态资源向动态驱动的转型提供有力支撑。在此基础上，

进一步推进大数据的共享与交换应用，以释放数据价值，赋能社会治理与公共服务创新。然而，当前基本公共服务网络平台间的数据共享仍存在条块分割问题，严重制约了数据联动的速度与效率。以医疗健康数据的纵向联动为例，由于数据共享动机和激励机制的缺失，以及基层医疗服务机构信息技术能力的不足，这一人们最为关心的民生的问题，数据的互联互通在区域发展范围内尚未全部实现。需要改善，得从以下两方面入手：一要增强数据共享动机。通过制定和实施数据共享相关政策，激发地方各级政府和各部门公共服务数据共享的积极性，并将其纳入绩效考核体系，以提升数据共享的驱动力。二要着力提升公共服务网络平台的数据共享能力，尤其是基层政府的数据共享能力。这就得加大现代信息技术人才的培养力度，提升基层公共服务供给人员的专业技能和综合素质，为数据共享提供坚实的人才基础和技术支撑。

（二）实现网络平台横向数据联动，实现数据交换共享

数字化转型的浪潮中，不仅纵向数据联动至关重要，横向数据联动同样扮演着举足轻重的角色。当前，各部门间数据共享仍存在诸多障碍，如数据格式不统一、共享意愿不强、技术难题等，导致数据难以有效流通与利用。为改善这一现状，首先需要建立统一的数据标准和交换协议，确保不同部门间的数据能够准确、一致地进行交换与共享。同时，构建高效的数据传输通道，保障数据的及时传递与处理，以满足政府部门间实时数据共享的需求。其次，加强跨部门间的沟通与协作，打破传统部门间的壁垒，形成数据共享的强大合力。通过制定相关政策法规，明确数据共享的责任与义务，激发各部门数据共享的积极性与主动性。从现实情况来看，譬如，目前政府、私人企业和社会组织均积累了大量宝贵数据。但相比较而言，公共部门与非公共部门间的数据交换共享水平仍显不足，亟须加速推进部门间的数据联动，构建大数据开放共享平台，实现各主体信息资源的贯通。

三、强化技术支持，深化大数据技术应用

强化技术支持，就是需要在公共服务体系中全面融入大数据技术，构建智能化的服务平台。通过大数据的分析与挖掘，更精准地把握公众的需求和偏好，从而提供个性、高质量的公共服务。因此，必须积极探索大数据技术在公共服务领域的新应用，不断推动技术创新和服务模式创新。同时，还需

要加强跨部门和跨地区的合作，共同构建大数据支撑下的区域基本公共服务一体化体系。这样，才能更好地满足人民群众对美好生活的向往，推动社会和谐发展与全面进步。

（一）加快一体化网络平台技术支撑

为了实现区域基本公共服务的高效一体化，必须加快构建一体化的网络平台，并提供强大的技术支撑。这一平台应集成大数据处理、云计算、人工智能等先进技术，形成一个智能化、高效化的公共服务体系。首要任务在于提升大数据收集、处理与分析技术的能力，特别是针对各级政府网络平台的基础数据、政务服务过程数据以及用户行为数据等进行深度挖掘与分析。其次，为了进一步提高公共服务的效率和覆盖面，还应充分利用公共服务云平台的资源，推动公共服务平台的集约化建设。同时，为了避免重复建设和资源浪费，还可以充分依托符合安全要求的第三方云平台来开展公共服务云平台的建设工作。这样，不仅可以实现资源的共享与整合，还能确保平台的安全性和稳定性。

（二）加强一体化网络平台运行保障

加强一体化网络平台的运行保障，首先，要建立完善的安全防护体系。一体化网络平台承载着大量的敏感数据和关键信息，因此，必须确保其安全性。通过采用先进的安全技术，如防火墙、入侵检测、数据加密等，可以有效防止网络攻击和数据泄露，保障平台的安全稳定运行。其次，要注重平台的稳定性和可靠性。一体化网络平台的运行必须稳定可靠，以确保公共服务的连续性和可用性。为此，需要采用高可用性的架构设计，确保平台在面临故障或攻击时能够快速恢复，保证服务的正常运行。最后，要加强平台的运维管理。一体化网络平台的运维管理是保证其长期稳定运行的关键，需要建立完善的运维管理体系，包括监控、备份、恢复、升级等各个环节，确保平台能够持续、稳定地为公众提供优质的公共服务。

四、加强平台监督考核，提升一体化公共服务水平

在区域基本公共服务一体化的背景下，一体化网络平台的监督考核成为提升公共服务水平的关键环节。为了确保平台的高效运行和公共服务的优质提供，必须加强平台的监督考核工作。首先，要明确监督考核的目标和标准。

一体化网络平台的监督考核应以提升公共服务水平为核心目标，围绕服务的效率、质量、用户满意度等关键指标制定具体的考核标准。这些标准应具有可操作性和可衡量性，以便对平台的运行状况进行客观评价。其次，要建立完善的监督考核机制。监督考核工作应涵盖平台的各个方面，包括技术支撑、数据共享、服务流程等。通过建立定期考核、专项考核、用户反馈等多种考核方式，可以全面评估平台的运行状况和公共服务水平，及时发现并解决存在的问题。最后，要注重监督考核结果的运用。监督考核的结果不仅应作为评价平台运行状况的依据，还应成为改进公共服务、优化平台功能的重要参考。通过深入分析考核结果，可以发现公共服务的薄弱环节和用户需求的变化趋势，进而有针对性地调整服务策略和技术支撑，提升一体化公共服务水平。

（一）加强基本公共服务网络平台的内部监督

基本公共服务网络平台作为核心载体，内部监督机制的完善与否直接关系到服务质量和效率。内部监督的核心要建立一套科学、有效的监管体系，确保平台运行的规范性、数据的准确性和服务的高效性。具体而言，应设立专门的内部监督机构，负责平台的日常监管、数据审核和服务质量评估。同时，内部监督还应注重流程的优化和风险的防控。通过对平台服务流程的深入分析，可以发现潜在的瓶颈和风险点，进而提出改进措施，提升服务效率。此外，还应建立完善的数据安全和隐私保护机制，确保公民信息的安全。加强内部监督还需要注重人员的培训和管理。监督人员应具备专业的知识和技能，能够熟练掌握平台的使用和管理方法。同时，还应建立完善的激励机制和约束机制，确保监督人员能够积极履行职责，为提升公共服务水平贡献力量。

（二）加强监督、考核评估的结果应用

加强监督与考核评估的结果应用是推动基本公共服务网络平台持续优化、提升服务质量的关键环节。为了确保监督考核工作的实效性，必须注重其结果的应用。首先，监督考核结果应作为平台改进和优化的重要依据。通过深入分析考核数据，可以发现平台在运行过程中存在的问题和不足，如服务响应速度慢、数据共享不畅等。针对这些问题，可以提出具体的改进措施，如优化系统架构、完善数据共享机制等，以提升平台的整体性能。其次，监督考核结果还可以作为资源配置和决策支持的重要参考。通过考核评估，可以了解不同地区、不同领域公共服务的需求和供给情况，进而合理配置资源，确保公共服务的均衡发展。同时，考核结果还可以为政策制定者提供决策支持，帮助制定更加科学、合理的公共服务政策。最后，监督考核结果的公开透明也是推动平台持续优化的重要手段。通过公开考核结果，可增强公众对平台的信任度和满意度，同时也可以鼓励更多社会力量参与到公共服务的监督和改进中来，形成全社会共同推动公共服务质量提升的良好氛围。

第五节　重视数据资源治理，完善数据要素市场配置

在当今大数据时代，数据已成为推动区域基本公共服务一体化的重要资源。随着信息技术的飞速发展和数据应用的不断深化，数据资源在公共服务领域的价值日益凸显。然而，数据资源的有效治理和市场化配置仍是当前面临的一大挑战。为了实现数据驱动下的公共服务一体化，必须高度重视数据资源的治理工作。这包括数据的采集、存储、处理、分析和共享等各个环节，针对这一问题，需要建立科学的数据治理体系，确保数据的准确性、完整性和时效性。同时，还需要关注数据的安全性和隐私保护，防止数据泄露和滥用，维护公民的合法权益。此外，完善数据要素市场化配置也是推动公共服务一体化的关键。数据作为新型生产要素，市场化配置对于激发社会创新活力、提升公共服务效率具有重要意义。因此需要建立健全的数据交易机制，推动数据资源的开放共享和交易流通，让数据在公共服务领域发挥更大的价值。

一、厘清数据产权，加强数据市场规范

厘清数据产权与加强数据市场规范是确保数据资源合理利用、保障公共利益的关键环节。数据产权的明确界定是数据市场健康发展的基石。在区域基本公共服务一体化的大背景下，数据资源的跨部门、跨区域共享成为常态，这要求我们必须对数据产权进行清晰划分。通过法律手段明确数据的所有权、使用权和收益权，可以为数据交易和流通提供法律依据，保护数据生产者和使用者的合法权益，避免产权纠纷和数据垄断现象的发生。加强数据市场规

范则是确保数据资源有效配置和高效利用的必要条件。健全的数据市场需要完善的交易规则、监管机制和信用体系。应建立数据交易平台，制定数据交易的标准和流程，确保数据交易的公平、公正和透明。同时，加强对数据市场的监管，打击数据欺诈、非法交易等违法行为，维护市场秩序和公共利益。

（一）明晰数据产权，优化数据交易流程

数据产权明晰是数据交易的基础。在区域基本公共服务一体化的过程中，涉及众多部门、机构和企业之间的数据共享与交换。因此，必须明确数据的所有权、使用权和收益权，确保数据提供者的合法权益得到保护，同时也为数据使用者提供明确的法律依据。通过建立健全的数据产权制度，可以激发数据市场的活力，促进数据的合法、合规交易。优化数据交易流程则是提高数据利用效率的关键。当前，数据交易过程中存在流程烦琐、标准不一等问题，导致数据交易效率低下。因此，需要简化交易流程，制定统一的数据交易标准和规范，确保数据交易的顺畅进行。同时，建立数据交易平台，提供数据供需双方的信息对接和交易撮合服务，降低交易成本，提高交易效率。

（二）重视数据隐私，保护个人权利

在大数据驱动区域基本公共服务一体化的进程中，数据的广泛收集、处理与应用不可避免地涉及个人隐私与权利的问题。因此，重视数据隐私，保护个人权利成为这一进程中不可或缺的伦理问题与法律考量。数据隐私是个人信息保护的核心内容。大量的个人数据被收集并分析，以优化服务提供和资源配置。这一过程中必须严格遵守数据隐私保护的原则，确保个人信息的合法、合规使用，防止数据泄露和滥用。为此，需要建立健全的数据隐私保护制度，明确数据收集、存储、处理和使用的规则，加强对数据处理者的监管，确保其遵守隐私保护法律法规。同时，保护个人权利也是大数据应用中的重要考量。个人在享受公共服务的同时，有权知晓其数据如何被使用、有权控制其数据的传播范围、有权要求数据错误的更正等。因此，必须建立有效的权利保护机制，确保个人在数据使用中的知情权、选择权和控制权，防止因数据滥用而对个人权利造成侵害。

（三）完善数据市场规范

完善数据市场规范，首要任务是建立健全的数据交易规则和监管机制。

这包括明确数据交易的主体、对象、方式和价格，制定数据交易的标准和流程，确保数据交易的公平、公正和透明。同时，加强对数据市场的监管，打击数据欺诈、非法交易等违法行为，维护市场秩序和公共利益。其次，需要加强数据市场的信用体系建设。通过建立数据交易双方的信用评价机制，记录交易行为，对守信者给予奖励，对失信者进行惩戒，可以营造诚信的数据交易环境，提高数据市场的整体信用水平。此外，还应注重推动数据市场的开放与共享。通过打破数据壁垒，促进数据资源的跨部门、跨区域共享，可以推动数据市场的一体化发展，提高数据资源的利用效率。

二、重视数据质量，提升数据治理水平

数据质量是数据应用的生命线。在公共服务领域，准确、完整、及时的数据是制定科学决策、优化资源配置、提升服务效率的基础。因此，必须高度重视数据的质量问题，建立健全数据质量管理机制，从数据采集、存储、处理到应用的每一个环节都进行严格的质量控制，确保数据的准确性、一致性和可用性。提升数据治理水平则是保障数据质量、推动数据有效利用的关键。数据治理涉及数据的组织架构、政策制度、技术标准等多个方面，需要建立统一的数据治理框架，明确各方的职责与权益，确保数据的合规使用与共享。同时，加强数据治理人才的培养与引进，提升数据治理的专业化水平，也是推动区域基本公共服务一体化的重要保障。

（一）数据采集

在大数据驱动基本公共服务一体化的背景下，数据采集作为数据治理的起始环节，其质量直接关系到后续数据分析和应用的有效性。因此，重视数据质量，提升数据治理水平，必须从数据采集这一基础环节抓起。第一，数据在采集过程中要提前设计好数据采集方案和标准。这包括明确采集目标、确定采集范围、选择合适的采集方法和工具，以及制定统一的数据格式和标准。通过科学的设计，可以确保采集到的数据具有针对性、完整性和一致性，为后续的数据分析和应用打下坚实的基础。第二，要做好数据分类工作。在采集过程中，应根据数据的性质、用途和来源等因素，对数据进行合理的分类。这有助于在后续的数据处理和分析中，快速准确地定位和使用数据，提高数据治理的效率。第三，拓展数据来源。在大数据时代，数据的来源多种

多样。为了获取更全面、更准确的数据，应积极拓展数据来源，包括政府公开数据、社会调查数据、企业运营数据等。通过整合不同来源的数据，可以形成更完整的数据集，为公共服务一体化提供更全面的数据支持。第四，注重对数据进行审核。在数据采集完成后，应对数据进行严格的审核，包括数据的完整性、准确性和一致性等方面的检查。通过审核，可以及时发现并纠正数据中的错误和异常，确保数据的质量，进而提升数据治理的水平。总之，数据采集是数据治理的重要环节，必须从方案设计、数据分类、来源拓展和审核把关等多个方面入手，确保数据的质量，为大数据驱动的基本公共服务一体化提供有力的数据支撑。

（二）数据处理

在大数据驱动基本公共服务一体化的背景下，数据处理作为数据治理的核心环节，对于提升数据质量和数据应用价值具有至关重要的作用。因此，在数据处理阶段，必须制定统一的元数据标准，并加强对数据质量的审核。一要制定统一的元数据标准。元数据是关于数据的数据，它描述了数据的内容、质量、来源、结构和其他关键特征。制定统一的元数据标准，可以确保不同来源、不同格式的数据在整合和处理过程中保持一致性，从而提高数据的可读性和可用性。此外，统一的元数据标准还有助于实现数据的共享和交换，促进不同部门和机构之间的数据互通，为公共服务一体化提供更全面的数据支持。二是加强对数据质量的审核。数据处理不仅仅是简单的数据整合和清洗，更重要的是要确保数据的质量和准确性。因此，在数据处理过程中，我们需要建立严格的数据质量审核机制，对数据进行全面的检查和校验。这包括对数据的完整性、准确性、一致性和时效性等方面进行评估，以确保数据的质量符合应用需求。同时，我们还需要采用先进的数据处理技术和方法，如数据清洗、数据去重、数据转换等，进一步提高数据的质量和可用性。

（三）数据储存

数据储存作为数据治理的关键环节，对于确保数据的长期可用性、完整性和安全性具有至关重要的作用。因此，在数据储存阶段，必须着重提升公共服务多源数据整合的能力，并做好数据储存工作。一要提升公共服务多源数据整合的能力。在公共服务领域，数据往往来源于多个不同的部门和机构，具有多样性和异构性。为了有效地利用这些数据，我们需要提升多源数据整合的能力，将不同来源、不同格式的数据进行统一的整合和管理。这要求我们建立灵活的数据整合机制，采用先进的数据整合技术，如数据仓库、数据湖等，实现多源数据的无缝连接和统一管理。通过提升多源数据整合能力，我们可以更好地挖掘和利用数据的价值，为公共服务一体化提供更全面的数据支持。二要做好数据储存工作。数据储存不仅仅是简单的数据存储，更重要的是要确保数据的长期可用性、完整性和安全性。因此，在数据储存过程中，我们需要采用先进的数据存储技术和方法，如分布式存储、云存储等，确保数据的高可靠性和高可用性。同时，我们还需要建立完善的数据备份和恢复机制，以防止数据丢失和损坏。此外，为了保障数据的安全性，我们还需要加强对数据的访问控制和加密保护，防止数据泄露和非法访问。

（四）数据安全

为了确保数据的机密性、完整性和可用性，必须采取一系列关键措施来保障数据安全。一是要做好加密、匿名等安全技术。加密技术是保护数据安全的重要手段，通过对敏感数据进行加密处理，可以防止未经授权的访问和泄露。同时，匿名化处理也是保护个人隐私的有效方法，通过在数据发布或共享前对数据进行脱敏处理，可以降低数据泄露带来的风险。二是要规范管理数据访问权限。在公共服务一体化过程中，涉及多个部门和机构的数据共享和交换。因此，我们需要建立规范的数据访问权限管理机制，确保只有经过授权的人员才能访问和使用数据。这包括制定明确的访问权限策略、建立访问审批流程以及定期对访问权限进行审查和更新。三是要做好数据监测和风险预警。为了及时发现和应对数据安全事件，我们需要建立完善的数据监测和风险预警机制。这包括对数据进行实时监控，以便及时发现异常访问或攻击行为；同时，建立风险预警系统，对潜在的安全威胁进行预警和响应，以便及时采取措施防止数据泄露或损坏。总之，通过做好加密、匿名等安全技术，规范管理数据访问权限以及建立完善的数据监测和风险预警机制，我们可以有效地保障数据的安全性和隐私性，为大数据驱动的基本公共服务一体化提供坚实的数据安全保障。

三、强化数据资产管理，推动数据资产有效利用

随着信息技术的飞速发展和互联网的广泛普及，数据量呈现出爆炸式增长，数据类型也日益丰富多样。在这一背景下，如何有效管理和利用这些数据资产，成为摆在我们面前的一项重大课题。数据资产管理的重要性不言而喻，它关系到数据的质量、安全、合规性以及最终的利用价值。一个完善的数据资产管理体系，能够确保数据的准确性、一致性和时效性，为企业（或部门）的决策制定和业务发展提供有力支撑。同时，有效的数据资产管理还能降低数据泄露、滥用等风险，保护个人隐私和信息安全。然而，当前数据资产的管理和利用仍面临诸多挑战。一方面，数据孤岛、数据质量不高、数据共享困难等问题制约了数据资产价值的释放；另一方面，数据安全意识淡薄、数据治理能力不足等也增加了数据资产管理的难度。因此，强化数据资产管理，推动数据资产有效利用，已成为时代赋予我们的紧迫任务。这不仅需要在理论层面深入探索数据资产管理的内在规律，更需要在实践层面不断创新数据资产管理的模式和方法。通过构建科学的数据资产管理体系，提升数据治理能力，更好地挖掘和利用数据资产的价值，为经济社会的高质量发展注入新的动力。

（一）数据发布与开放

数据发布与开放不仅关系到数据的共享与流通，更直接影响到数据价值的挖掘与社会创新的推动。在大数据驱动区域基本公共服务一体化的进程中，数据发布与开放扮演着至关重要的角色。为了有效推进这一进程，需要从以下几个方面着手：第一，政府应制定完善的数据资产目录与数据开放目录。这是数据发布与开放的基础，通过明确哪些数据是可开放的、哪些数据是受限的，可以为数据的合法合规使用提供清晰指导。同时，这也有助于提升数据的质量和可信度，为数据的后续利用打下坚实基础。第二，建立政府数据开放平台。平台应具备数据发布、数据查询、数据下载等功能，方便用户获取和使用开放数据。同时，平台还应提供数据可视化、数据分析等工具，帮助用户更好地理解和利用数据。第三，培育多元数据供给主体。这是推动数据发布与开放的重要方向。除了政府数据外，还应鼓励企业、研究机构、社

会组织等多元主体参与数据供给，丰富数据来源，提升数据的多样性和全面性。这不仅可以为公共服务一体化提供更多有力支持，也可以促进数据市场的繁荣和发展。

（二）数据开发与交易

公共服务数据开发与交易成为挖掘数据价值、促进数据流通的重要手段。为了数据有效开发和合理交易，应从以下两个方面加强管理：一要尽快制定好数据开发与交易的行业规定。数据作为新型的生产要素，其开发与交易需要明确的行业规范来指导。这些规定既要能够激发数据市场的活力，避免过度监管导致的数据流通不畅，又要能够充分保护个人隐私和数据安全，防止数据滥用和泄露。因此，我们需要在监管与创新之间找到平衡点，制定出既具有前瞻性又具有可操作性的行业规定。二要做好数据跨境流动的监管。在全球化背景下，数据的跨境流动日益频繁，这为区域基本公共服务一体化带来了新的机遇和挑战。一方面，需要加强国际合作，共同制定数据跨境流动的国际规则和标准；另一方面，也要完善国内的监管机制，确保数据跨境流动的安全可控。通过建立健全的监管体系，可以更好地利用国际数据资源，推动区域基本公共服务的国际化发展。总之，数据开发与交易是推动区域基本公共服务一体化的新动力。通过制定合理的行业规定和完善数据跨境流动的监管机制，可以更好地挖掘数据价值、促进数据流通，为区域基本公共服务的一体化发展注入新的活力。

（三）数据的市场监管

在推进大数据驱动的区域基本公共服务一体化进程中，数据作为核心要素，其市场监管成为确保数据价值有效释放与数据安全的重要保障。数据市场监管不仅关乎数据市场的健康有序发展，更直接影响到基本公共服务的供给效率与质量。首先，数据市场监管需建立健全的法律法规体系，明确数据交易、使用、共享等各环节的权利与义务，为市场参与者提供清晰的法律指引。其次，数据市场监管应强化对数据质量的监管。数据质量直接影响基本公共服务的决策效果与实施成效。因此，需建立数据质量评估与认证机制，确保数据的准确性、完整性和时效性，为公共服务提供可靠的数据支撑。最后，数据市场监管还需关注数据安全与隐私保护。在数据流动与交易过程中，必须确保个人隐私不被侵犯，国家安全不受威胁。为此，需建立健全的数据安全监管体系，加强对数据跨境流动的监管，防止敏感数据泄露与滥用。总之，基本公共服务的数据市场监管是保障数据价值与安全的关键环节。通过建立健全的法律法规体系、强化数据质量监管以及关注数据安全与隐私保护，可以推动数据市场的健康有序发展，为大数据驱动的区域基本公共服务一体化提供有力支持。

结　语

在全球化与信息化交织的今天，大数据技术的迅猛发展正以前所未有的方式重塑社会治理的每一个角落，区域基本公共服务均等化与一体化作为提升社会治理效能、促进社会公平正义的重要途径，在大数据的驱动下正展现出勃勃生机与广阔前景。

本书围绕"大数据驱动区域基本公共服务均等化与一体化"这一主题，从理论与实践两个维度展开了深入探讨。理论层面，首先梳理了基本公共服务均等化与一体化的内涵、发展历程及其面临的挑战，明确了大数据技术在推动区域基本公共服务均等化与一体化进程中的独特价值与潜在优势。随后，通过构建逻辑严密的分析框架，深入剖析大数据驱动区域基本公共服务一体化的学理逻辑、驱动逻辑、价值逻辑与实践逻辑，揭示了大数据技术在促进服务精准供给、优化资源配置、提升治理效能等方面的关键作用。在实证研究部分，本书结合国内典型案例，对大数据驱动区域基本公共服务均等化与一体化的驱动机制、实施路径、面临的挑战进行了详细分析。通过数据聚合、链接互通、开放互动与流动共享等机制的创新运用，展示了大数据技术在打破信息孤岛、促进跨区域协同、提升服务效率与质量等方面的显著成效。同时，也应认识到，在推进大数据驱动区域基本公共服务均等化与一体化过程中，仍面临着数据安全、隐私保护、技术壁垒、利益协调等多重挑战。

通过研究发现，大数据技术的赋能作用显著：1. 大数据技术的引入，为区域基本公共服务均等化与一体化提供了强大的技术支持与数据支撑。通过精准分析公众需求、优化资源配置、提升决策效率等手段，大数据技术有效促进了公共服务的均衡供给与协同发展。2. 区域基本公共服务均等化与一体化的实现离不开跨区域协同机制的建立与完善。在大数据技术的驱动下，应进一步加强政府间、部门间以及公私部门之间的沟通协作，形成合力共同推动公共服务均等化与一体化进程。3. 必须高度重视数据治理与隐私保护问题。为此，应建立健全数据安全管理体系与隐私保护机制，确保数据在采集、存储、处理与共享过程中的安全性与合规性。4. 多元供给体系的构建。区域基本公共服务的有效供给离不开多元主体的共同参与。通过构建政府主导、市场运作、社会参与的多元供给体系，同时引入竞争机制与激励机制，提升公共服务的供给效率与质量。5. 持续创新与动态调整。大数据技术与区域基本公共服务均等化与一体化的结合是一个持续创新与动态调整的过程。随着技术的不断进步与社会需求的不断变化，应不断探索新的服务模式与治理机制，确保区域基本公共服务一体化进程始终保持活力与生命力。

展望未来，大数据驱动区域基本公共服务均等化与一体化将面临更为广阔的发展空间与更为复杂的挑战。为了更好地应对这些挑战并抓住发展机遇，一要加强顶层设计与政策引导。政府应进一步加强顶层设计与政策引导，明确大数据驱动区域基本公共服务均等化与一体化的战略目标与实施路径。通过制定相关法律法规与政策措施，为大数据技术的应用提供有力保障与支持。二要有序推进数据共享与开放。数据共享与开放是实现区域基本公共服务均等化与一体化的关键所在。政府应积极推动跨部门、跨区域的数据共享与开放工作，打破信息孤岛与数据壁垒，促进数据资源的有效利用与价值挖掘。三要强化数据治理与隐私保护。在推进大数据驱动区域基本公共服务一体化的过程中，必须高度重视数据治理与隐私保护工作。政府应建立健全数据安全管理体系与隐私保护机制，加强数据安全监管与执法力度，确保公众隐私得到切实保护。四要鼓励技术创新与应用探索。技术创新是推动大数据驱动区域基本公共服务均等化与一体化进程的重要动力。政府应鼓励企业与科研机构加大技术研发投入力度，积极探索新技术、新模式在公共服务领域的应用与推广。同时，通过设立专项基金、提供税收优惠等方式支持技术创新与应用探索工作。五要加强人才培养与队伍建设。大数据技术的应用需要高素质的专业人才作为支撑。六要注重公众参与反馈机制建设。公众参与是推动区域基本公共服务均等化与一体化进程不可或缺的一环。政府应建立健全公众参与机制与反馈机制，鼓励公众积极参与服务供给过程并提出宝贵意见与建议。通过及时反馈与调整服务内容与方式等手段提升公众满意度与获得感。七要持续跟踪评估与动态调整。区域基本公共服务一体化的推进是一个持续跟踪评估与动态调整的过程。政府应建立健全评估指标体系与监测预警机制，定期对基本公共服务均等化与一体化进程进行评估与分析工作，并根据评估结果及时调整优化实施策略与路径选择以确保服务一体化目标的顺利实现。

《大数据驱动的区域基本公共服务均等化与一体化研究》一书通过综合运用统计学、经济学、管理学、社会学等学科相关理论，对大数据技术在推动区域基本公共服务一体化进程中的作用机理、理论构建、驱动机制、实践路径等方面深进行了探讨、分析。但由于本人理论水平有限，驾驭多学科开展研究的能力还不足以对该领域深层次问题进行充分挖掘分析，在跨学科知识运用及理论指导实践的研究过程中，都深感力不从心。同时，由于时间关系，调研不够扎实、深入，数据更多来源于官方网站的各种统计数据，因此相对现实，也就陈旧了一些。期待未来有更多的学者与实务工作者关注这一领域的研究与发展工作，共同推动区域基本公共服务均等化与一体化进程迈向新高度！

参考文献

一、中文文献

（一）著作

[1] 白秀银. 基本公共服务的区域差异与均等化研究 [M]. 北京：经济科学出版社，2022.

[2] 鲍静，段国华. 大数据与公共服务 [M]. 北京：社会科学文献出版社，2020.

[3] 程恩富. 改革开放与中国经济 [M]. 北京：中央编译出版社，2018.

[4] 邓小平. 邓小平文选（第3卷）[M]. 北京：人民出版社，1993.

[5] 国家统计局. 中国统计年鉴（2011）[M]. 北京：中国统计出版社，2011.

[6] 国家统计局. 中国统计年鉴（2022）[M]. 北京：中国统计出版社，2022.

[7] 国家信息中心"一带一路"大数据中心. "一带一路"大数据报告（2017）[M]. 北京：商务印书馆，2017.

[8] 何精华. 长三角城市群一体化行政融合发展机制研究 [M]. 上海：上海人民出版社，2023.

[9] 洪银兴，刘志彪. 长江三角洲地区经济发展的模式和机制 [M]. 北京：清华大学出版社，2003.

[10] 姜晓萍，田昭，等. 基本公共服务均等化：知识图谱与研究热点述评 [M]. 北京：中国人民大学出版社，2016.

[11] 厉以宁，黄奇帆，刘世锦，等. 共同富裕：科学内涵与实现路径

［M］. 北京：中信出版集团股份有限公司，2022.

［12］刘志彪，徐宁，孔令池，等. 长三角高质量一体化发展研究［M］. 北京：中国人民大学出版社，2019.

［13］任仲文. 何为共同富裕［M］. 北京：人民日报出版社，2022.

［14］上海财经大学上海发展研究院，上海财经大学城市与区域科学学院，上海市政府决策咨询研究基地"赵晓雷工作室"，等. 2019上海城市经济与管理发展报告：长三角一体化再出发［M］. 上海：格致出版社，2019.

［15］上海市人民政府发展研究中心. 长三角更高质量一体化发展路径研究［M］. 上海：格致出版社，2020.

［16］世界银行. 2009年世界发展报告：重塑世界经济地理［M］. 胡光宇，等译. 北京：清华大学出版社，2009.

［17］涂勤，曲玮，潘从银. 基本公共服务均等化研究［M］. 北京：中国社会出版社，2021.

［18］习近平. 习近平谈治国理政（第2卷）［M］. 北京：外文出版社，2017.

［19］习近平. 在全国脱贫攻坚总结表彰大会上的讲话［M］. 北京：人民出版社，2021.

［20］张会平. 大数据驱动公共服务跨层级联动创新研究［M］. 北京：科学出版社，2022.

［21］张明，魏伟，陈骁. 五大增长极：双循环格局下的城市群与一体化［M］. 北京：中国人民大学出版社，2021.

［22］张晓杰. 区域基本公共服务均等化：创新、协同与共享［M］. 上海：上海人民出版社，2020.

［23］中共中央马克思恩格斯列宁斯大林著作编译局. 马克思恩格斯全集（第21卷）［M］. 北京：人民出版社，1965.

［24］中共中央马克思恩格斯列宁斯大林著作编译局. 马克思恩格斯全集（第46卷下册）［M］. 北京：人民出版社，1980.

［25］中共中央文献研究室. 毛泽东文集（第6卷）［M］. 北京：人民出版社，1999.

［26］中共中央文献研究室. 十八大以来重要文献选编（上）［M］. 北

京：中央文献出版社，2014.

［27］中共中央文献研究室 . 十八大以来重要文献选编（中）［M］. 北京：中央文献出版社，2016.

［28］中共中央文献研究室 . 十九大以来重要文献选编（上）［M］. 北京：中央文献出版社，2019.

［29］中共中央文献研究室 . 习近平关于社会主义经济建设论述摘编［M］. 北京：中央文献出版社，2017.

［30］中共中央文献研究室 . 中共中央关于党的百年奋斗重大成就和历史经验的决议［M］. 北京：人民出版社，2021.

（二）译著

［1］［印］阿玛蒂亚·森 . 正义的理念［M］. 王磊，李航，译 . 北京：中国人民大学出版社，2013.

［2］［德］迪特·卡塞尔，［德］保罗·J.J. 维尔芬斯 . 欧洲区域一体化：理论纲领、实践转换与存在的问题［M］. 许宽华，张蕾，刘跃斌，译 . 武汉：武汉大学出版社，2007.

［3］［美］菲利普·科特勒 . 直面资本主义：困境与出路［M］. 郭金兴，等译 . 北京：机械工业出版社，2016.

［4］［美］罗伯特·诺齐克 . 无政府、国家和乌托邦［M］. 姚大志，译 . 北京：中国社会科学出版社，2008.

［5］［法］托马斯·皮凯蒂 .21 世纪资本论［M］. 巴曙松，等译 . 北京：中信出版社，2014.

（二）期刊

［1］包国宪，王学军 . 以公共价值为基础的政府绩效治理：源起、架构与研究问题［J］. 公共管理学报，2012，9（2）：87-97，126-127.

［2］毕勋磊 . 我国企业创新绩效分析：基于创新能力和创新动机关系的视角［J］. 科技进步与对策，2011，28（20）：94-98.

［3］卜茂亮，高彦彦，张三峰 . 市场一体化与经济增长：基于长三角的经验研究［J］. 浙江社会科学，2010（6）：11-17，125.

［4］曹清峰 . 协同创新推动区域协调发展的新机制研究：网络外部性视

角 [J]. 学习与实践, 2019 (10): 32-41.

[5] 岑晓腾, 苏竣, 黄萃. 基于耦合协调模型的区域科技协同创新评价研究: 以沪嘉杭 G60 科技创新走廊为例 [J]. 浙江社会科学, 2019 (8): 26-33, 155-156.

[6] 陈建军. 长三角区域经济一体化的历史进程与动力结构 [J]. 学术月刊, 2008 (8): 79-85.

[7] 陈建军, 黄洁. 长三角一体化发展示范区: 国际经验、发展模式与实现路径 [J]. 学术月刊, 2019, 51 (10): 46-53.

[8] 陈玲, 林泽梁, 薛澜. 双重激励下地方政府发展新兴产业的动机与策略研究 [J]. 经济理论与经济管理, 2010 (9): 50-56.

[9] 陈美. 开放政府数据价值评估: 进展与启示 [J]. 情报杂志, 2017, 36 (11): 92-98.

[10] 陈荣卓, 刘亚楠. 城市社区治理信息化的技术偏好与适应性变革: 基于"第三批全国社会治理与服务创新实验区"的多案例分析 [J]. 社会主义研究, 2019 (4): 112-120.

[11] 陈潭, 邓伟. 大数据驱动"互联网+政务服务"模式创新 [J]. 中国行政管理, 2016 (7): 7-8.

[12] 陈潭. 政务大数据壁垒的生成与消解 [J]. 求索, 2016 (12): 14-18.

[13] 陈涛, 董艳哲, 马亮, 等. 推进"互联网+政务服务"提升政府服务与社会治理能力 [J]. 电子政务, 2016 (8): 2-22.

[14] 陈文. 政务服务"信息孤岛"现象的成因与消解 [J]. 中国行政管理, 2016 (7): 10.

[15] 陈亚辉. 整体政府视野下行政服务中心与电子政务协同发展研究 [J]. 电子政务, 2015 (4): 49-55.

[16] 陈耀. 提升区域发展平衡性协调性是实现共同富裕的重要途径 [J]. 区域经济评论, 2022 (2): 7-9.

[17] 陈友华, 孙永健. 共同富裕: 现实问题与路径选择 [J]. 东南大学学报 (哲学社会科学版), 2022, 24 (1): 100-108, 147, 149.

[18] 陈之常. 应用大数据推进政府治理能力现代化: 以北京市东城区为

例［J］. 中国行政管理，2015（2）：38-42.

［19］陈宗胜，黄云. 中国相对贫困治理及其对策研究［J］. 当代经济科学，2021，43（5）：1-19.

［20］程必定. 长三角更高质量一体化发展新论［J］. 学术界，2019（11）：56-67.

［21］程必定. 效率、公平与区域协调发展［J］. 财经科学，2007（5）：55-61.

［22］戴祥玉，卜凡帅. 地方政府数字化转型的治理信息与创新路径：基于信息赋能的视角［J］. 电子政务，2020（5）：101-111.

［23］戴亦欣，羊光波. 政务微博技术与公共服务特性的匹配研究：以广东省政法微博为例［J］电子政务，2014（1）：54-65.

［24］邓智团. 深刻认识中国城市特色构建城市发展新格局［J］. 上海城市管理，2020，29（2）：2-3.

［25］丁辉侠. 地方政府提供公共服务的能力与动力分析［J］. 河南社会科学，2012，20（9）：30-32，107.

［26］丁依霞，徐倪妮，郭俊华. 基于 TOE 框架的政府电子服务能力影响因素实证研究［J］. 电子政务，2020（1）：103-113.

［27］董新宇，苏竣. 电子政务中政府流程重组的模式选择［J］. 理论与改革，2004（4）：44-47.

［28］董志勇，秦范. 实现共同富裕的基本问题和实践路径探究［J］. 西北大学学报（哲学社会科学版），2022，52（2）：41-51.

［29］堵琴囡. 邻避运动中我国地方政府回应过程研究：基于动机—能力解释框架［J］. 云南行政学院学报，2016，18（3）：132-137.

［30］杜超，赵雪娇. 基于"政府即平台"发展趋势的政府大数据平台建设［J］. 中国行政管理，2018（12）：146-148.

［31］杜运周，贾良定. 组态视角与定性比较分析（QCA）：管理学研究的一条新道路［J］. 管理世界，2017（6）：155-167.

［32］杜治洲，汪玉凯. 电子政务与中国公共服务创新［J］. 中国行政管理，2007（6）：47-50.

［33］段忠贤，黄其松. 要素禀赋、制度质量与区域贫困治理：基于中国

省际面板数据的实证研究［J］. 公共管理学报，2017，14（3）：144 - 153，160.

［34］樊博，陈璐. 政府部门的大数据能力研究：基于组织层面的视角 ［J］. 公共行政评论，2017，10（1）：91-114，207-208.

［35］樊博. 跨部门政府信息资源共享的推进体制、机制和方法 ［J］. 上海交通大学学报（哲学社会科学版），2008（2）：13-20.

［36］范柏乃，张莹. 区域协调发展的理念认知、驱动机制与政策设计：文献综述 ［J］. 兰州学刊，2021（4）：115-126.

［37］付文军，姚莉. 新时代共同富裕的学理阐释与实践路径 ［J］. 内蒙古社会科学，2021，42（5）：1-8.

［38］傅允生. 资源约束变动与区域经济动态均衡发展：基于广义资源视域与资源配置力的考察 ［J］. 学术月刊，2007（11）：73-80.

［39］高和荣. 健康治理与中国分级诊疗制度 ［J］. 公共管理学报，2017，14（2）：139-144，159.

［40］高军波，周春山. 西方国家城市公共服务设施供给理论及研究进展 ［J］. 世界地理研究，2009，18（4）：81-90.

［41］高小平. 借助大数据科技力量寻求国家治理变革创新 ［J］. 中国行政管理，2015（10）：10-14.

［42］高云虹，周岩，杨晓峰. 基于区域协调发展的产业转移效应：一个研究综述 ［J］. 兰州学刊，2013（12）：142-145.

［43］顾海兵，张敏. 基于内力和外力的区域经济一体化指数分析：以长三角城市群为例 ［J］. 中国人民大学学报，2017，31（3）：71-79.

［44］顾平安. 面向公共服务的电子政务流程再造 ［J］. 中国行政管理，2008（9）：83-86.

［45］韩喜平，何况. 中国共产党构建共同富裕现代化分配制度：理论基础、基本导向、重要保障 ［J］. 改革与战略，2021，37（8）：40-48.

［46］何继新，李原乐. "互联网+公共服务"模式建构中的管理问题：基于供给效率观 ［J］. 电子政务，2016（10）：25-32.

［47］何精华. 府际合作治理：生成逻辑、理论涵义与政策工具 ［J］. 上海师范大学学报（哲学社会科学版），2011，40（6）：41-48.

［48］何卫东．共同富裕问题刍议［J］．理论学刊，1999（4）：20-21.

［49］何文炯．共同富裕视角下的基本公共服务制度优化［J］．中国人口科学，2022（1）：2-15，126.

［50］何文炯，潘旭华．基于共同富裕的社会保障制度深化改革［J］．江淮论坛，2021（3）：133-140.

［51］洪银兴，王振，曾刚，等．长三角一体化新趋势［J］．上海经济，2018（3）：122-148.

［52］侯海波．"十四五"期间我国基本公共服务面临的挑战［J］．社会政策研究，2019（4）：124-135.

［53］胡鞍钢，周绍杰．2035中国：迈向共同富裕［J］．北京工业大学学报（社会科学版），2022，22（1）：1-22.

［54］胡彬．长三角区域高质量一体化：背景、挑战与内涵［J］．科学发展，2019（4）：67-76.

［55］胡斌，毛艳华．转移支付改革对基本公共服务均等化的影响［J］．经济学家，2018（3）：63-72.

［56］胡联，王娜，汪三贵．我国共同富裕实质性进展的评估及面临挑战［J］．财经问题研究，2022（4）：3-14.

［57］胡杨，李京．政治和文化差异阻碍了东亚区域一体化吗［J］．国际经贸探索，2015，31（1）：77-88.

［58］胡重明．再组织化与中国社会管理创新：以浙江舟山"网格化管理、组团式服务"为例［J］．公共管理学报，2013，10（1）：63-70，140.

［59］华彦玲，王江飞．江苏省地区间公共服务供给均等化绩效评价［J］．城市问题，2016（3）：62-66.

［60］黄璜，孙学智．中国地方政府数据治理机构的初步研究：现状与模式［J］．中国行政管理，2018（12）：31-36.

［61］黄祖辉，叶海键，胡伟斌．推进共同富裕：重点、难题与破解［J］．中国人口科学，2021（6）：2-11，126.

［62］霍小军，朱琳，袁飙．新形势下基于电子政务的地方政府整体治理模式初探［J］．电子政务，2016（3）：78-88.

［63］纪江明，葛羽屏．基于"三网一云"理念的上海智慧社区发展策略

研究 [J]. 城市发展研究, 2016, 32 (8): 119-124.

[64] 姜晓萍, 郭金云. 基于价值取向的公共服务绩效评价体系研究 [J]. 行政论坛, 2013, 20 (6): 8-13.

[65] 蒋永穆, 豆小磊. 扎实推动共同富裕指标体系构建: 理论逻辑与初步设计 [J]. 东南学术, 2022 (1): 36-44, 246.

[66] 蒋永穆, 谢强. 扎实推动共同富裕: 逻辑理路与实现路径 [J]. 经济纵横, 2021 (4): 15-24, 2.

[67] 鞠立新. 由国外经验看我国城市群一体化协调机制的创建: 以长三角城市群跨区域一体化协调机制建设为视角 [J]. 经济研究参考, 2010 (52): 20-28.

[68] 康健. 基本公共服务制度体系显著优势及其转化为治理效能的实现路径 [J]. 东北大学学报 (社会科学版), 2021, 23 (3): 55-61.

[69] 匡文波, 童文杰. 个人信息安全与隐私保护的实证研究: 基于创新扩散理论的大数据应用视角 [J]. 武汉大学学报 (人文科学版), 2016, 69 (6): 104-114.

[70] 郎玫, 史晓姣. 创新持续到创新深化: 地方政府治理创新能力构建的关键要素 [J]. 公共行政评论, 2020, 13 (1): 158-176, 200.

[71] 雷新军. 完善利益协调机制: 长三角区域一体化发展的关键 [J]. 中国发展, 2019, 19 (6): 42-45.

[72] 类延村, 徐洁涵. 政务公开的工具与价值: 通过规范化和系统性建构的转型 [J]. 电子政务, 2018 (11): 113-121.

[73] 李锋. 条块关系视野下的网络诉求与政府回应模式研究: 基于中部某市网络问政平台的大数据分析 [J]. 电子政务, 2019 (5): 27-37.

[74] 李冠军, 聂玮. 电子政务在政府公众服务创新中的作用 [J]. 中国行政管理, 2005 (9): 46-48.

[75] 李海舰, 杜爽. 推进共同富裕若干问题探析 [J]. 改革, 2021 (12): 1-15.

[76] 李娟. 全面把握共同富裕的内涵 [J]. 理论探索, 2007 (4): 86-88.

[77] 李军鹏. 共同富裕: 概念辨析、百年探索与现代化目标 [J]. 改

革，2021（10）：12-21.

［78］李军鹏．以共同富裕政策推动形成"橄榄型"社会结构［J］．行政管理改革，2022（6）：22-29.

［79］李明．大数据技术与公共安全信息共享能力［J］．电子政务，2014（6）：10-19.

［80］李强．社会分层与社会空间领域的公平、公正［J］．中国人民大学学报，2012，26（1）：2-9.

［81］李实，陈基平，滕阳川．共同富裕路上的乡村振兴：问题、挑战与建议［J］．兰州大学学报（社会科学版），2021，49（3）：37-46.

［82］李实．充分认识到实现共同富裕的必要性和艰巨性［J］．经济学动态，2021（8）：9-14.

［83］李实．共同富裕的目标和实现路径选择［J］．经济研究，2021，56（11）：4-13.

［84］李实，杨一心．面向共同富裕的基本公共服务均等化：行动逻辑与路径选择［J］．中国工业经济，2022（2）：27-41.

［85］李世华．从效率与公平统一的角度优选区域发展战略［J］．改革，1990（6）：37-41.

［86］李雪松，张雨迪，孙博文．区域一体化促进了经济增长效率吗？——基于长江经济带的实证分析［J］．中国人口·资源与环境，2017，27（1）：10-19.

［87］李祎，吴缚龙，黄贤金．解析我国区域政策的演变：基于国家空间选择变化的视角［J］．现代城市研究，2015（2）：2-6.

［88］李颖，张玲，黄伯平．"互联网+"政务信息服务新模式研究：以行政审批为例［J］．电子政务，2018（6）：89-98.

［89］李志刚，徐婷．电子政务信息服务质量公众满意度模型及实证研究［J］．电子政务，2017（9）：119-127.

［90］李忠萍，王建军，单巍．基于分级诊疗体系的下转决策及支付机制研究［J］．系统工程理论与实践，2019，39（8）：2126-2137.

［91］廖晓明，孙莉．论我国地方政府绩效评估中的价值取向［J］．中国行政管理，2010（4）：27-31.

[92] 林闽钢. 推动医疗救助从"人找政策"向"政策找人"转变 [J]. 中国医疗保险, 2021 (11): 46-47.

[93] 林雪霏. 政府间组织学习与政策再生产: 政策扩散的微观机制: 以"城市网格化管理"政策为例 [J]. 公共管理学报, 2015, 12 (1): 11-23, 153-154.

[94] 刘家真. 新一轮的电子政务战略: 统一指导、协同工作 [J]. 电子政务, 2007 (7): 53-56.

[95] 刘培林, 钱滔, 黄先海, 等. 共同富裕的内涵、实现路径与测度方法 [J]. 管理世界, 2021, 37 (8): 117-129.

[96] 刘祺. 当代中国数字政府建设的梗阻问题与整体协同策略 [J]. 福建师范大学学报 (哲学社会科学版), 2020 (3): 16-22, 59, 168.

[97] 刘祺, 彭恋. "互联网+政务"的缘起、内涵及应用 [J]. 东南学术, 2017 (5): 102-109.

[98] 刘尚希. 论促进共同富裕的社会体制基础 [J]. 行政管理改革, 2021 (12): 4-8.

[99] 刘伟章, 陈卉馨, 赵国洪, 等. 城市数据中心建管中政府各参与方的博弈分析 [J]. 电子政务, 2015 (10): 47-55.

[100] 刘晓梅, 曹鸣远, 李歆, 等. 党的十八大以来我国社会保障事业的成就与经验 [J]. 管理世界, 2022, 38 (7): 37-49.

[101] 刘晓燕, 侯文爽, 单晓红, 等. 多层级视角下京津冀科技创新政策府际关系研究 [J]. 科技进步与对策, 2019, 36 (8): 115-123.

[102] 刘耀彬, 郑维伟. 新时代区域协调发展新格局的战略选择 [J]. 华东经济管理, 2022, 36 (2): 1-11.

[103] 刘银喜, 朱国伟, 王翔. 流动公共服务: 基本范畴、供给类型与运行实态 [J]. 中国行政管理, 2018 (12): 96-101.

[104] 刘勇, 徐晓林. 电子治理: 信息社会城市善治的理想选择 [J]. 电子政务, 2005 (14): 55-62.

[105] 刘元春, 刘晓光. 在三大超越中准确把握共同富裕的理论基础、实践基础和规划纲领 [J]. 经济理论与经济管理, 2021, 41 (12): 4-10.

[106] 刘志彪. 长三角区域高质量一体化发展的制度基石 [J]. 人民论

坛·学术前沿，2019（4）：6-13.

[107] 刘志彪，孔令池．长三角区域一体化发展特征、问题及基本策略 [J]．安徽大学学报（哲学社会科学版），2019，43（3）：137-147.

[108] 刘志彪．为高质量发展而竞争：地方政府竞争问题的新解析 [J]．河海大学学报（哲学社会科学版），2018，20（2）：1-6，89.

[109] 刘志迎．长三角一体化面临的"剪刀差"难题及破解对策 [J]．区域经济评论，2019（4）：54-62.

[110] 卢洪友，杜亦譞．中国财政再分配与减贫效应的数量测度 [J]．经济研究，2019，54（2）：4-20.

[111] 陆芳萍，廖玉华．国家—社会之外：城市"两新"组织聚集区社会治理的困境及其超越：以上海陆家嘴金融城为例 [J]．华东师范大学学报（哲学社会科学版），2020，52（1）：127-136-199.

[112] 陆铭，李鹏飞，钟辉勇．发展与平衡的新时代：新中国70年的空间政治经济学 [J]．管理世界，2019，35（10）：11-23，63，219.

[113] 逯峰．广东"数字政府"的实践与探索 [J]．行政管理改革，2018（11）：55-58.

[114] 吕芳．公共服务政策制定过程中的主体间互动机制：以公共文化服务政策为例 [J]．政治学研究，2019（3）：108-120，128.

[115] 吕凯，赵洋．人工智能背景下政府的数据开放与共享：以天津市政府为例 [J]．东南大学学报（哲学社会科学版），2018，20（S2）：108-113.

[116] 吕永刚，胡国良．推进长三角区域一体化制度创新的战略构想 [J]．理论月刊，2012（10）：165-168.

[117] 罗楚亮，李实，岳希明．中国居民收入差距变动分析（2013—2018）[J]．中国社会科学，2021（1）：33-54，204-205.

[118] 罗若愚，邹玲．区域经济发展中区域合作治理的形成及影响因素分析：以长株潭和成渝经济区为例 [J]．经济问题探索，2012（1）：126-131.

[119] 马建堂．新时代全面深化经济体制改革的纲领性文件 [J]．管理世界，2020，36（7）：1-5.

[120] 马静，徐晓林，陈涛. 电子政务绩效评估研究：基于服务型政府的视角 [J]. 河南社会科学，2012，20 (2)：70-74.

[121] 马亮. 大数据技术何以创新公共治理？——新加坡智慧国案例研究 [J]. 电子政务，2015 (5)：2-9.

[122] 马亮. 大数据治理：地方政府准备好了吗？[J]. 电子政务，2017 (1)：77-86.

[123] 马亮. 公共部门大数据应用的动机、能力与绩效：理论述评与研究展望 [J]. 电子政务，2016 (4)：62-74.

[124] 马亮. 公共服务绩效与公民幸福感：中国地级市的实证研究 [J]. 中国行政管理，2013 (2)：104-109.

[125] 马亮. 政府绩效信息使用：理论整合、文献述评与研究展望 [J]. 电子科技大学学报 (社科版)，2014，10 (5)：1-11.

[126] 马亮. 政府信息技术创新的扩散机理研究 [J]. 公共行政评论，2012，5 (5)：161-177.

[127] 梅赐琪，汪笑男，廖露，等. 政策试点的特征：基于《人民日报》1992—2003 年试点报道的研究 [J]. 公共行政评论，2015，8 (3)：8-24，202.

[128] 孟华. 推进以公共服务为主要内容的政府绩效评估：从机构绩效评估向公共服务绩效评估的转变 [J]. 中国行政管理，2009 (2)：16-20.

[129] 孟庆国，李晓方. 全面推进政务公开：内涵诠释、实践特色与发展理路 [J]. 河南师范大学学报 (哲学社会科学版)，2017，44 (2)：19-25.

[130] 苗国厚，陈璨. 在线政务服务平台建设的沿革与前瞻 [J]. 中国行政管理，2020 (2)：157-159.

[131] 缪小林，高跃光. 城乡公共服务：从均等化到一体化：兼论落后地区如何破除经济赶超下的城乡"二元"困局 [J]. 财经研究，2016，42 (7)：75-86.

[132] 缪小林，张蓉，于洋航. 基本公共服务均等化治理：从"缩小地区间财力差距"到"提升人民群众获得感"[J]. 中国行政管理，2020 (2)：67-71.

[133] 倪红日，张亮. 基本公共服务均等化与财政管理体制改革研究

[J]. 管理世界, 2012 (9): 7-18, 60.

[134] 宁超, 郭小聪. 何以实现城乡公共服务的"精准化"供给？——基于广州市精神卫生服务的个案研究 [J]. 暨南学报（哲学社会科学版）, 2019, 41 (11): 63-74.

[135] 宁家骏,"互联网+"战略下的"信息惠民"顶层设计构想 [J]. 电子政务, 2016 (1): 76-79.

[136] 宁越敏. 长江三角洲市场机制和全域一体化建设 [J]. 上海交通大学学报（哲学社会科学版）, 2020, 28 (1): 53-57, 74.

[137] 欧健. 扎实推动共同富裕：制度基础、制约因素与实现机制 [J]. 福建师范大学学报（哲学社会科学版）, 2022 (1): 15-26.

[138] 仇方道, 孙莉莉, 郭梦梦, 等. 再生性资源型城市工业化与城镇空间耦合格局及驱动因素：以徐州市为例 [J]. 地理科学, 2018, 38 (10): 1670-1680.

[139] 容志. 大数据背景下公共服务需求精准识别机制创新 [J]. 上海行政学院学报, 2019, 20 (4): 44-53.

[140] 沈荣华, 杨国栋. 论"一站式"服务方式与行政体制改革 [J]. 中国行政管理, 2016 (10): 27-30.

[141] 盛铎, 王芳. 条块融合的城市管理创新：郑州市网格化社会管理案例分析 [J]. 电子政务, 2013 (6): 52-59.

[142] 史雅楠, 詹庆明, 刘稳. 我国控规公示特征、影响因素与优化建议：基于全国 288 个城市政务公开数据 [J]. 规划师, 2020, 36 (2): 41-47.

[143] 寿晓辉, 叶丹, 翁亚珂. 公共图书馆开展信用服务的实践与策略：以杭州图书馆为例 [J]. 图书与情报, 2017 (5): 15-19.

[144] 司文峰, 胡广伟."互联网+政务服务"价值共创概念、逻辑、路径与作用 [J]. 电子政务, 2018 (3): 75-80.

[145] 孙慧哲, 刘永功. 以分级诊疗破解"看病难看病贵"困局：基于供给—需求视角 [J]. 理论探索, 2017 (4): 93-98.

[146] 孙久文. 论新时代区域协调发展战略的发展与创新 [J]. 国家行政学院学报, 2018 (4): 109-114, 151.

[147] 孙宇. 构建面向公共服务的电子政务体系：理论逻辑和实践指向 [J]. 中国行政管理, 2010 (11)：7-10.

[148] 孙志燕, 侯永志. 对我国区域不平衡发展的多视角观察和政策应对 [J]. 管理世界, 2019, 35 (8)：1-8.

[149] 孙卓名. 地方政府数据治理的困境及出路 [J]. 人民论坛, 2020 (15)：82-83.

[150] 谭海波, 范梓腾, 杜运周. 技术管理能力、注意力分配与地方政府网站建设：一项基于 TOE 框架的组态分析 [J]. 管理世界, 2019, 35 (9)：81-94.

[151] 谭海波, 孟庆国. 打造智能化便民化的政务公开平台 [J]. 中国行政管理, 2016 (4)：8-9.

[152] 汤志伟, 王研. TOE 框架下政府数据开放平台利用水平的组态分析 [J]. 情报杂志, 2020, 39 (6)：187-195.

[153] 唐鸣, 李梦兰. 城市社区治理社会化的要素嵌入与整体性建构：基于"第三批全国社区治理和服务创新实验区"的案例分析 [J]. 社会主义研究, 2019 (4)：103-111.

[154] 唐任伍, 赵国钦. 公共服务跨界合作：碎片化服务的整合 [J]. 中国行政管理, 2012 (8)：17-21.

[155] 唐亚林, 于迎. 主动对接式区域合作：长三角区域治理新模式的复合动力与机制创新 [J]. 理论探讨, 2018 (1)：28-35.

[156] 陶国根. 大数据视域下的政府公共服务创新之道 [J]. 电子政务, 2016 (2)：68-73.

[157] 陶振. 社区网格化管理的运行架构及其内生冲突：以上海 X 区 Y 街道为例 [J]. 社会主义研究, 2015 (4)：97-103.

[158] 田五星, 王海凤. 大数据时代的公共部门绩效管理模式创新：基于 KPI 与 OKR 比较的启示与借鉴 [J]. 经济体制改革, 2017 (3)：17-23.

[159] 田星亮. 论网络化治理的主体及其相互关系 [J]. 学术界, 2011 (2)：61-69, 285.

[160] 汪彬. 构建与城市群一体化发展相适应的治理机制 [J]. 开放导报, 2020 (5)：34-39.

[161] 汪波，赵丹. 互联网、大数据与区域共享公共服务：基于互联网医疗的考察 [J]. 吉首大学学报（社会科学版），2018，39（3）：122-128.

[162] 王春光. 乡村非就业收入与中国式乡村现代化的未来可能图景 [J]. 学术月刊，2022，54（12）：128-140.

[163] 王佃利，王玉龙，苟晓曼. 区域公共物品视角下的城市群合作治理机制研究 [J]. 中国行政管理，2015（9）：6-12.

[164] 王法硕，丁海恩. 移动政务公众持续使用意愿研究：以政务服务APP 为例 [J]. 电子政务，2019（12）：65-74.

[165] 王法硕，王翔. 大数据时代公共服务智慧化供给研究：以"科普中国+百度"战略合作为例 [J]. 情报杂志，2016，35（8）：179-184，191.

[166] 王璟璇，杨道玲. 政府网上办事服务的模式分析及整合建议 [J]. 电子政务，2015（6）：59-66.

[167] 王名，杨丽. 北京市网格化服务管理模式研究 [J] 中国行政管理，2012（2）：119-121.

[168] 王萍. 政府电子化进程中信息通信技术的地位和功用研究 [J]. 行政论坛，2019，26（4）：82-86.

[169] 王浦劬，季程远. 我国经济发展不平衡与社会稳定之间矛盾的化解机制分析：基于人民纵向获得感的诠释 [J]. 政治学研究，2019（1）：63-76，127.

[170] 王谦，刘大玉，陈放. "智能+"场域条件下在线政务服务创新研究 [J]. 学习与实践，2020（3）：85-91.

[171] 王庆华，宋晓娟. 共生型网络化治理：社区治理的新框架与推进策略 [J]. 社会科学战线，2019（9）：218-224.

[172] 王少辉，高业庭. 基于微信平台的电子化公共服务模式创新研究：以"武汉交警"政务微信为例 [J]. 电子政务，2014（8）：53-60.

[173] 王伟玲. 加快实施数字政府战略：现实困境与破解路径 [J]. 电子政务，2019（12）：86-94.

[174] 王文彬，唐德善，许冉. 动力和能力双重视角下地方政府PPP 参与差异性研究 [J]. 建筑经济，2020，41（1）：58-65.

[175] 王益民. 全球电子政务发展现状与趋势：《2018 年联合国电子政

务调查报告》解读之一 [J]. 行政管理改革, 2019 (1): 44-50.

[176] 韦伟. 长三角高质量一体化发展若干议题的理论思考 [J]. 区域经济评论, 2019 (6): 18-22.

[177] 魏后凯. 从全面小康迈向共同富裕的战略选择 [J]. 经济社会体制比较, 2020 (6): 18-25.

[178] 温雪梅. 制度安排与关系网络: 理解区域环境府际协作治理的一个分析框架 [J]. 公共管理与政策评论, 2020, 9 (4): 40-51.

[179] 文丰安. 以中国式现代化扎实推进共同富裕的辩证关系与创新路径研究 [J]. 西南大学学报 (社会科学版), 2023, 49 (1): 10-21.

[180] 翁士洪, 周一帆. 多层次治理中的中国国家治理理论 [J]. 甘肃行政学院学报, 2017 (6): 4-14, 125.

[181] 吴国玖, 金世斌, 甘继勇. 政务热线: 提升城市政府治理能力的有力杠杆: 以南京市 "12345" 政府公共服务平台为例 [J]. 现代城市研究, 2014 (7): 98-102.

[182] 吴俊, 文联. 大数据如何驱动医疗服务供给侧改革: 基于 A 市智慧医疗案例的探索研究 [J]. 山东财经大学学报, 2017, 29 (1): 73-81, 89.

[183] 吴克昌, 闫心瑶. 数字治理驱动与公共服务供给模式变革: 基于广东省的实践 [J]. 电子政务, 2020 (1): 76-83.

[184] 吴鹏, 邢诒海. 政务人工智能的云服务模式研究: 以广州市为例 [J]. 电子政务, 2019 (6): 2-12.

[185] 吴世文, 章姚莉. 中国网民 "群像" 及其变迁: 基于创新扩散理论的互联网历史 [J]. 新闻记者, 2019 (10): 20-30.

[186] 吴文新, 程恩富. 新时代的共同富裕: 实现的前提与思维逻辑 [J]. 上海经济研究, 2021 (11): 5-19.

[187] 吴晓林. 治权统合、服务下沉与选择性参与: 改革开放四十年城市社区治理的 "复合结构" [J]. 中国行政管理, 2019 (7): 54-61.

[188] 吴业苗. 需求冷漠、供给失误与城乡公共服务一体化困境 [J]. 人文杂志, 2013 (2): 98-107.

[189] 吴铱达, 曾伟. "放管服" 背景下行政审批服务公众满意度实证

分析 [J]. 湖北社会科学, 2019 (12)：31-38.

[190] 习近平. 推动形成优势互补高质量发展的区域经济布局 [J]. 奋斗, 2019 (24)：4-8.

[191] 习近平. 扎实推动共同富裕 [J]. 奋斗, 2021 (20)：4-8.

[192] 席恒, 余澍. 共同富裕的实现逻辑与推进路径 [J]. 西北大学学报 (哲学社会科学版), 2022, 52 (2)：65-73.

[193] 夏义堃. 政府数据治理的维度解析与路径优化 [J]. 电子政务, 2020 (7)：43-54.

[194] 肖巍. 推动共同富裕的实质性进展 [J]. 思想理论教育, 2021 (11)：4-11.

[195] 辛方坤. 财政分权、财政能力与地方政府公共服务供给 [J]. 宏观经济研究, 2014 (4)：67-77.

[196] 邢振江, 张娟娟. 互联网+地方政务服务精准化供给研究：基于山西多地随手拍项目的调研 [J]. 中国行政管理, 2019 (9)：155-157.

[197] 熊光清. 大数据技术的运用与政府治理能力的提升 [J]. 当代世界与社会主义, 2019 (2)：173-179.

[198] 熊竞, 陈晓. 城市大型社区的治理单元再造与治理能力再生产研究：以上海市 HT 镇基本管理单元实践为例 [J]. 中国行政管理, 2019 (9)：56-61.

[199] 徐康宁. 区域协调发展的新内涵与新思路 [J]. 江海学刊, 2014 (2)：72-77, 238.

[200] 徐晓虹. 中国区域经济差距分析和政策建议 [J]. 浙江大学学报 (人文社会科学版), 2006 (2)：103-111.

[201] 徐晓林, 明承瀚, 陈涛. 数字政府环境下政务服务数据共享研究 [J]. 行政论坛, 2018, 25 (1)：50-59.

[202] 徐晓林, 周立新. 信息技术对政府服务质量的影响研究 [J]. 中国行政管理, 2004 (4)：88-92.

[203] 闫利颖, 颜吾佴. "互联网+政务服务" 的政府治理能动性探赜 [J]. 人民论坛·学术前沿, 2018 (4)：72-75.

[204] 闫培宁. 基于 AHP 与过程结果模型的电子政务公共服务绩效实证

研究 [J]. 中国行政管理, 2012 (4): 104-108.

[205] 严新明, 童星. 互联网对社会保障的贯通和提升研究 [J]. 中国行政管理, 2016 (11): 46-50.

[206] 阎波, 吴建南. 电子政务何以改进政府问责: ZZIC 创新实践的案例研究 [J]. 公共管理学报, 2015, 12 (2): 1-12, 153.

[207] 杨宏山, 石晋昕. 跨部门治理的制度情境与理论发展 [J]. 湘潭大学学报 (哲学社会科学版), 2018, 42 (3): 12-17.

[208] 杨林, 杨广勇. 基本公共文化服务供给质量评价及其改进: 来自山东省的实践 [J]. 山东社会科学, 2020 (2): 105-111.

[209] 杨小军. 从我国区域经济发展战略演进看公平与效率目标的选择 [J]. 江西社会科学, 2008 (2): 77-81.

[210] 杨寅, 刘勤, 吴忠生. 科技资源开放共享平台创新扩散的关键因素研究: 基于 TOE 理论框架 [J]. 现代情报, 2018, 38 (1): 69-75, 86.

[211] 姚锐敏, 王杰. 县级政府网上信息公开的现状与发展趋势: 基于我国 124 个县级政府门户网站的测评数据 [J]. 行政论坛, 2016, 23 (6): 76-82.

[212] 叶鑫, 董路安, 宋禹. 基于大数据与知识的"互联网+政务服务"云平台的构建与服务策略研究 [J]. 情报杂志, 2018, 37 (2): 154-160, 153.

[213] 叶振宇. 统筹解决我国区域发展不平衡不充分问题 [J]. 发展研究, 2022, 39 (2): 57-63.

[214] 尹德挺. 破解京津冀城市群的人口困境 [J]. 北京观察, 2017 (6): 40-42.

[215] 于立, 王建林. 生产要素理论新论: 兼论数据要素的共性和特性 [J]. 经济与管理研究, 2020, 41 (4): 62-73.

[216] 于施洋, 杨道玲, 王璟璇, 等. 基于大数据的智慧政府门户: 从理念到实践 [J]. 电子政务, 2013 (5): 65-74.

[217] 余静雯. 地方政府大数据治理的挑战及应对路径: 基于"动机—能力"的视角 [J]. 石家庄铁道大学学报 (社会科学版), 2018, 12 (3): 27-32.

[218] 郁建兴，黄飚．当代中国地方政府创新的新进展：兼论纵向政府间关系的重构［J］．政治学研究，2017（5）：88-103，127．

[219] 郁建兴，黄飚，江亚洲．共同富裕示范区建设的目标定位与路径选择：基于浙江省11市《实施方案》的文本研究［J］．治理研究，2022，38（4）：4-17，123．

[220] 郁建兴，任杰．共同富裕的理论内涵与政策议程［J］．政治学研究，2021（3）：13-25，159-160．

[221] 袁威．基本公共服务均等化的政策逻辑与深化：共同富裕视角［J］．中共中央党校（国家行政学院）学报，2022，26（4）：56-63．

[222] 袁志刚，阮梦婷，葛劲峰．公共服务均等化促进共同富裕：教育视角［J］．上海经济研究，2022（2）：43-53．

[223] 岳经纶，邓智平．"幸福广东"：一种社会政策学的解读［J］．广州大学学报（社会科学版），2012，11（4）：31-36．

[224] 臧乃康．共同富裕为导向的区域协同治理探索［J］．南通大学学报（社会科学版），2022，38（5）：11-19．

[225] 臧乃康．我国区域公共治理中政治协调的逻辑［J］．理论导刊，2010（5）：25-26．

[226] 曾凡军，谭周琴．整体性治理视域下的城市社区管理研究：以南宁市Y社区为个案［J］．湖北社会科学，2013（4）：58-63．

[227] 曾令发．整体型治理的行动逻辑［J］．中国行政管理，2010（1）：110-114．

[228] 曾维和．后新公共管理时代的跨部门协同：评希克斯的整体政府理论［J］．社会科学，2012（5）：36-47．

[229] 曾维和．评当代西方政府改革的"整体政府"范式［J］．理论与改革，2010（1）：26-31．

[230] 曾勇惠，张赛群．构建区域协调发展新机制［J］．中国社会科学，2021（11）．

[231] 翟云．"互联网+政务服务"推动政府治理现代化的内在逻辑和演化路径［J］．电子政务，2017（12）：2-11．

[232] 翟云．基于"互联网+政务服务"情境的数据共享与业务协同

[J]. 中国行政管理, 2017 (10): 64-68.

[233] 翟云. 全球在线政务服务模式创新及对中国的启示:《2018 年联合国电子政务调查报告》解读之四 [J]. 行政管理改革, 2019 (4): 54-59.

[234] 翟云. 整体政府视角下政府治理模式变革研究: 以浙、粤、苏、沪等省级"互联网+政务服务"为例 [J]. 电子政务, 2019 (10): 34-45.

[235] 张成福. 电子化政府: 发展及其前景 [J]. 中国人民大学学报, 2000 (3): 4-12.

[236] 张成福. 信息时代政府治理: 理解电子化政府的实质意涵 [J]. 中国行政管理, 2003 (1): 13-16.

[237] 张聪丛, 王娟, 徐晓林, 等. 社区信息化治理形态研究: 从数字社区到智慧社区 [J]. 现代情报, 2019, 39 (5): 143-155.

[238] 张帆, 吴俊培, 龚旻. 财政不平衡与城乡公共服务均等化: 理论分析与实证检验 [J]. 经济理论与经济管理, 2020 (12): 28-42.

[239] 张海峰. 人力资本集聚与区域创新绩效: 基于浙江的实证研究 [J]. 浙江社会科学, 2016 (2): 103-108, 158-159, 2.

[240] 张会平, 邓凯, 郭宁, 等. 主体特征和信息内容对网民诉求政府回应度的影响研究 [J]. 现代情报, 2017, 37 (11): 17-21, 27.

[241] 张会平, 郭宁, 汤玺楷. 推进逻辑与未来进路: 我国政务大数据政策的文本分析 [J]. 情报杂志, 2018, 37 (3): 152-157, 192.

[242] 张会平, 李茜, 邓琳. 大数据驱动的公共服务供给模式研究 [J]. 情报杂志, 2019, 38 (3): 166-172, 179.

[243] 张会平, 杨国富, 郭宁. 面向分级诊疗的健康信息共享政策研究: 以四川省为例 [J]. 数字治理评论, 2018 (0): 24-51.

[244] 张会平, 杨国富. "互联网+政务服务"跨层级数据协同机制研究: 基于个人事项的社会网络分析 [J]. 电子政务, 2018 (6): 81-88.

[245] 张佳慧. 整体性治理视角下"互联网+政务服务"模式创新的实践探索与深化路径: 以浙江省嘉兴市为例 [J]. 电子政务, 2017 (10): 20-27.

[246] 张军扩, 侯永志, 刘培林, 等. 高质量发展的目标要求和战略路径 [J]. 管理世界, 2019, 35 (7): 1-7.

［247］张开云，张兴杰，李倩．地方政府公共服务供给能力：影响因素与实现路径［J］．中国行政管理，2010（1）：92-95.

［248］张来明，李建伟．促进共同富裕的内涵、战略目标与政策措施［J］．改革，2021（9）：16-33.

［249］张平，张桂梅．对构建和谐社会背景下区域协调发展的思考［J］．山东社会科学，2006（2）：28-31.

［250］张其仔，叶振宇．推动区域协调发展，夯实共同富裕的区域平衡发展基础［J］．中国经济学家，2022，17（4）：26-49.

［251］张锐昕，李健．政府电子公共服务供给的愿景筹划和策略安排［J］．中国行政管理，2018（4）：79-83.

［252］张锐昕，刘红波．一站式政府的逻辑框架与运行模式［J］．电子政务，2011（5）：2-11.

［253］张绍稳，徐光远．城市体系演变规律及其影响因素研究：基于云南省州市面板数据的实证分析［J］．云南财经大学学报，2019，35（6）：95-102.

［254］张述存．打造大数据施政平台提升政府治理现代化水平［J］．中国行政管理，2015（10）：15-18.

［255］张廷君．城市公共服务政务平台公众参与行为及效果：基于福州市便民呼叫中心案例的研究［J］．公共管理学报，2015，12（2）：21-29，154.

［256］张晓杰．长三角基本公共服务一体化：逻辑、目标与推进路径［J］．经济体制改革，2021（1）：56-62.

［257］张新生．创新社会治理：大数据应用与公共服务供给侧改革［J］．南京社会科学，2018（12）：66-72.

［258］张一鸣，田雨，蒋云钟．基于 TOE 框架的智慧水务建设影响因素评价［J］．南水北调与水利科技，2015，13（5）：980-984.

［259］张勇进，孟庆国．国家电子政务统一网络空间：内涵、框架及建构［J］．中国行政管理，2011（8）：27-32.

［260］赵峰，姜德波．长三角区域合作机制的经验借鉴与进一步发展思路［J］．中国行政管理，2011（2）：81-84.

［261］郑磊．开放政府数据研究：概念辨析、关键因素及其互动关系［J］.中国行政管理，2015（11）：13-18.

［262］钟莉．数字治理视域下地方政府政务服务效能提升策略研究：以广州"一窗式"集成服务改革为例［J］.地方治理研究，2020（2）：2-11，78.

［263］钟伟军．"以用户为中心"视域下的政务 APP 集约化建设分析［J］.江苏行政学院学报，2019（4）：106-111.

［264］周京奎，白极星．京津冀公共服务一体化机制设计框架［J］.河北学刊，2017，37（1）：130-135.

［265］周志忍．行政效率研究的三个发展趋势［J］.中国行政管理，2000（1）：37-40.

［266］朱承亮．长三角一体化发展战略的先手棋和突破口：建设长三角生态绿色一体化发展示范区，推进基本公共服务一体化［J］.中国发展观察，2020（Z1）：26-29.

［267］朱侃，郭小聪，宁超．新乡贤公共服务供给行为的触发机制：基于湖南省石羊塘镇的扎根理论研究［J］.公共管理学报，2020，17（1）：70-83，171.

［268］朱琳，刘晓静．基于移动互联网的智慧社区服务公众采纳实证研究：以打浦桥街道"IN 标签"为例［J］.电子政务，2014（8）：27-37.

［269］朱琳．社交媒体时代上海市电子政务建设实践研究［J］.电子政务，2011（5）：12-17.

［270］朱晓明．推进长三角高质量一体化发展重大举措建议［J］.科学发展，2020（4）：53-63.

［271］朱艳菊．政府大数据能力建设研究［J］.电子政务，2016（7）：123-129.

［272］朱珍，郑云峰．构建新发展格局的政治经济学逻辑［J］.经济问题，2021（3）：1-8.

［273］诸大建，王欢明．公共服务绩效评价的价值取向、评价方法和评价指标［J］.上海市经济管理干部学院学报，2013，11（2）：1-10.

［274］竺乾威．从新公共管理到整体性治理［J］.中国行政管理，2008

（10）：52-58.

［275］左美云，王配配．数据共享视角下跨部门政府数据治理框架构建［J］．图书情报工作，2020，64（2）：116-123.

（四）论文

［1］邓琳．基于社会—技术框架的"互联网+医疗"合作治理模式研究［D］．成都：电子科技大学，2020.

［2］杨国富．"互联网+政务服务"跨层级数据协同机制研究［D］．成都：电子科技大学，2019.

［3］龙健．政府基础信息资源跨部门共享机制研究［D］．北京：北京大学，2013.

［4］文勇．成都市三医院和蒲江县医院构建医疗联合体的案例研究［D］．成都：电子科技大学，2016.

［5］郭宁．跨层级政务服务平台对政府网站绩效的影响研究［D］．成都：电子科技大学，2019.

（五）报纸

［1］陈杰．长三角高质量一体化的目标是共同富裕［N］．经济参考报，2019-06-12.

［2］刘召．推进长三角政务服务目标规则平台一体化［N］．学习时报，2019-08-05（A5）.

二、英文文献

（一）著作

［1］FOX W F. Understanding Administrative Law ［M］. Washington：Library of Congress，1997.

［2］HUTCHISON R. Encyclopedia of Urban Studies ［M］. London：Sage Publications，2010.

［3］OSTROM E. Governing the Commons：The Evolution of Institutions for Collective Action ［M］. Cambridge：Cambridge University Press，1990.

［4］OKUN A M. Equality and Efficiency：The Big Tradeoff ［M］.

Washington：Brookings Institution Press，1975.

（二）期刊

［1］ANERUP A, HENRIKSEN H Z, HEDMAN J. An Analysis of Business Models in Public Service Platforms ［J］. Government Information Quarterly, 2016, 33 （1）：6-14.

［2］ANTHOPOULOS L G, SIOZOS P, TSOUKALAS I A. Applying Participatory Design and Collaboration in Digital Public Services for Discovering and Re-Designing E-Government Services ［J］. Government Information Quarterly, 2007, 24 （2）：353-376.

［3］AU C-C, HENDERSON J V. How Migration Restrictions Limit Agglomeration and Productivity in China ［J］. Journal of Development Economics, 2006, 80 （2）：350-388.

［4］BARKLEY D C. Public Service Guidelines in an Electronic Environment ［J］. Government Information Quarterly, 1998, 15 （1）：73-85.

［5］CHEN Z Y, GANGOPADHYAY A, HOLDEN S H, et al. Semantic Integration of Government Data for Water Quality Management ［J］. Government Information Quarterly, 2007, 24 （4）：716-735.

［6］DAWES S S, PARDD T A, CRESSWELL A M. Designing Electronic Government Information Access Programs：A Holistic Approach ［J］. Government Information Quarterly, 2004, 21 （1）：3-23.

［7］FEIOCK R C. The Institutional Collective Action Framework ［J］. Policy Studies Journal, 2013, 41 （3）：397-425.

［8］GAULD R, FLETT J, MCCOMB S, et al. How Responsive are Government Agencies When Contacted by Email? Findings from a Longitudinal Study in Australia and New Zealand ［J］. Government Information Quarterly, 2016, 33 （2）：283-290.

［9］GLASSEY O. Developing a One-Stop Government Data Model ［J］. Government Information Quarterly, 2004, 21 （2）：156-169.

［10］HARDY K, MAURUSHAT A. Opening up Government Data for big Data

Analysis and Public Benefit [J]. Computer Law & Security Review, 2017, 33 (1): 30-37.

[11] HENDERSON J V. Understanding Knowledge Spillovers [J]. Regional Science and Urban Economic, 2007, 37 (4): 497-508.

[12] HOOD C. A Public Management for All Seasons? [J]. Public Administration, 1991, 69 (1): 3-19.

[13] HULL T J, ADAMS M O. Electronic Communications for Reference Services: A Case Study [J]. Government Information Quarterly, 1995, 12 (3): 297-308.

[14] JANOWSKI T. Digital Government Evolution: From Transformation to Contextualization [J]. Government Information Quarterly, 2015, 32 (3): 221-236.

[15] JUN C N, CHUNG C J. Big Data Analysis of Local Government 3.0: Focusingon Gyeongsangbuk-Do in Korea [J]. Technological Forecasting and Social Change, 2016, 110: 3-12.

[16] KAUSHIK A, RAMAN A. The New Data-Driven Enterprise Architecture for E-Healthcare: Lessons from the Indian Public Sector [J]. Government Information Quarterly, 2015, 32 (1): 63-74.

[17] KIM L. Building Technological Capability for Industrialization: Analytical Frameworks and Korea's Experience [J]. Industrial and Corporate Change, 1999, 8 (1): 111-136.

[18] KLIEVINK B, BHAROSA N, TAN Y-H. The Collaborative Realization of Public Values and Business Goals: Governance and Infrastructure of Public-Private Information Platforms [J]. Government Information Quarterly, 2016, 33 (1): 67-79.

[19] LINDERS D. From E-Government to We-Government: Defining a Typology for Citizen Coproduction in the Age of Social Media [J]. Government Information Quarterly, 2012, 29 (4): 446-454.

[20] LING T. Delivering Joined-Up Government in the UK: Dimensions, Issues and Problems [J]. Public Administration, 2002, 80 (4): 615-642.

[21] LI Y, WU F L. Understanding City-Regionalism in China: Regional Cooperation in the Yangtze River Delta [J]. Regional Studies, 2018, 52 (3): 313-324.

[22] MOE R C. The Federal Executive Establishment: Evolution and Trends [J]. Washington: US. Government Printing Office, 1980.

[23] PARDO T A, TAYA G K. Interorganizational Information Integration: A Key Enabler for Digital Government [J]. Government Information Quarterly, 2007, 24 (4): 691-715.

[24] PERRY J L. Measuring Public Service Motivation: An Assessment of Construct Reliability and Validity [J]. Journal of Public Administration Research and Theory, 1996, 6 (1): 5-22.

[25] ROBINSON J A, TORVIK R, VERDIER T. Political Foundations of the Resource Curse [J]. Journal of Development Economics, 2006, 79 (2): 447-468.

[26] SCHOLL H J, KUBICEK H, COMMANDEER R, et al. Process Integration, Information Sharing, and System Interoperation in Government: A Comparative Case Analysis [J]. Government Information Quarterly, 2012, 29 (3): 313-323.

[27] SCOPULA A, ZANFEI A. Governance and Innovation in Public Sector Services: The Case of the Digital Library [J]. Government Information Quarterly, 2016, 33 (2): 237-249.

[28] SZKUTA K, PIZZICANNELLA R, OSIMO D. Collaborative Approaches to Public Sector Innovation: A Scoping Study [J]. Telecommunications Policy, 2014, 38 (516): 558-567.

[29] THOMAS G, BOTHA R A, VAN GREUNEN D. Understanding the Problem of Coordination in a Large Scale Distributed Environment from a Service Lens View-Towards the South African Public Sector E-Administration Criteria for Coordination Support [J]. Government Information Quarterly, 2015, 32 (4): 526-538.

[30] WANG Y S. The Adoption of Electronic Tax Filing Systems: An Empirical Study [J]. Government Information Quarterly, 2003, 20 (4):

333-352.

[31] WEBER K M, HELLER-SCHUH B, GOODE H, et al. ICT-Enabled System Innovations in Public Services: Experiences from Intelligent Transport Systems [J]. Telecommunications Policy, 2014, 38 (5/6): 539-557.

[32] WEERAKKODY V, JANSSEN M, DWIVEDI Y K. Transformational Change and Business Process Reengineering (BPR): Lessons from the British and Dutch Public Sector [J]. Government Information Quarterly, 2011, 28 (3): 320-328.

[33] YOUNG A. The Razor's Edge: Distortions and Incremental Reform in the People's Republic of China [J]. The Quarterly Journal of Economics, 2000, 115 (4): 1091-1135.

后 记

　　拙著系笔者承担的 2023 年度教育部人文社会科学研究规划基金项目"大数据驱动区域公共服务一体化的实现机制及路径研究（23YJA630043）"的最终研究成果。在撰写过程中，深切感受到了区域基本公共服务均等化与一体化对区域一体化（长三角城市群、粤港澳城市群、京津冀城市群等）这一国家战略实施的重要性。

　　本书旨在探讨大数据如何助力实现区域基本公共服务的均等化与一体化，通过理论分析与实证研究相结合的方式，揭示了大数据在这一过程中的作用机制、实施路径以及可能面临的挑战等问题。希望本书能够为相关政策制定者、学者以及实践者提供有益的参考和启示，推动大数据在公共服务领域的更广泛应用，进而促进社会的公平与和谐发展。

　　然而，在本书的研究与撰写过程中，我深刻体会到了自身的不足与局限。大数据作为快速发展且技术日新月异的新领域，其理论与实践都在不断更新与演进，而基本公共服务区域协调、均衡发展，最终达到区域均等化与一体化更是一个复杂、庞大的工程，尽管尽我所能跟踪最新的研究成果和实践动态，但难免仍有疏漏、滞后之处。此外，由于个人理论知识储备有限，实践研究能力不足，本书在某些问题的探讨上还不够深入和全面，对某些复杂现象的解释也显得力不从心。

　　我深知，任何一项研究都只是对某一领域或某一问题的有限探索，而真正的学问永无止境。因此，我衷心希望本书能够作为我日后致力于区域基本公共服务研究的一个起点，也期待有更多的学者和实践者对这一领域作更深入的关注和全面的思考，共同推动大数据在区域基本公共服务均等化与一体化方面的应用与研究不断向前发展。

　　最后，我要感谢我的爱人—宋洪峰先生，虽然我俩的学科背景在两个完全不同的领域，但都助我搜集了大量的资料，还承担了数据整理与图表制作工作。也要感谢我儿宋天睿小朋友，处在初中最为重要的关键期，因为我拙作的撰写，变得异常懂事与乖巧，回想起寒暑假里无数个夜晚陪我到深夜趴在书桌前睡着的样子，都莫名的感动。此外，在撰写过程中，参阅了大量国内外学术文献，除列入参考文献的篇目之外，还有部分文献，未能列入其中，笔者在此表示歉意。希望本研究的成果能够为大数据在公共服务领域中的应用提供一定的理论和实践参考，为区域一体化发展进程做出一点贡献。